KB077016

전략의 거장으로부터 배우는
좋은 전략 나쁜 전략

성패의 50%는 전략을 선택하는 순간 결정된다

[전략의 거장으로부터 배우는
좋은 전략 나쁜 전략]

리차드 럼멜트 지음 | 김태훈 옮김

경영전략 50년 역사 속에서 뽑아낸 전략의 정수

STRATEGY

모든 전략을 의심하라

1805년, 영국은 위기에 직면했다. 유럽 대륙을 상당 부분 정복한 나폴레옹이 영국 침공을 준비하고 있었다. 다만 영불 해협을 건너려면 바다에서 주도권을 잡아야 했다. 스페인 남서부 해안에서 33척의 함정으로 구성된 프랑스-스페인 연합 함대가 27척의 함정으로 구성된 영국 함대와 마주쳤다. 당시 일반적인 전술은 양측의 배가 나란히 서서 일제히 함포사격을 퍼붓는 것이었다. 그러나 영국 해군의 넬슨 제독은 전략적 통찰력을 갖고 있었다. 그는 함대를 두 줄로 세운 다음 정면으로 치고 들어갔다. 선두에 선 함정들은 커다란 위험에 노출되었다. 그러나 넬슨은 훈련이 덜 된 프랑스-스페인 연합 해군의 함포 포수들이 높은 파고 때문에 정확한 포격을 하지 못할 것이라고 예측했다. 이 트라팔가 해전에서 프랑스-스페인 연합 해군은 전체 전력의 3분의 2에 해당하는 22척의 함정을 잃었다. 반면 영국 해군은 한 척의 함정도 잃지 않았다. 전투 중 치명상을 입은 넬슨은 사후에 국가 영웅의 반열에 올랐다. 트라팔가 해전의 승리 덕분에 영국은 1세기 반 동안 제해권을 유지할 수 있었다.

넬슨이 직면한 문제는 수적 열세였다. 이 문제에 대한 그의 전략은 정면 돌파를 통해 적 함대의 전열을 무너뜨리는 것이었다. 일단 난전이 벌어지면 경험 많은 영국 해군의 함장들이 유리하게 전투를 이끌 수 있었다.

좋은 전략은 대개 이처럼 단순하고 명확해서 수십 장의 파워포인트 슬라이드로 설명할 필요가 없다. 또한 복잡한 도표나 차트 혹은 '전략 경영'방법론에서 나오는 것도 아니다. 유능한 리더는 어떠한 상황이 주어졌을 때 노력에 따른 효과를 배가시킬 수 있는 한두 개의 핵심 사안을 파악한 다음 거기에 초점을 맞추어 자원을 집중한다.

전략을 야심, 리더십, 비전, 기획, 경제적 경쟁 논리와 동일시하는 관점들이 있다. 그러나 전략은 이러한 것들과 다르다. 전략적 작업의 핵심은 주어진 상황에서 결정적인 영향을 미치는 요소들을 찾아내고 거기에 대응하는 행동 계획을 수립하는 것이다.

리더의 가장 중요한 책임은 진전을 가로막는 장애물을 파악하고 그것을 극복하기 위한 일관된 접근법을 세우는 것이다. 전략은 기업 경영에서 국가 안보에 이르기까지 다양한 방면에서 중요한 의미를 지닌다. 그러나 전략을 단순한 구호의 차원으로 받아들이는 경우가 너무 많다. 다음은 그러한 사례들이다.

- 어느 기업의 CEO가 '전략 대회'라는 이름의 행사를 열었다. 전 세계에서 모인 200여 명의 고위 임원들 앞에서 최고 경영진은 미래를 위한 비전을 선포했다. 그 비전은 업계에서 가장 존경받는 성공적인 기업이 된다는 것이었다. 뒤이어 회사의 제품과 서비스를 알리는 홍보 영상이 상영되었다. 마지막으로 등장한 CEO는 극적인 음악 효과를 곁들여서 글로벌 리더십과 성장 그리고 높은 수익률이라는 '전략적' 목표를 제시했다. 이후 참가자들은 소그룹으로 나뉘어 토론을 벌였다. 행사의 대미는 하늘로 날아간 수많은 오색 풍선들이 장식했다. 모든 구색을 갖춘 이 거창한 행사에서 유일하게 빠진 것은 진정한 '전략'이었다. 당시 손님으로 참가했던 나는 실망했지만 놀라지는 않았다.

- 채권 거래에 강점을 지닌 리먼브라더스는 2002년부터 06년까지 주택저당증권 시장을 앞장서서 개척했다. 그러나 2006년에 위험 신호들이 드러나기 시작했다. 2005년 중순에 주택 거래량이 정점을 찍은 이후 집값 상승세가 꺾이고 있었다. 연준이 금리를 소폭 인상하자 압류 건수가 증가했다. 그럼에도 불구하고 리먼 브라더스

의 CEO인 리처드 펄드Richard Fuld는 빠른 성장을 통해 시장점유율을 늘리겠다는 '전략'을 발표했다. 이 말은 회사가 감수하는 리스크를 늘리겠다는 뜻이었다. 그래서 리먼브라더스는 경쟁자들이 거부한 채권까지 떠안았다. 자기자본비율이 3퍼센트에 불과하고 부채의 상당수가 단기 부채라는 점을 감안하면 늘어난 리스크를 완화하는 대비책을 마련하는 것이 현명한 길이었다.

좋은 전략은 문제의 성격을 파악하고 해결책을 제시한다. 그저 야심을 드러내는 것은 전략이 아니다. 결국 리먼브라더스는 2008년에 158년의 역사를 접고 파산함으로써 전 세계 금융시장을 위기로 몰아넣었다. 나쁜 전략이 한 기업뿐만 아니라 전 세계에 피해를 입힌 것이다.

• 부시 대통령은 2003년에 이라크 침공을 재가했다. 침공은 신속하게 이루어졌다. 미국 정부는 정규전이 끝나면 바로 민주 정부로 권력 이양을 감독할 수 있을 것이라고 기대했다. 그러나 반군의 저항이 거세지면서 미군은 소부대 단위로 수색섬멸전을 벌여야 했다. 문제는 이 전략이 베트남에서 이미 실패했다는 것이었다. 미국 정부에게 자유, 민주주의, 재건, 안보라는 고상한 목표는 있었지만 게릴라전에 대비한 일관된 전략은 없었다.

변화는 2007년에 일어났다. 『육군/해병 반군 대응 야전 교범Army/ Marine Corps Counterinsurgency Field Manual』을 쓴 데이빗 페트레이어스David

Petraeus 장군이 5개 여단으로 구성된 추가 병력과 함께 이라크로 파견되었다. 그에게는 구체적인 전략이 있었다. 그는 반군과 전쟁을 치르기 위해서는 합법 정부에 대한 대다수 시민들의 지지가 필수적이라고 판단했다. 그래서 수색 정찰보다 시민을 보호하는 일에 역점을 두었다. 보복당할 위험이 사라지면 시민들이 반군을 물리치는 데 필요한 정보를 제공할 것이었다. 추상적인 목표에서 실질적인 해결책으로 전환된 이 변화는 엄청난 차이를 불러왔다.

- 나는 2006년 11월에 웹2.0 비즈니스를 논의하는 컨퍼런스에 참석했다. '웹2.0'이라는 개념은 웹 서비스에 대한 새로운 접근법을 가리켰다. 그러나 관련 기술들은 새로운 것이 아니었다. 웹2.0은 사실상 구글, 마이스페이스, 유튜브, 페이스북 등 빠르게 성장한 웹 기반 기업들을 가리키는 개념이었다.

나는 점심시간에 7명의 다른 참석자들과 한 테이블에 앉았다. 맞은편에 앉은 참석자가 나의 직업을 물었다. 나는 UCLA에서 전략을 가르치고 외부 컨설팅을 한다고 대답했다. 웹 서비스 기업의 CEO인 그는 "이길 때까지 포기하지 않는 것이 전략이에요"라고 말했다. 전혀 동의할 수 없는 말이었지만 논쟁을 벌이거나 강의를 할 자리가 아니었다. 그래서 나는 "지는 것보다는 이기는 게 낫죠"라고 말하고는 화제를 다른 곳으로 돌렸다.

이 책에 담긴 핵심적인 통찰은 내가 컨설턴트, 교수, 연구자로서 평생 전략과 관련된 일을 하면서 얻은 교훈에서 나온 것이다. 좋은 전략은 목표나 비전을 향해 나아가도록 촉구하는 일 이상의 것을 한다. 또한 좋은 전략은 직면한 문제를 있는 그대로 보여주고 그것을 극복하기 위한 해결책을 제공한다. 그리고 좋은 전략은 어려운 문제일수록 강력한 효과를 얻기 위한 노력에 초점을 맞춘다.

불행하게도 좋은 전략은 접하기 어렵다. 문제는 갈수록 어려워지고 있다. 전략을 가졌다고 말하는 리더들이 늘어나지만 실상은 다르다. 그들은 나쁜 전략을 따르고 있다. 나쁜 전략은 성가신 세부사항을 생략한다. 또한 나쁜 전략은 선택과 집중의 힘을 무시하고 상충하는 필요와 이해관계를 동시에 수용하려 든다. 그리고 나쁜 전략은 선수들에게 "이기자"라는 말만 하는 감독처럼 뻔한 목표나 비전 혹은 가치를 제시할 뿐 구체적인 행동을 지시하지 않는다. 물론 목표, 비전, 가치도 중요한 삶의 요소들이다. 그러나 그 자체로는 전략을 대체할 수 없다.

지난 몇 년 동안 좋은 전략과 사람들이 '전략'이라고 부르는 쓸데없는 것들 사이의 간극이 더욱 커졌다. 내가 비즈니스 전략을 연구하기 시작한 1966년에는 관련 도서가 세 권뿐이었으며, 관련 논문은 아예 없었다. 그러나 지금은 전략서들이 나의 책장을 빼곡히 메우고 있다. 또한 전략 전문 컨설팅 기업과 박사들 그리고 수많은 논문들이 존재한다. 그러나 물량이 발전을 보장하지는 않는다. 오히려 공상적인 비전에서 옷 입는 법까지 온갖 분야에 전략이라는 개념을 갖다 붙이면서 깊이만 한없이 얕아졌다. 정부와 민간을 막론하고 전략이라는 말을 남발하는 사람들이 너무나 많다. 기업계에서 마케팅은 '마케팅 전략'으로, 데이터 프로세싱은 'IT 전략'으로, 인수합병은 '성장 전략'으로 바뀌었다. 심지어 단순한 가격 인하도 '저가 전략'으로 탈바꿈했다.

전략을 성공이나 야심과 동일시함으로써 혼란이 더욱 가중되었다. "이길 때까지 포기하지 않는 것이 전략이에요"라는 말은 이러한 맥락에서 나온 것이다. 불행하게도 이처럼 의미 없는 구호가 갈수록 늘어나고 있다. 이러한 구호는 진정한 창의성을 가로막는다. 성공의 동의어로 취급되는 전략은 유용한 개념이 아니며, 야심이나 의지, 혁신 혹은 영감의 리더십과 혼동되면 유용한 도구가 될 수 없다. 야심은 목표이고, 의지는 힘이며, 혁신은 발견이다. 또한 영감의 리더십inspirational leadership은 구성원이 공동선을 위해 기꺼이 희생하게 만드는 것이다. 반면 전략은 야심과 혁신에 따라 의지와 리더십을 어디에, 어떻게 발휘할지 선택하는 것이다. 영감의 리더십은 동기부여 및 가치 공유와 관련된 리더십의 한 측면을 가리킨다. 또한 리더십은 기획과 전략을 비롯하여 리더가 하는 모든 역할을 포함한다.

의미가 너무 광범위한 개념은 힘을 잃는다. 개념을 정립하려면 뜻하는 것과 뜻하지 않는 것 사이에 명확하게 선을 그어야 한다. 그러기 위해서는 우선 고위 인사들의 결정을 무조건 전략과 연계시키는 것부터 바로잡을 필요가 있다. 가령 기업계에서는 대부분의 인수합병, 대규모 투자, 중요한 협상, 조직 설계를 '전략적'인 것으로 간주한다. 그러나 전략은 의사결정자의 지위와 아무 상관이 없다. 전략은 중요한 문제에 대한 일관된 대응을 뜻한다. 개별적인 결정이나 목표와 달리 전략은 큰 대가가 걸린 문제에 대응하는 일련의 일관된 분석, 방침, 행동을 가리킨다.

많은 사람들은 전략이 구체적인 행동과 거리가 먼 전반적인 방향 제시라고 생각한다. 이러한 시각이 '전략'과 '실행' 사이에 넓은 간극을 만든다. 이 간극을 인정하면 대부분의 전략적 작업은 실질적인 의미를 잃는다. 실제로 전략과 관련된 대부분의 불만은 이점 때문이다.

한 기업인은 내게 "우리 회사는 정교한 절차를 거쳐 전략을 세우지만 실행 과정에 큰 문제가 있어요. 그래서 대부분 목표를 달성하지 못합니다"라고 말했다. 나의 주장을 받아들인다면 이 불평의 이유를 짐작할 수 있다. 좋은 전략은 일련의 일관된 행동을 포함한다. 구체적인 행동 계획은 전략의 세부사항이 아니라 핵심이다. 즉각적으로 취할 수 있는 타당한 행동들을 정의하지 않는 전략은 중요한 요소를 빠트린 것이다.

실행 문제를 불평하는 기업인들은 대개 전략을 목표 설정과 혼동한다. 전략 수립 절차가 단지 성과 목표를 정하는 것이라면 야심과 행동 사이에 커다란 간극이 발생한다. 전략은 조직이 '어떻게' 나아갈 것인지 말해야 한다. 전략을 세우는 일은 조직의 이익을 추구하는 방법을 찾는 것이다. 물론 리더는 목표를 세우고 구체적인 달성 방법을 찾는 일을 다른 사람에게 맡길 수 있다. 그러나 이것은 전략 수립이 아니라 목표 설정이다.

이 책의 목적은 좋은 전략과 나쁜 전략 사이의 차이점을 보여주고 좋은 전략을 세우도록 돕는 것이다.

좋은 전략은 내가 '중핵kernel'이라고 부르는 논리적 구조를 가져야 한다. 전략의 중핵은 진단, 추진 방침, 일관된 행동이라는 세 가지 요소를 지닌다. 추진 방침은 진단을 통해 밝혀진 문제를 극복하기 위한 접근법을 제시한다. 추진 방침은 교통 표지판처럼 나아갈 방향을 가리키지만 세부적인 여정을 말해주지 않는다. 이 일은 타당한 방법론과 자원 할당을 결정하는 일관된 행동이 맡는다.

좋은 전략의 구조와 요점을 알면 나쁜 전략을 가려낼 수 있다. 감독이 아니어도 나쁜 영화를 가려낼 수 있듯이 경제나 금융 혹은 다른 분야에 대한 난해한 지식이 없어도 나쁜 전략을 가려낼 수 있다. 가령 2008년에 발생한 금융위기에 대한 미국 정부의 대응 전략을 보면 핵심적인 요소가 빠졌음을 알 수 있다. 구체적으로는 잠복한 질병에 대한 공식적인 진단이 없었다. 그래서 치료에 필요한 행동의 초점을 맞추지 못했다. 단지 금융계에 공적 자금을 투입하는 자원의 이동이 있었을 뿐이다. 이러한 판단은 거시경제학 박사가 아니어도 좋은 전략의 속성을 이해하면 누구나 할 수 있다.

나쁜 전략은 단지 좋은 전략의 부재가 아니다. 나쁜 전략은 고유한 논리에 따라 잘못된 토대 위에 세워진다. 부정적인 생각이 들까 봐 문제에 대한 분석을 의도적으로 피할 때 나쁜 전략이 나온다. 전략을 문제 해결이 아닌 목표 설정으로 오해할 때도 나쁜 전략이 나온다. 또한 자원과 행동을 집중하지 않고 모든 면을 두루 만족시키려고 어려운 선택을 피할 때도 나쁜 전략이 나온다.

나쁜 전략이 확산되면 모든 사람이 피해를 입는다. 정부는 목표와 구호만 내세우고, 기업계는 희망사항에 불과한 계획을 수립하며, 교육계는 기준만 높이 잡을 뿐 효율을 개선하지 못한다. 이러한 문제에 대한 유일한 처방은 리더들에게 카리스마와 비전이 아닌 좋은 전략을 요구하는 것이다.

contents

3부　전략가처럼 생각하기

GOOD STRATEGY BAD STRATEGY

1부

좋은 전략과 나쁜 전략

STRATEGY

전략의 기본은 우리가 가진 최대 강점을 상대의 가장 약한 부분에 부딪히는 것이다. 즉, 가장 효과가 높을 것 같은 곳에 최강의 무기를 던지는 것이다.

오늘날의 전략 이론은 이 기본을 잠재적인 이점Advantage, 즉 우위성까지 확대하였다. 예를 들면, 시장 선발주자의 이점First Mover Advantage이다. 선두주자는 규모의 경제, 네트워크 효과, 평판, 특허, 브랜드에 이르기까지 우위에 서는 것이 많다.

이러한 장점은 중요하다. 그러나 우리가 가진 최대 강점이 아니라 중간 단계의 강점으로 전략을 논의하면, 좋은 전략이 본래 가지고 있는 탁월한 이점을 얻기는 어렵다.

좋은 전략은 첫째가 '일관된 전략'이다. 좋은 전략은 기존 강점을 그냥 활용하는 것이 아니라 기획의 일관성을 통해 새로운 강점을 창출한다. 크고 작음을 막론하고 대부분의 조직은 이 일을 하지 못한다. 그들은 연관성이 없거나 심지어 서로 부딪치는 복수의 목표를 추구한다.

좋은 전략은 둘째가 '관점의 전환'이다. 통찰력 있는 분석을 통해 경쟁 구도를 재설정할 수 있다. 가장 강력한 전략은 게임의 규칙을 바꾸는 통찰에서 나온다.

1장과 2장에서는 이 두 가지 측면을 다루고자 한다. 리더가 전략의 중요성을 깨닫지 못해서 좋은 전략을 갖지 못할 수도 있다. 그러나 대개 좋은 전략의 부재는 나쁜 전략이 있기 때문이다. 잡초가 목초를 밀어내듯이 나쁜 전략은 좋은 전략을 밀어낸다. 전략의 속성과 작동 방식에 대하여 잘못된 관점을 가진 리더는 나쁜 전략을 따르게 된다. 3장에서는 나쁜 전략의 사례와 특징을 살펴볼 것이다. 4장에서는 "왜 나쁜 전략이 이렇게 많은가?"라는 질문에 대한 답을 제시하고, 5장에서는 좋은 전략의 논리적 구조를 분석할 것이다.

제 1 장

썩은 사과를
버려라

GOOD STRATEGY BAD STRATEGY

좋은 전략이 주는 첫 번째 이점은 다른 조직들이 갖지 않았고, 예상하지 않았다는 사실에서 나온다. 좋은 전략은 중요한 목표를 달성하기 위해 행동, 방침, 자원을 조율하는 일관성을 지닌다. 많은 조직은 이러한 일관성을 확보하지 못한다. 그들은 '더 많이 투자하고, 더 열심히 노력한다'는 피상적인 방법론에 의존하여 복수의 목표를 추구한다.

썩은 사과를 버려라

마이크로소프트가 1995년에 윈도우95를 발표한 후 애플은 나락으로 굴러떨어졌다. 〈비즈니스 위크〉는 1996년 2월 5일자 표지에 애플의 사과 로고타입을 싣고 "아이콘의 몰락"이라는 제목을 붙였다.

CEO인 길 아멜리오Gil Amelio는 윈도우와 인텔 기반의 PC가 빠르게 시장을 장악해가는 가운데 애플을 살리려고 갖은 애를 썼다. 그는 정리해고를 단행한 데 이어 제품군을 매킨토시, 정보 기기, 프린터 및 부속기기, 대안 플랫폼으로 나누었다. 운영체제 그룹과 첨단기술 그룹에는 인터넷 서비스 그룹이 추가되었다.

〈와이어드Wired〉는 "애플을 살리는 101가지 방법"이라는 제목의 기사를 실었다. 거기에는 "IBM이나 모토롤라에 인수를 요청할 것", "뉴턴Newton 기술에 대규모로 투자할 것", "교육 시장에서 이점을 활용할 것"같은 제안들이 포함되었다. 월가 애널리스트들은 소니나 HP와 손을 잡으라고 촉구했다.

힘겨운 노력에도 불구하고 애플은 1997년 9월에 부도 직전의 위기에 몰렸다. 급기야 회사를 떠났던 스티브 잡스가 임시 CEO로 복귀했다. 매킨토시의 열혈 팬들은 그의 복귀를 반겼지만 기업계의 반응은 대체로 미지근했다.

그러나 1년이 채 지나지 않은 사이에 급격한 변화가 진행되었다. 첨단 제품의 개발을 촉진하고 선Sun과 손잡을 것이라는 전문가들의 예측은 모두 빗나갔다. 잡스가 선택한 전략은 명백하면서도 예상을 뛰어넘는 것이었다. 그는 경쟁이 치열한 PC 시장의 틈새 상품 제조사라는 현실에 맞게 사업 규모와 범위를 축소했다. 사업 구조 재편 이후 남은 것은 생존력을 가진 핵심 부문뿐이었다.

잡스는 애플이 망하면 마이크로소프트가 독과점 문제에 시달릴 것이라는 빌 게이츠의 우려를 잘 알았다. 그래서 애플에 1억 5천만 달러를 투자하도록 설득하는 데 성공했다. 또한 그는 모든 데스크톱 모델과 휴대용 모델을 각각 하나로 줄이고, 프린터와 부속기기 라인업을 완전히 없애버렸다. 이러한 제품 라인업 정리와 함께 개발 인력 및 유통망에 대한 정리도 이루어졌다. 모든 생산은 외주로 전환되었다. 단순화된 제품 라인업을 외주로 생산한 결과 재고를 80퍼센트 이상 줄일 수 있었다. 새로 만든 인터넷 매장은 유통망을 거치지 않고 제품을 직접 소비자에게 판매했다.

잡스의 애플 살리기 전략은 지극히 당연하면서도 예상을 뛰어넘는 성격을 지녔다. 자금 사정이 악화되면 조직을 축소하고 핵심 역량에 집중하는 것이 당연했다. 잡스는 애플 컴퓨터에서 최신 마이크로소프트 오피스가 돌아가게 만들었고, 아시아 지역으로의 외주를 통해 효율적으로 공급사슬을 운용하는 델의 모델을 차용했으며, 새로운 운영체제의 개발을 중단하고 넥스트NeXT가 개발한 업계 최고의 운영체제를 가져다 썼다.

이러한 전략의 힘은 일련의 일관된 행동을 통해 근본적인 문제에 직접 대응한 데서 나왔다. 잡스는 야심 찬 수익 목표도, 미래에 대한 거창한 계시도 제시하지 않았으며, 맹목적인 구조조정에 몰두하지도 않았다. 그는 단순화된 제품 라인업을 중심으로 전반적인 사업 논리를 재구성했다.

나는 1998년 5월에 애플과 텔레콤 이탈리아_{Telecom Italia} 사이의 계약을 중재했다. 덕분에 잡스와 회생 전략에 대한 이야기를 나눌 기회를 얻었다. 그는 다음과 같이 전략적 결정을 내린 배경을 설명했다.

"제품 라인업이 너무 복잡했습니다. 우리 가족의 친구 중 한 명이 어떤 제품을 사야 하는지 제게 물어볼 정도였어요. 수많은 제품들의 차이를 알 수가 없었던 거죠. 저 역시 명확하게 차이를 설명할 수 없었습니다. 모든 제품의 가격이 2천 달러 이상이라는 점도 놀라웠습니다. 그래서 저는 모든 데스크톱 제품을 파워맥 G3로 통일했습니다. 또한 거래하던 6개 유통업체도 하나로 줄였습니다. 그들의 요구를 일일이 맞춰주다 보니 모델이 계속 늘어나고 가격이 비싸졌던 것입니다."

당시 잡스가 추진한 일련의 집중적 조치는 업계에서 보기 드문 것이었다. 나는 그보다 18개월 전에 앤더슨 컨설팅_{Anderson Consulting}의 후원을 받아 세계 전자업계에 대한 대규모 조사를 진행한 적이 있었다. 나는 유럽의 전자업계에서 일하는 26명의 경영인과 인터뷰를 가졌다. 질문 내용은 단순했다. 나는 선두업체가 성공한 비결과 그에 맞서는 개별 기업의 전략에 대해 물었다. 그들은 대체로 선두업체가 취한 전략을 어려움 없이 설명했다. 일반적인 내용은 기회의 문이 열렸을 때 가장 먼저 시장을 선점했다는 것이었다. 요점은 시장에 가장 먼저 진입하는 것이 아니라 가장 먼저 올바른 길로 진입하는 것이었다. 그러나 그들이 경영하는 기업의 전략에 대한 질문에는 다른 대답들이 나왔다. 그들은 다음에 열릴 기회의 문을 언급하는 대신 장황한 자기 홍보에 열중했다. 그들은 펌웨어를 인터넷으로 업데이트할 수 있게 만들고, 연합을 맺고, 360도 피드백을 얻고, 해외시장을 탐색하고, 어려운 전략적 목표를 세우는 등의 일을 했다. 새로운 기회의 문이 열렸을 때 신속하게 좋은 위치를 차지한다는 성공 비결을 알면서도 전략의 토대로 삼을 생각을 하지 않았던 것이다.

이러한 사실을 고려할 때 잡스가 애플의 미래에 대해 어떤 복안을 가졌을지 대단히 궁금했다. 회생 전략은 극적인 드라마를 연출하기는 했지만 애플을 미래로 전진시킬 수는 없었다. 당시 애플의 시장점유율은 4퍼센트도 되지 않았다. 사실상 개인용 컴퓨터의 표준은 윈도우-인텔 체제로 굳어지고 있었다. 애플로서는 틈새시장에 매달리는 것 외에 달리 방법이 없는 것처럼 보였다.

1998년 여름에 나는 다시 잡스와 이야기할 기회를 가졌다. 나는 "스티브, 애플의 회생은 아주 인상적이었어요. 하지만 PC 산업의 현실을 보면 애플이 틈새시장을 벗어나기 힘들 것 같습니다.

윈도우-인텔 표준을 바꾸기에는 네트워크 효과가 너무 강력해요. 이 문제에 대한 장기적인 대응책은 무엇입니까?"라고 물었다.

그는 나의 주장에 반박하지 않았다. 그렇다고 동의하지도 않았다. 그는 그저 웃음을 지으며 "다음에 올 대박을 기다릴 겁니다"라고 말했다.

잡스는 단순한 성장률이나 시장점유율 목표를 제시하지 않았고, 다각도로 노력하면 언젠가 시장의 주도권을 되찾을 수 있다는 헛된 희망도 드러내지 않았다. 대신 그는 성공의 원천인 새로운 기회의 문을 파악하고, 능숙한 포식자처럼 신속하고 영리하게 덤벼들 준비를 하는 데 집중했다. 새로운 기회의 문은 해마다 열리는 것도 아니었고, 경영 수완을 통해 억지로 열 수 있는 것도 아니었다. 그는 그 사실을 잘 알았다. 과거 그는 애플 Ⅱ와 매킨토시 그리고 픽사를 통해 새로운 기회의 문을 열었다. 그러나 넥스트를 통해 억지로 열려고 했던 시도는 실패로 돌아갔다. 실제로 애플이 아이팟과 아이폰으로 재도약하기까지 2년의 세월이 더 걸렸다.

다음에 올 대박을 기다린다는 잡스의 대답은 일반적인 성공의 공식이 아니었다. 그러나 다양한 신기술의 출현을 앞둔 당시 애플과 업계의 상황을 감안하면 현명한 접근법이었다.

100시간 만에 완료한 사막의 폭풍 작전

뜻밖의 전략에 대한 또 다른 사례는 1차 걸프전이 발발한 1991년에 등장했다. 미군 지휘관들은 쿠웨이트를 침공한 이라크군을 물리치기 위해 뜻밖의 전략을 수립했다. 이라크가 쿠웨이트를 침공한 것은 1990년 8월 2일이었다. 특수부대와 공화국 수비대의 4개 사단으로 구성된 15만 이라크군은 공수작전과 수륙양용작전을 통해 빠르게 쿠웨이트를 점령했다. 후세인이 쿠웨이트를 침공한 주된 이유는 어려운 경제 사정이었다. 이라크는 1980년부터 8년 동안 이란과 전쟁을 치르면서 쿠웨이트를 비롯한 걸프 국가에 상당한 부채를 졌다. 쿠웨이트를 강제로 합병하면 부채를 없앨 뿐만 아니라 원유에서 나온 수익으로 다른 국가에 대한 부채를 갚을 수 있었다.

5개월 후 부시 대통령의 주도 아래 33개국이 모여 결성한 연합군은 이라크군에 대한 공습을 전개하는 한편 지상군을 조직하기 시작했다. 이라크는 거기에 맞서서 점령군을 50만 명 이상으로 늘렸다. 공습만으로 점령군을 물리칠 수 없다면 지상전이 불가피한 상황이었다.

연합군이 이라크군을 물리칠 수 있다는 데에는 의심의 여지가 없었다. 다만 얼마나 많은 대가를 치르느냐가 관건이었다. 1990년 10월에 프랑스의 주간지인 〈렉스프레스*L'Express*〉는 쿠웨이트 수

복에 약 2만 명의 전사자와 일주일의 시간이 소요될 것이라고 추정했다. 증원된 이라크군이 방어진을 구축하자 의회와 언론은 1차대전 때의 참호전을 떠올렸다. 플로리다 주 상원의원인 밥 그레이엄Bob Graham은 "이라크가 이미 5개월 동안 쿠웨이트에서 대규모 요새화 작업을 진행했습니다"라고 말했다. 〈뉴욕타임즈〉는 "보병 제16연대가 M16과 M60으로 쿠웨이트의 참호에서 이라크군을 몰아내는 임무를 맡았다"라고 보도했다. 〈타임〉은 이라크군의 방어 태세를 다음과 같이 설명했다.

"웨스트버지니아 주 크기의 지역에 54만 명의 병력과 4천 대의 탱크 그리고 수천 대의 장갑차와 곡사포가 집결해 있다 (…) 이라크군은 모래주머니를 쌓아 전통적인 삼각형 진지를 구축하고 각 모퉁이에 중기관총으로 무장한 중대를 배치했다. 보병과 탱크는 이동식 콘크리트 대피호나 참호 속에 몸을 숨기고 있다. 삼각형 진지의 꼭지점에 배치된 곡사포는 지뢰밭이 설치된 '죽음의 지역'을 겨냥하고 있다."

〈LA 타임즈〉는 지상군 투입을 앞두고 이렇게 썼다.

전방의 이라크군은 견고한 방어진을 구축했다. 이처럼 요새화된 지역을 공격하는 일은 언제나 위험하다. 콜드 하버Cold Harbor, 솜Somme, 갈리폴리Gallipoli의 기억은 실패의 대가가 얼마나 참혹한지 상기시킨다. 타라와Tarawa, 오키나와,

함부르크처럼 성공한 전투도 엄청난 대가를 요구했다."

언론이 미처 몰랐던 사실은 중부군 총사령관인 노먼 슈와츠코
프Norman Schwarzkopf 장군이 10월 초에 지상전에 대비한 전략을 마련
했다는 것이었다. 원래 참모들이 기획했던 정면 공격 작전에 따르
면 2천 명의 전사자와 8천 명의 부상자가 발생할 것으로 예측되
었다. 슈와츠코프 장군은 이 계획을 반려하고 양동 작전을 채택했
다. 이 작전의 내용은 먼저 공습으로 이라크군의 전력을 50퍼센
트로 약화시킨 다음 좌우 양측에서 공격을 전개한다는 것이었다.
이때 오른쪽에 있는 해병대는 상륙하지 않고 적의 주의를 돌리는
역할만 했고, 본격적인 공격은 왼쪽으로 돌아 들어간 부대를 통해
이루어졌다.

이 전략은 100시간 만에 지상전을 끝낼 정도로 대단한 성공을
거두었다. 한 달 동안 지속된 공습은 이라크군이 탱크와 곡사포를
숨기고 사방으로 흩어지게 만들었다. 이후 공격 헬리콥터와 폭격
기를 동반한 지상군의 진격은 신속하고 단호하게 이루어졌다. 이
라크군은 용감하게 맞섰지만 지원군을 기다릴 시간을 벌지 못했
다. 또 하나의 성공 요인은 후세인이 화학무기를 쓰지 말라고 명
령한 것이었다. 만약 이라크군이 화학무기를 썼다면 수천 명의 사
상자가 생길 수밖에 없었다. 해병대 사령부는 화학무기에 병력의
20퍼센트에서 30퍼센트를 잃을 수도 있다고 추정했다. 사막 폭풍

작전이 전개되는 동안 미군은 탈릴Tallil에 있던 화학무기 저장고를 파괴했다. 또한 1998년에 유엔특별위원회UNSCOM는 8천 개가 넘는 화학탄두와 수 톤에 이르는 화학물질을 폐기했다. 다행히 후세인은 핵무기로 보복 당할까봐 화학무기를 동원하지 않았다.

결국 이라크군은 대부분의 병력을 잃은 채 퇴각했다. 공화국 수비대 2개 사단이 바스라Basra로 탈출한 이후 전쟁을 너무 일찍 끝낸 것이 아니냐는 비판이 제기되었다. 그러나 이 비판은 이라크가 77만 명으로 구성된 20개 사단 이상의 병력을 본토에 유지하고 있었다는 사실을 간과했다. 연합군이 입은 피해는 미미했다. 작전 첫날 사망자는 8명, 부상자는 27명에 그쳤다. 압도적인 승리로 전쟁이 끝나자 참호전을 우려하던 사람들은 연합군이 필요 이상의 병력을 동원했기 때문에 이미 예정된 결과였다고 주장했다.

슈와츠코프는 언론 브리핑을 통해 지상전 전략을 공개했다. 이 브리핑을 본 대부분의 사람들은 놀라움을 감추지 못했다. 뉴스 진행자들은 이 작전이 명석했다고 평가했다. 양동 작전을 통한 포위 공격을 예상한 사람은 거의 없었다. 그 이유는 무엇일까?

육군은 기본적인 전투 수칙과 방법론을 담은 야전 교범을 펴낸다. 1986년에 『작전Operations』이라는 표제로 출간된 FM 100-5는 육군의 핵심 전투 교범이다. 공격 작전을 다루는 이 교범의 2부는 가장 중요한 공격 형태로 '포위'를 설명하고 있다.

"포위는 지원부대를 통해 적의 주의를 돌린 다음 적 전력이 집중된 전방을 피하고 우회하여 측면이나 후면을 타격하는 것이다."

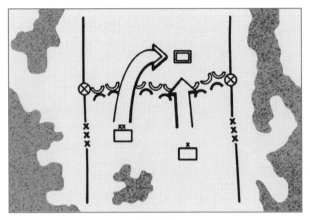

포위 공격

이를 그림으로 표현하면 위와 같다.

그렇다면 슈와츠코프 장군이 미 육군의 핵심 공격 작전을 쓸 것이라고 예상한 사람이 드물었던 이유가 무엇일까? 그 부분적인 이유는 성공적인 속임수에 있었다. 슈와츠코프 장군은 핵심 병력이 바다에서 상륙하여 이라크군을 정면으로 공격할 것처럼 속임수를 썼다. 이 속임수는 이라크 해군에 대한 공격과 쿠웨이트 해안에서 전개한 소규모 수륙양용작전을 통해 이루어졌다. 언론도 수륙양용작전을 위한 훈련 모습과 쿠웨이트 남부 국경지대에 집결된 병력 현황 그리고 참호전에 대한 우려를 보도함으로써 뜻하지 않게 적을 속이는 데 기여했다.

포위 작전의 핵심은 적에게 전면 공격에 대한 착각을 심어주는 동시에 대규모 우회 기동을 전개하는 것이다. 이러한 작전 내용은 25달러만 내면 누구나 받을 수 있는 야전 교범에 고스란히 담겨 있다(현재 버전은 FM 3-0이다)

그렇다면 왜 이라크군과 미국의 전문가들 그리고 의회는 연합군이 대표적인 공격 작전을 추진할 것이라고 예측하지 못했을까?

이 수수께끼에 대한 최선의 해답은 단순하고 집중적인 전략을 실제로 실행했다는 점에서 진정한 의외성이 나왔다는 것이다. 대부분의 복잡한 조직은 내외부의 이해관계를 두루 만족시키기 위해 자원을 집중하기보다 분산하는 경향을 지닌다. 따라서 애플이나 미 육군 같은 조직이 실제로 행동을 집중하면 놀랍게 느껴진다. 좋은 전략은 은밀하게 진행되기 때문이 아니라 예상을 뛰어넘기 때문에 놀라운 것이다.

사막 폭풍 작전에서 초점을 맞추는 일은 대단히 어려웠다. 슈와츠코프 장군은 공군, 해병대, 육군, 연합군, 정치인들의 야심과 욕망을 억눌러야 했다. 미 육군의 정예병력인 82 공수부대는 부대장의 반발에도 불구하고 프랑스군을 지원하는 임무를 맡아야 했다. 또한 8천 명의 해병대는 쿠웨이트 시 인근 해안에서 적의 주의를 돌리기 위해 상륙 대기만 해야 했다. 그리고 공군 사령부는 전략 폭격의 가치를 증명하고 싶어했지만 지상군을 지원하는 데 역량을 집중해야 했다. 게다가 딕 체니 국방부 장관은 보다 적은 병력을 투입하는 구체적인 대안 공격 계획까지 수립하기도 했다. 심지어 사우디군을 지휘하는 칼리드Khalid 왕자는 파흐드Fahd 왕이 작전 수립에 참여해야 한다고 주장했지만 슈와츠코프 장군은 미 중부군이 통제권을 보장받도록 부시 대통령을 설득했다.

서로 부딪치는 목표를 추구하고, 연관성이 없는 사업에 자원을 분할하며, 양립할 수 없는 이해관계를 수용하는 일은 결국 나쁜 전략으로 이어진다. 그럼에도 불구하고 대부분의 조직은 집중화된 전략을 세우지 않는다. 그들은 자원을 통합하고 집중하는 진정한 역량에 대한 필요성을 무시하고 잡다한 목표를 늘어놓는다. 좋은 전략을 세우려면 사소한 이해관계에 따른 요구를 거부할 수 있는 리더가 필요하다. 전략 수립에 있어서 조직이 하는 일만큼 하지 않는 일도 중요하다.

제 2 장

다윗의 돌팔매

GOOD STRATEGY BAD STRATEGY

좋은 전략이 주는 두 번째 이점은 강점과 약점에 대한 통찰에서 나온다. 다른 관점에서 문제를 바라보면 약점과 위기뿐만 아니라 강점과 기회의 새로운 장을 발견할 수 있다.

다윗의 돌팔매

기원전 약 1030년 경, 목동인 다윗이 전사 골리앗을 물리쳤다. 골리앗이 블레셋 진영에서 앞으로 나와 도발했을 때 사울Saul 왕의 군대는 공포로 움츠러들었다. 골리앗은 2미터 70센티미터가 넘는 키에 베틀 채만한 창을 들었고, 투구와 갑옷은 햇빛을 받아 눈

부시게 빛났다. 다윗은 군인이 되기에는 너무 어렸지만 그래도 골리앗에 맞서고 싶었다. 사울은 아무리 설득해도 다윗이 물러서지 않자 갑옷을 내주었다. 다윗은 무거운 갑옷을 버리고 목동의 옷을 입은 채 싸움에 나섰다. 그는 골리앗을 향해 달려가면서 돌팔매를 날렸다. 이마에 돌을 맞은 골리앗은 그 자리에 쓰러졌다. 다윗은 죽은 골리앗의 머리를 잘랐고, 블레셋군은 도망쳤다.

전략은 상대적 약점에 상대적 강점을 적용하는 것이다. 다윗과 골리앗의 강점과 약점을 표로 나누면 다음과 같다.

	강점	약점
다윗	용맹성	왜소한 체구, 경험 부족
골리앗	거대한 체구, 강한 힘, 오랜 경험	?

사울은 이러한 구도에 따라 다윗이 골리앗의 상대가 될 수 없다고 생각했다. 그는 돌팔매 실력과 날쌘 몸놀림이라는 다윗의 다른 강점을 보지 못했다. 다윗은 움직임을 방해한다는 이유로 사울이 준 갑옷을 버렸다. 어차피 골리앗과 근접전을 치르게 되면 갑옷은 크게 도움이 될 수 없었다. 또한 골리앗은 투구가 이마라는 급소를 가리지 않는다는 약점을 갖고 있었다. 다윗이 가진 원거리 무기는 체구와 힘이라는 골리앗의 이점을 무력화했다.

다윗과 골리앗의 이야기는 강점과 약점에 대한 인식이 합리적이지 않을 수 있음을 보여준다. 이 이야기는 약자처럼 보이는 다윗이 강자처럼 보이는 골리앗을 이겼다는 점에서 흥미롭다. 이 이야기가 주는 교훈은 명백한 비대칭성을 극복하는 진정한 역량의 발견에 있다. 다른 사람들이 보지 못하는 역량을 인식하는 방법은 무엇일까? 언뜻 파악하기 어려운 핵심적인 목표를 발견하고 이점을 창출하는 방법은 무엇일까? 이러한 통찰은 좋은 성과와 대단히 좋은 성과의 차이를 만드는 추가적인 역량을 제공한다.

월마트의 숨겨진 힘

내가 MBA 강의와 기업 컨설팅을 통해 하는 일은 대개 숨겨진 역량을 인식하도록 돕는 것이다. 그 일환으로 나는 종종 샘 월튼Sam Walton을 미국 최고의 부자로 만든 월마트의 성공사례를 소개한다. 도시와 해외로 진출하여 매출액에서 세계 최대의 기업이 된 후기 월마트의 이야기도 충분히 흥미롭다. 그러나 유통업계의 거인이 아니라 어린 도전자 입장이던 초기 월마트의 이야기가 훨씬 흥미롭다. 지금은 믿기 어렵지만 월마트도 한때는 골리앗이 아니라 다윗이었다.

지금부터 월마트를 다룬 강의의 내용을 소개하겠다. 나는 강의를 시작하기 전에 칠판에 다음과 같은 문구를 적었다.

통념: 종합 할인점을 운영하려면 최소 10만 명의 인구 기반이 필요하다.

내가 설명해야 할 것은 월마트가 대단한 성공을 거둔 이유였다. 나는 영업 분야에서 경력을 쌓은 빌에게 이유를 물었다. 그는 마치 정해진 공식인 것처럼 설립자인 샘 월튼의 리더십을 언급했다. 나는 그 말에 동의도 반박도 하지 않은 채 칠판에 '샘 월튼'이라고 적은 다음 "월튼이 구체적으로 기여한 일은 무엇인가요?"라고 물었다.

빌은 칠판에 적힌 문구를 보고 "월튼은 통념을 깨트렸습니다. 그는 소도시에 대형 매장을 세웠고, 연중 할인을 실시했으며, 전자화된 물류 시스템을 운영했습니다. 또한 월마트에는 노조가 없었고, 관리비도 적게 들었습니다"라고 말했다.

다른 학생들도 대개 비슷한 이야기를 했다. 나는 그들이 떠오르는 대로 성공 이유를 제시하는 것을 막지 않았다. 대신 매장의 규모, 도시의 크기, 물류 시스템의 운영 방식, 관리비 절감 방식 등에 대한 구체적인 질문을 던졌다.

학생들이 제시한 대답은 세 개의 도표로 정리할 수 있었다. 첫 번째 도표는 인구 1만 명의 소도시를 나타내는 원과 월마트 매장을 나타내는 사각형으로 구성되었다. 두 번째 도표는 물류 시스템을 표현한 것이었다. 나는 지역 물류센터를 나타내는 사각형을 그리고 월마트 매장까지 이어지는 선을 그렸다. 지역 물류센터에서 출발한 트럭은 150개의 매장을 거친 다음 돌아오는 길에 공급업체에 들러 상품을 실었다. 그리고 지역 물류센터로 돌아와 출고 차량에 상품을 옮겨 실었다. 입고 차량과 출고 차량이 만나는 지점은 X자로 표시되었다. 또한 매장에서 중앙 컴퓨터를 거쳐 공급업체와 물류센터를 잇는 선은 각각 다른 데이터 흐름을 나타내는 별도의 색으로 표시되었다. 끝으로 경영 시스템을 설명할 때는 지역 책임자의 주간 이동경로를 따라 표를 그렸다. 가령 월요일에 아칸소에서 출발하여 매장을 방문하면서 정보를 수집하거나 배포하고, 목요일에 아칸소로 돌아와 금요일에 회의를 하는 식이었다. 물류 시스템과 경영 시스템을 그린 두 도표는 허브를 중심으로 효율적인 배분이 이루어지는 비슷한 구조를 드러냈다.

이제 학생들이 제시한 사항들은 모두 정리되었다. 나는 강의실을 둘러보며 "여러분이 말한 내용들이 월마트가 성공한 이유이고, 이 내용들이 1986년에 이미 사례연구를 통해 밝혀졌다면 왜 케이마트Kmart는 그 후 10년 동안 계속 경쟁에서 밀렸을까요?"라고 물었다.

강의실에는 정적이 흘렀다. 이 질문은 사례연구에 나타난 내용들을 편하게 주고받는 즐거움을 깨트렸다. 월마트에 대한 사례연구는 할인 유통업계를 폭넓게 다루기만 할 뿐 경쟁에 대해서는 거의 아무 것도 말하지 않았다. 물론 학생들은 강의 준비를 하면서 이 점을 고려할 수 있었다. 그러나 실제로 깊게 고민하는 학생은 없었다. 사례연구도, 학생들도 경쟁에 초점을 맞추지 않았다. 나는 지난 경험에 비추어 어떤 학생도 질문에 대답하지 못할 것임을 알았다. 전략 강의에서 배워야 할 중요한 점은 언제나 경쟁을 고려해야 한다는 것이었다.

성공한 기업의 행동만 살피면 그림의 일부밖에 보지 못했다. 성공한 기업이 있으면 반드시 실패한 기업도 있기 마련이었다. 때로 특허를 비롯하여 일시적 독점을 누릴 수 있는 법적 권리 때문에 경쟁이 좌절되기도 했다. 그러나 성공한 기업의 전략을 모방하기 어렵게 만드는 특별한 이유가 있을 수도 있었다. 월마트가 누리는 우위는 경쟁자들이 쉽게 모방할 수 없는 것이었다.

월마트의 주요 경쟁자는 케이마트였다. 한때 저가 유통업계의 리더였던 케이마트는 1970년대와 80년대에 해외 진출에 열을 올렸다. 그들은 월마트가 일으킨 물류 시스템의 혁신과 소도시 시장에서의 지배력 확산을 무시하다가 결국 2002년에 파산하고 말았다.

나는 학생들에게 보다 구체적인 질문을 던졌다. "월마트와 케이마트는 모두 1980년대 초반부터 바코드 스캐너를 활용하기 시작했는데, 월마트가 케이마트보다 더 많은 혜택을 본 이유가 무엇일까요?"

대부분의 유통업체는 바코드 스캐너를 가격표 교체 비용을 줄이는 방편으로 보았다. 그러나 월마트는 한 걸음 더 나아가 위성 기반 정보 시스템을 구축하여 물류 관리 및 공급업체와의 협상에 활용했다.

이때 인사 책임자인 수전이 손을 들었다. 구체적인 사례를 언급한 것이 생각에 도움을 준 모양이었다. 그녀는 내가 앞서 설명한 보완 정책과 이 문제 사이의 연관성을 보았다. 그녀는 "판매 데이터 자체만으로는 별로 도움이 안 됩니다. 케이마트는 판매 데이터를 물류센터, 공급업체와 연계하여 통합된 물류 시스템을 구축해야 했습니다"라고 말했다. 그녀의 말이 옳았다. 나는 월마트의 정책이 바코드 스캐너, 적시 조달 체제, 재고 관리 등 물류 시스템의 여러 가지 요소를 상호보완적으로 통합하고 있다고 설명했다. 물류 시스템과 관련된 월마트의 구조, 정책, 행동은 일관성을 이루고 있었다. 각 요소는 다른 요소에 맞게 특화되어 있었다. 그래서 개별 요소만 따로 모방할 수 없었다. 많은 경쟁자들은 월마트처럼 각 요소를 최선의 형태로 조합하기 위한 전반적인 설계를 하지 못했다. 일부 경쟁자들은 나름대로 일관된 설계를 했지만 추구하는 목적이 달랐다. 어느 쪽이든 경쟁자들은 월마트를 상대하는 데 어려움을 겪었다. 전략의 요소만 부분적으로 모방하는 것은 별다른 혜택을 안겨주지 않았다. 필요한 것은 전반적인 설계였다.

이밖에도 선점 효과, 비용 우위의 정량화, 학습에 따른 역량 강화, 리더십의 기능, 시장 확대 등 다루어야 할 사안들이 많았다. 나는 강의 종료 15분을 남기고 논의를 정리했다. 학생들은 월마트의 비지니스 모델을 훌륭하게 분석했다. 다만 내가 아직 이해하지 못했지만 중요해 보이는 한 가지 사안이 남아있었다. 이 사안은 강의 전에 칠판에 쓴 문구와 관련이 있었다. 나는 빌에게 "아까 월튼이 통념을 깨트렸다고 말했죠? 하지만 이 통념은 고정비와 변동비에 대한 논리적인 분석에 토대를 두고 있어요. 비용과 가격을 낮게 유지하려면 충분한 고객이 필요합니다. 월튼은 어떻게 이 비용 논리를 깨트렸습니까?"라고 물었다. 빌은 선뜻 대답하지 못했다. 나는 빌의 생각을 돕기 위해 가정을 제시했다. "당신이 월마트 지점장이라고 가정해 봅시다. 때는 1985년입니다. 당신은 회사의 정책에 불만이 많습니다. 지역 시장을 제대로 이해하지 못한다고 생각하기 때문이죠. 당신은 자산가인 아버지에게 불만을 털어놓습니다. 그러자 아버지는 아예 매장을 직접 인수해서 운영해 보자고 제안합니다. 당신은 어떻게 하겠습니까?"연달아 갑작스런 질문을 받은 빌은 두 눈만 깜박거리더니 잠시 후 "좋은 생각이 아닌 것 같습니다. 단일 매장으로는 성공하기 힘듭니다. 월마트 매장은 네트워크의 일부로 운영되어야 합니다"라고 대답했다.

　나는 칠판에 적힌 문구 옆에 서서 "월마트 매장은 네트워크의 일부로 운영되어야 합니다"라는 빌의 말을 반복했다. 그리고 매장이라는 단어에 동그라미를 쳤다. 그러자 학생들 사이에서 깨달음의 탄성이 터져나왔다. 핵심은 매장이 아니라 150개 매장으로 구성된 네트워크였다. 이 네트워크를 통해 물류와 관리가 총체적으로 이루어졌다. 월마트는 통념 속의 매장을 네트워크로 대체했다. 150개 매장으로 구성된 지역 네트워크는 100만 명이라는 인구 기반을 확보할 수 있었다. 결국 월튼은 통념을 깨트린 것이 아니라 매장의 개념을 네트워크로 확대한 것이었다.

이 사실을 이해하면 월마트의 정책들이 맞물리는 방식에 대한 시각도 바뀌었다. 이제는 지역적 결정 사이의 상호의존성을 이해할 수 있게 되었다. 매장의 입지는 단순한 수요뿐만 아니라 네트워크의 경제학을 반영했다. 또한 월마트 내에 존재하는 힘의 균형도 확인할 수 있었다. 개별 매장은 협상력을 거의 지니지 않았다. 개별 매장이 선택할 수 있는 옵션은 제한되어 있었다. 월마트의 기본적인 경영 단위는 매장이 아니라 네트워크였다.

월튼은 통합적 네트워크를 기본적인 운영단위로 만들기 위해 분산화를 지향하는 보다 깊은 통념까지 깨트렸다. 오랫동안 분산화 원칙을 고수해온 케이마트는 각 지점장에게 제품 라인과 공급업체 그리고 가격까지 결정할 수 있는 권한을 주었다. 분산화는 대개 좋은 것으로 인식되었다. 그러나 분산화는 구성단위의 분열이라는 비용을 초래했다. 별도로 공급업체와 협상하고, 학습 결과를 공유하지 않는 매장들은 통합적 네트워크의 혜택을 누리지 못했다.

모든 경쟁자가 분산화된 시스템을 운영한다면 크게 문제될 것이 없었다. 그러나 월튼의 통찰력이 분산화된 구조를 약점으로 만들어 버리자 케이마트는 심각한 문제에 부딪혔다. 새로운 기술이라면 다소 주춤거리더라도 받아들일 수 있었다. 그러나 기본적인 경영 철학을 바꾸는 일은 파산 위기에 몰리지 않는 한 일어나기 어려웠다.

월마트 전략의 숨겨진 힘은 관점의 전환에서 나왔다. 이러한 관점을 얻지 못한 케이마트는 다윗을 깔보는 골리앗처럼 월마트를 작고 미숙한 상대로만 보았다. 그러나 월마트가 확보한 경쟁우위는 규모나 역사가 아니라 할인 유통업에 대한 관점의 전환에서 나온 것이었다. 전통적으로 할인 유통업은 인구가 밀집된 대도시와 연계되었다. 그러나 월튼은 네트워크를 통해 효율성을 극대화하는 방법을 발견했다. 현재 공급사슬 관리로 널리 알려진 이 방법은 1984년에는 예상을 뛰어넘는 전략으로서 다윗의 돌팔매와 같은 위력을 발휘했다.

경쟁우위에 대한 관점의 전환

나는 1990년대 중반에 앤디 마셜Andy Marshall을 처음 만났다. 당시 그는 국방부 총괄평가국장이었다. 총괄평가국은 1973년에 처음 설립되었다. 그때부터 줄곧 앤디 마셜은 국장의 자리를 지키고 있었다. 그의 임무는 미국의 안보 상황을 폭넓게 분석하는 것이었다.

앤디 마셜과 나는 기획 절차가 전략적 결과물로 이어지는 과정에 관심이 많았다. 그는 냉전기간 동안 군과 의회의 예산 결정이 이루어진 과정을 설명했다. 당시 국방 기획은 연간 예산 수립 절차에 따라 진행되었다. 해마다 합참은 무기 비축량과 개발 계획을 참고하여 소련의 위협을 평가했다. 국방부는 이 자료를 토대로 대응에 필요한 무기 구매 목록을 작성했다. 의회는 국방부의 요청을 검토하여 필요한 예산에 대한 지출을 승인했다. 이처럼 소련의 국방비 지출에 대한 대응으로서 국방비 지출을 정당화하는 절차는 미국의 행동을 소련의 약점이 아닌 강점에 결부시켰다. 미국은 돌발사태에 대비하는 전쟁 전략을 갖고 있었지만 장기적으로 소련과 경쟁하는 방법에 대한 계획은 갖고 있지 않았다.

마셜은 설명을 마치고 내가 그 의미를 제대로 이해했는지 살폈다. 그는 얇은 서류를 건네면서 "이 보고서는 미국의 강점을 활용하여 소련의 약점을 공략하는 매우 다른 접근법을 다루고 있습니다"라고 말했다.

보고서의 제목은 "대 소련 군사 부문 경쟁 전략"이었다(*Andrew Marshall, James Roche, "Strategy for Competing with the Soviets in the Military Sector of the Continuing Political-Military Competition"*, 1976).

포드 정부 말기인 1976년에 작성된 이 보고서에는 카터 정부의 국방부 장관인 해럴드 브라운Harold Brown의 메모가 적혀있었다. 보고서의 작성자는 앤디 마셜과 당시 부국장인 제임스 로시James Roche였다. 제임스 로시는 이후 노스롭 그루먼의 고위 임원을 거쳐 2001년부터 05년까지 공군 장관을 역임했다. 두 사람은 뛰어난 상황 분석을 통해 국방의 개념을 재정의했다. 그들은 "냉전에 효율적으로 대처하기 위해서는 우리가 가진 특출한 역량을 활용하여 구체적인 부문과 전반적인 측면에서 경쟁우위를 확보해야 한다"라고 주장했다. 그들이 제시한 주요 경쟁 부문은 기술이었다. 미국은 기술 부문에서 소련보다 나은 역량과 자원을 보유하고 있었다. 이 보고서에 담긴 가장 중요한 내용은 소련에 과도한 비용을 초래하는 경쟁을 유도해야 한다는 것이었다. 특히 대응하는 데 상당한 비용이 들어가면서 공격력 증대에는 도움이 되지 않는 기술에 대한 투자가 주효한 수단이었다. 가령 미사일의 정확도와 잠수함의 정숙성을 향상시키면 소련은 공격력과 무관한 분야에 귀한 자원을 소비하여 대응책을 마련해야 했다. 미국은 이러한 전략의 일환으로 뛰어난 신기술을 선택적으로 홍보했다.

마셜과 로시의 아이디어는 힘의 균형을 추구하면서 소극적으로 예산을 편성하던 논리를 무너뜨렸다. 미국은 강점을 효과적으로 활용하여 소련의 약점을 압박했다. 이 단순명료한 주장을 담은 보고서에는 복잡한 차트나 그래프 혹은 공식이 없었다. 단지 핵심적인 아이디어와 몇 가지 제안이 들어있을 뿐이었다. 이처럼 숨겨진 역량의 발견은 대단히 단순한 내용으로 이루어질 수 있었다.

내가 마셜과 이 보고서에 대한 이야기를 나누던 1990년에 소련은 비틀거리고 있었다. 이미 1년 전에 베를린 장벽이 무너진 터였다. 소련을 비틀거리게 만든 것은 과도한 세력 확장이었다. 소련은 정치, 경제, 군사를 비롯한 모든 면에서 파산의 길로 접어들고 있었다. 미국의 과감한 투자에 따른 기술 격차는 소련에 엄청난 압박을 가했다. 문제는 투자 여력이 부족하다는 것이었다. 사우디아라비아와 영국이 유가를 낮게 유지하면서 소련의 외화 수입이 크게 줄어들었다. 폐쇄적 체제도 서방의 신기술에 쉽게 접근하지 못하게 만들었다. 게다가 아프간전으로 내부의 정치적 지지기반까지 잃어버린 상태였다. 이 모든 변화의 이면에는 마셜과 로시가 1976년에 제시한 새로운 경쟁 논리가 있었다. 실제로 16개월 후에 소련은 해체되었다.

그때까지 소련은 미국에서 이루어지는 정치, 전쟁, 평화에 대한 모든 논의를 지배했다. 나는 초등학교 시절에 사이렌이 울리면 급히 책상 밑에 숨는 훈련을 받으며 자랐다. 버클리 대학에 다닐 때는 교수들의 권유로 마르크스, 레닌, 존 리드John Reed의 책을 읽었다. 내가 혁명의 경이에 대한 강의를 듣던 1960년에서 65년 사이에 약 150만 명이 강제 노동 수용소에서 죽어갔다. 또한 2차 세계대전 이후 소련은 2천만 명이 넘는 사람들을 죽였다. 그나마 이 숫

자는 1917년부터 48년까지 처형과 기아 그리고 강제 노동으로 목숨을 잃은 4천만 명보다 적었다.

이 죽음의 제국을 멸망시키는 일에 미국의 경쟁 전략은 얼마나 기여했을까? 물론 소련의 몰락이라는 복잡한 사건에는 수많은 원인이 있기 마련이었다. 내 생각대로 마셜과 로시의 전략이 그 중 하나라면 주의를 기울일 필요가 있었다. 두 사람의 통찰은 강점과 약점, 기회와 위기 같은 비지니스 전략의 언어로 표현되었다. 그들이 수립한 전략의 힘은 경쟁우위에 대한 관점의 전환에서 나왔다. 그 결과 군사적 역량의 균형을 유지하는 데 급급하던 미국의 전략이 비대칭적 비용을 유발하는 방향으로 선회하게 되었다.

마셜과 로시의 보고서에는 미국과 소련의 강점과 약점이 나열되어 있었다. 이러한 목록은 새로운 것이 아니었다. 이전에는 대개 더 많은 투자로 힘의 균형을 무너트리는 쪽에 집중하자는 것이 일반적인 반응이었다. 그러나 마셜과 로시는 월튼처럼 숨겨진 역량을 발견하여 훨씬 효과적으로 경쟁할 수 있는 방법을 제시했다.

제 3 장

나쁜 전략

GOOD STRATEGY BAD STRATEGY

나쁜 전략은 단지 좋은 전략의 부재가 아니다. 나쁜 전략은 상황에 대한 오판과 리더십의 실패에서 나온다. 좋은 전략을 세우려면 나쁜 전략을 인식하는 능력을 길러야 한다. 다음은 나쁜 전략의 네 가지 속성이다.

- **미사여구:** 실질적인 내용이 없는 전략일수록 쓸데없이 어렵고 추상적인 용어들을 늘어놓아서 고차원적인 사고의 결과물인 듯한 착각을 심어주려고 한다.
- **문제 회피:** 나쁜 전략은 문제를 명확하게 정의하지 않는다. 문제를 정의하지 않으면 전략을 평가하거나 개선할 수 없다.
- **목표와 전략의 혼동:** 나쁜 전략은 장애물을 극복하기 위한 구체적인 계획 없이 희망사항만 제시한다.

- **잘못된 전략적 목표:** 나쁜 전략은 중요한 사안을 간과하거나 비현실적 목표를 추구한다.

나쁜 전략의 기원

나는 2007년에 워싱턴 DC에서 열린 국가안보전략 세미나에서 '나쁜 전략'이라는 개념을 만들었다. 지금부터 그 내용을 살펴보도록 하자. 전략예산평가센터의 주최로 열린 국가안보전략 세미나에는 국방부 장관, 에너지부 장관, CIA 국장을 역임한 제임스 슐레진저James Schlesinger, 외교관계 위원회 위원, 국방부 차관, 군축청장, 통합 장기 전략 위원회 위원장을 역임한 프레드 이클레Fred Iklé를 비롯한 9명의 주요 인사들이 참석했다. 이 세미나의 목적은 개별적인 전략을 분석하는 것이 아니라 전략의 수준이 하락하는 이유를 밝히기 위한 것이었다.

상황 판단에 대한 이견은 없었다. 2차 세계대전 이후 핵무기 기술이 발전하면서 미국의 국가지도자들은 국가안보전략을 대단히 중시했다. 그러다가 소련에 의한 대규모 공격의 위협이 줄어든 1989년 이후에는 새로운 국가안보전략을 검토할 필요성이 생겼다. 핵 확산, 인프라 보호, 우주 공간 활용, 에너지 공급, 세계 금융 시장, 정보 혁명, 생명기술의 진보, 나토의 미래, 인종 갈등, 위험

국가, 중국 및 러시아와의 갈등 등 냉전 이후 등장한 사안들에 대응할 새로운 전략이 필요했다.

특히 9·11테러 이후 국가 안보 체제를 재구성할 필요성이 더욱 커졌다. 프린스턴에서 펴낸 국가 안보 보고서는 다음과 같이 명확하게 문제점을 지적했다. "부시 행정부의 '2002 국가안보전략'은 일련의 국가적 목표를 나열하고 있지만 진정한 전략적 기획을 반영하지 않았다. 9·11테러 이후 미국이 지향해야 할 목표를 제시하는 것은 분명히 유용하다. 그러나 단순히 목적지를 정하는 일로 포괄적인 로드맵을 만드는 일을 대체할 수 없다."다른 참가자는 나토 대사와 대통령 특별 자문을 역임한 데이빗 애브셔David Abshire 대통령 직무 연구 센터 CEO, 아프간 통합사령부 사령관을 역임한 데이빗 바노David Barno 중장, 국방위원회 위원과 합참 개혁자문단 위원을 역임하고 『*The Army and Vietnam*』을 쓴 앤드류 크레피네비치Andrew Krepinevich 전략예산평가센터장, 앤디 마셜 국방부 총괄평가국장, 부통령 특별 보좌관과 에섹스Esses 호 함장을 지낸 얀 반 톨Jan van Tol 총괄평가국 선임 연구원, 노스롭 그루먼 분석센터장과 국방부 사업평가국장을 역임한 배리 와츠Barry Watts 총괄평가국 선임 연구원이었다.

명백한 필요성에도 불구하고 실질적인 성과는 거의 없었다. 세미나 참석자들은 그 이유를 밝혀야 했다. 리더십이나 제도적 구조 혹은 단축된 수립 기간이 그 이유일 수 있었다. 세미나 참석자들이 지침으로 삼은 것은 전략을 이해하고 수립하는 역량이 전반적으로 약해졌다는 주장을 담은 뛰어난 보고서였다. 이 보고서를 작성한 와츠는 "진정한 전략으로 볼 수 없는 것들이 너무나 많다. 근본적인 문제는 전략과 전략적 목표를 혼동하는 데 있다. 2002 국가안보전략이나 2006 국가안보전략을 보면 목표의 목록밖에 없다"라고 지적했다.

나는 보고서에서 언급한 문서들을 읽고 와츠의 지적에 동의하지 않을 수 없었다. 이 문서들은 폭넓은 목표와 핵심적인 가치를 지키겠다는 의지만 담고 있을 뿐 구체적인 방법을 제시하지 않았다. 이 문서들의 핵심에는 필요할 경우 예방 전쟁을 통해 대량 학살 무기의 위협에 대응하겠다는 부시 대통령의 새로운 방침이 자리 잡고 있었다. 그러나 이 방침이 일관된 전략으로 이어지지는 않았다. 그래서 설득과 개입의 정도를 결정할 구체적인 조건들이 제시되지 않았다. 또한 새로운 방침에 따른 여파도 충분히 검토되지 않았다. 가령 2003년에 이라크 무기 사찰과 관련하여 발생한 문제의 재발을 방지하려면 보다 강력한 정보 활동이 필요했다. 예방 전쟁을 시작하려면 2차 정보가 아닌 명확한 증거가 필요했다. 그러나 증거 수집을 위한 역량을 확보하는 일은 정작 주요 목표에서 빠져있었다. 또한 잘못되거나 과장된 정보를 입수하여 오판을 저지를 위험에 대한 검토도 제대로 이루어지지 않았다. 그리고 적대 세력이 취할 예측 가능한 행동들에 대한 대응책도 미흡했다.

국가안보 전략에는 "다른 국가들과 협력하여 지역 갈등을 진정시킨다"라는 내용이 들어있었다. 이 말은 대단히 피상적인 정치 구호였다. 어차피 다른 국가들과 협력하지 않고 지역 갈등을 진정시킬 방법은 없었다. 미국이 혼자서 전 세계의 지역 갈등을 진정시킬 수는 없었다. 그렇다고 전 세계의 지역 갈등을 완전히 무시할 수도 없었다. 이러한 구호는 누구에게도 유용한 지침이 아니었다. 게다가 현실적으로 이러한 접근법의 효력이 갈수록 약해지고 있었다. 나토는 아프간에서 약속한 만큼 지원을 해주지 못했고, 유엔은 수단, 우간다, 네팔 등지에서 발생한 문제를 해결하지 못했다.

어쩌면 이 구호는 "유엔을 포기하고 누구든지 도움이 되는 상대와 협력하겠다"라는 의지의 표현일 수도 있었다. 그러나 이러한 의지의 표현은 '전략'으로 볼 수 없었다. 전략은 인류 역사상 언제나 있었던 지역 갈등이 왜 중대한 안보 문제가 되었는지, 미국이 지닌 영향력을 어떻게 활용하여 다른 국가들의 협력을 이끌어낼 것인지, 인간의 존엄성이나 민주주의 혹은 자유 무역 같은 다른 목표를 침해한 나라들과 협력하는 기준은 무엇인지 설명해야 했다.

구호가 전략을 대체한 다른 사례는 "적들이 우리와 우리의 우방을 대량 학살 무기로 위협하지 못하도록 방지한다"라는 내용이었다. 2006 국가안보전략은 이 주요 목표를 "대량 학살 무기로 목적을 달성할 수 없음을 적대자들에게 인식시켜서 활용 및 획득을 방지한다"라고 표현했다.

이 문구를 작성한 사람이 어떤 생각을 가졌는지 파악하기가 쉽지 않았다. 미국의 적들에게 대량 확산 무기를 활용한 위협이 목적 달성에 도움이 안 된다는 확신을 심어줄 수단은 무엇일까? 미국의 냉전 전략 자체가 대량 확산 무기에 기반을 두고 있었다. 이 사실은 적들이 대량 확산 무기의 전략적 가치에 확신을 가질 만한 근거가 되지 않을까? 가령 이라크가 핵무기를 보유했다면 쉽게 공격받지 않았을 것이다. 핵무기를 손에 쥔 후세인의 위협은 미국에 상당한 부담으로 작용했을 것이다. 반면 보복 핵공격으로 이라크 시민들을 대량 학살하겠다는 위협은 설득력이 떨어졌을 것이다. 러시아에서 입수한 정보에 따르면 실제로 후세인은 이 사실을 잘 알았다. 그래서 비밀리에 진행하던 핵개발이 지지부진한 것에 분노했다. 결국 강력한 핵무기의 위협을 완화할 구체적인 방법을 제시하지 않는 한 2006 국가안보전략의 목표는 희망사항에 불과했다.

두 국가안보전략이 대외적으로 공개되기 때문에 약점을 지닐 수밖에 없으며, 진정한 전략은 숨겨져 있다고 반박할 수 있었다. 그러나 나는 이러한 반박을 인정할 수 없었다. 대외비 문서를 접한 다른 분석가들도 실효성과 일관성이 없다고 지적했기 때문이었다. 국가 정책을 결정하는 내부자들인 세미나 참석자들도 국가

안보 전략이 부실하다는 점에 동의했다. 거기에는 실질적인 효과를 기대할 수 있는 어떤 정책이나 프로그램도 없었다.

세미나에서 내가 맡은 역할은 기업계의 전략적 관점을 제시하는 것이었다. 다른 참석자들은 내가 기업계의 발전된 전략 수립 역량을 소개해 주기를 바랐다. 실제로 많은 기업들은 강력하고 효과적인 전략을 수립했다. 그러나 컨설팅과 연구 활동을 통해 관찰한 바에 따르면 '나쁜 전략'의 사례가 훨씬 많았다. 불행하게도 잘못된 인식이 낳은 나쁜 전략은 갈수록 보편화되고 있었다.

나쁜 전략은 목표를 내세우고 행동을 무시한다. 나쁜 전략을 수립하는 사람들은 목표만 제시하면 충분하다고 생각한다. 그래서 일관성과 현실성이 부족한 전략적 목표를 나열한다. 그리고 이러한 문제를 감추려고 온갖 미사여구를 동원한다.

국가안보전략 세미나 이후 몇 년 동안 나는 나쁜 전략에 대해 많은 경영인들과 논의할 기회를 가졌다. 그 과정에서 나쁜 전략의 네 가지 속성을 정리할 수 있었다. 지금부터 이 속성들을 하나씩 살펴보도록 하자.

미사여구의 함정

미사여구는 뻔한 내용을 화려한 말로 가리기 위한 수단이다. 가령 "우리의 핵심 전략은 고객 중심 중개 활동이다"라는 한 은행의 전략을 보자. 중개 활동은 예금을 받아서 대출을 내주는 일을 말한다. 다시 말해서 이 전략은 은행이 원래 하는 일을 설명할 뿐이다. 다만 "고객 중심"이라는 표현이 더 나은 상품과 서비스를 고객에게 제공함으로써 경쟁우위를 확보한다는 의미일 수 있다. 그러나 이 표현을 뒷받침하는 차별적인 정책이 없다. 결국 "고객 중심의 중개 활동"은 미사여구에 불과하다. 이 전략에서 미사여구의 허울을 벗기면 "우리의 핵심 전략은 은행이 원래 하는 일을 하는 것이다"가 된다.

학계에서 만들어진 미사여구는 최근에 정보 기술 산업에서 자주 눈에 띄고 있다. 가령 최근에 작성된 EU 보고서는 클라우드 컴퓨팅을 "다양한 이해관계자들을 참여시켜서 구체적인 품질 수준에 따라 세분화된 서비스를 제공하는 유연한 실행 환경"으로 설명했다. 미사여구를 빼고 단순하게 설명하자면 이용자가 컴퓨터나 데이터 서버 혹은 소프트웨어를 신경쓰지 않고 구글에서 검색을 하거나 인터넷 백업서비스를 이용하는 것이 클라우드 컴퓨팅이었다. 컴퓨터와 네트워크로 구성된 '구름'은 서비스 업체가 제공했다.

나는 2000년 여름에 지금은 사라지고 없는 아서 앤더슨Arthur Andersen이 한 프레젠테이션에서 절정의 미사여구를 보았다. 당시 엔론은 월가의 총애를 받았고, 회계법인인 아서 앤더슨은 엔론의 사업 전략에 대한 지식을 기반으로 고객들을 끌어들이려고 애썼다. 아서 앤더슨의 한 부서에서 진행한 이 프레젠테이션의 제목은 "시장을 움직이는 기업들의 전략"이었다. 발표자는 시장을 움직이는 대표적인 기업으로 엔론을 꼽았다. 그는 "9개월 전에 엔론이 대역폭 거래 시장을 만들겠다고 발표하자 시가총액이 90억 달러나 늘어났습니다. 현재 대역폭 거래 시장의 규모는 약 300억 달러로 추산됩니다"라고 말했다.

당시 규제 철폐로 에너지 가격의 변동성이 높은 상태였다. 공공서비스 기업들은 구매 가격이 안정되기를 원했다. 엔론은 그들을 상대로 에너지 선물 거래를 했다. 구체적으로 말하자면 미래의 일정한 시점에 고정된 가격으로 에너지를 공급받을 수 있는 계약을 맺었다. 엔론은 에너지 시장에서 잡은 주도권을 활용하여 수급 정보를 얻고 이를 다시 거래에 활용했다.

문제는 이러한 사업방식을 대역폭 시장에서도 재현할 수 있는지 여부였다. 대역폭 시장에는 현물 가격도, 품질 기준도, 수급 조절 방법도 없었다. 엔론은 자체 보유 네트워크의 용량이 미비한데도 중개자의 역할에 머물지 않고 직접 거래를 하려고 했다. 또한 대역폭은 에너지와 가격 형성 구조가 달랐다. 그래서 대역폭의 용량이 수요를 넘어서는 한 현물 가격은 거의 제로가 될 수밖에 없었다. 이미 당시에 설치된 광섬유 통신망은 수요를 충분히 감당하고도 남았다. 그리고 대역폭 시장에서 거래하는 것은 천연가스나 전기처럼 전달할 수 있는 실물이 아니라 용량이었다. 그래서 공급하는 대상에 대한 매매 포지션을 잡을 수 없었다. 온라인으로 전달되는 컨텐츠는 원자재가 아니었다.

그러나 발표자는 시장이 결국 한 방향으로 '진화'하기 때문에 동일한 전략을 적용할 수 있다고 주장했다. 이 주장을 단적으로 표현한 것이 아래에 나오는 표였다. 이 표는 물리적 상품에서 이색 옵션exotics으로 나아가는 시장의 진화과정을 묘사한 것이었다. 이 표에 따르면 파생상품은 가치를 추출하는 첨단 기법이었다.

그럴듯한 미사여구로 장식된 이 표는 정작 대역폭 시장을 구축하는 데 필요한 실질적인 문제를 다루지 않았다. 겉으로는 깊이있

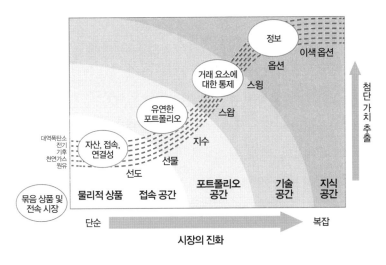

대역폭 시장의 핵심은 연결성이다

는 내용을 담은 것처럼 보이지만 자세히 들여다보면 설익은 분석과 복잡한 그림 그리고 어려운 전문용어가 뒤섞여 있을 뿐이었다.

시장이 반드시 복잡도가 높아지는 방향으로 진화하는 것은 아니었다. 종종 반대 방향으로 나아가기도 했다. 선물과 옵션을 만들려면 기초 자산이 필요했다. 기초 자산은 반드시 원자재가 될 필요는 없었다. 트레이더들은 가격 변동성을 나타내는 시카고 옵션 거래소 변동성 지수에 따라 선물 계약을 체결하기도 했다. 엔론은 보유한 실물 자산을 토대로 에너지를 거래했다. 그러나 이러한 방식의 거래는 일시적인 현상이 될 수 있었다. 원유업계와 농산물 업계는 오랫동안 생산자를 깊이 참여시키지 않고도 선물과 옵션 시장을 유지해왔다.

이러한 의문에 대한 해답을 기다리던 나는 이어지는 발표 내용에 실망했다. 발표의 핵심은 위에 나온 표와 피상적인 일련의 전략이 전부였다. 발표자가 제시한 전략은 전력 거래 플랫폼을 구축하고 장외 거래 중개자 및 정보 제공자의 역할을 수행한다는 것이었다. 이러한 역할은 구두공이나 제빵사 같은 명칭에 불과할 뿐 전략이 아니었다. '정보 제공자의 역할 수행'을 사업 전략으로 인정한다면 미사여구에 넘어간 것에 불과했다.

그로부터 14개월 후 엔론의 문제가 외부로 노출되었다. 과도한 부채, 줄어드는 이익, 대규모 프로젝트의 실패, 대역폭 거래에 따른 엄청난 손실로 인해 엔론의 계약 이행 능력에 대한 의구심이

커졌다. 누구도 파산할지 모르는 기업과 선물 거래를 하려고 하지 않았다. 결국 2001년 12월에 엔론이 파산하면서 그동안 저질렀던 회계 부정의 실태가 드러났다. 그 여파로 회계법인인 아서 앤더슨까지 함께 무너졌다. 대역폭 거래 시장은 아직도 개발되지 않았다.

진정한 통찰을 담은 좋은 전략은 복잡한 내용을 쉽게 표현한다. 반면 진부한 시각을 담은 나쁜 전략은 쓸데없이 내용을 복잡하게 만든다. 그래서 부족한 내실을 온갖 미사여구로 감추려 한다.

문제는 무조건 피한다

전략은 도전에 대한 응전, 장애물을 뛰어넘는 방법, 어려움을 극복하는 해법이다. 따라서 문제를 구체적으로 정의하지 않으면 좋은 전략을 세울 수 없다.

인터내셔널 하베스터International Harvester는 한때 미국의 4대 기업이었다. 인터내셔널 하베스터의 농기계는 철도와 함께 미국의 평원을 개발했다. 인터내셔널 하베스터 이사회는 1977년에 회사에 활력을 불어넣기 위해 제록스 사장이던 아치 맥카델Archie McCardell을 새 CEO로 영입했다.

맥카델은 10여 년에 걸쳐 경영 현대화 작업을 진행했다. 그는 외부 컨설팅을 참고하여 조직 구조를 개편하고 전략 전문가들을 대거 영입했다. 전략 전문가들은 1979년 7월에 나쁜 전략의 전형이라고 부를 만한 경영전략을 수립했다.

이 경영전략은 5개 사업부문의 경영계획을 합친 것이었다. 5개 사업부문은 농기계(30억 달러), 트럭(40억 달러), 산업장비(10억 달러), 부품(10억 달러), 가스 터빈(3억 달러)이었다. 전반적인 '전략'은 시장점유율을 높이고 비용을 줄여서 매출과 순익을 늘리는 것이었다.

다음에 나오는 표는 이 전략을 정리한 것이다. 보다시피 순익 그래프는 대단히 이상적인 상승 추세를 그리고 있다.

이 전략은 포괄적인 구성과 세부사항을 갖추었다. 가령 농기계 부문의 계획을 보면 부서별 현안에 대한 정보와 논의를 담고 있었다. 전반적인 계획은 유통망을 강화하고 생산비용을 낮추는 것이었다. 계획대로 실행될 경우 농기계 부문의 시장점유율은 16퍼센트에서 20퍼센트로 늘어날 것으로 추정되었다.

이 전략의 치명적인 결함은 비효율적인 조직 구조라는 명백한 문제를 언급하지 않았다는 것이었다. 이 문제는 설비 투자나 시장점유율 목표 제시로 해결할 수 없었다. 가령 연공서열이 높은 임직원은 원하는 대로 자리를 옮길 수 있었다. 그때마다 연쇄적인 인사이동이 일어났다. 또한 인터내셔널 하베스터의 이익률은 경쟁사의 약 절반에 불과했다. 게다가 노사관계까지 업계 최악 수준

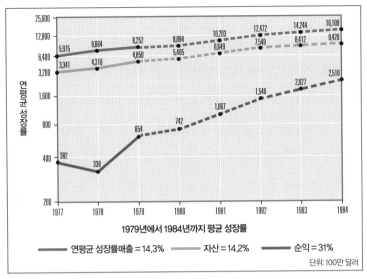

인터내셔널 하베스터 전체 매출, 자산, 순익 예측(1977-1984)

이었다. 인터내셔널 하베스터는 초기 노사분쟁의 중심지였다. 맥카델은 관리비 절감을 통해 한두 해 동안 순익을 늘리는 데 성공했다. 그러나 단체협상안에 대한 노조와의 타협에 실패한 후 6개월에 걸친 파업으로 사세가 급격하게 기울기 시작했다. 1979년에서 85년 사이에 발생한 손실만 해도 30억 달러 이상이었다. 그 동안 42개 공장 가운데 35개가 문을 닫았고, 8만 5천 명이 해고되었다. 남은 직원수는 1만 5천 명에 불과했다. 주요 사업부문은 각각 다른 기업들에게 매각되었다. 그나마 트럭 부문이 나비스타Navistar로 이름을 바꾸어 명맥을 유지했다.

지금은 경영전략을 수립하는 스타일이 많이 바뀌었다. 그래서 표나 차트 대신 비전에 이어 사명 선언 내지 핵심 가치를 먼저 정한 다음 전략적 목표를 나열하고 그에 따른 전략들을 제시한다. 그러나 근사한 문구와 구호에도 불구하고 현대식 전략은 대개 과거식 전략처럼 근본적인 문제점을 밝히지 않는다. 이러한 전략은 전략적 사고를 전혀 반영하지 않는다. 단지 더 많은 자금을 투입하기 위한 계획을 늘어놓고 사정이 나아지기만을 바랄 뿐이다. 문제점을 파악하고 분석하지 않으면 전략이 아니라 목표나 희망사항을 나열하는 데 그치게 된다.

고등국방연구원DARPA은 국방력 증강을 위한 기술 혁신을 추구한다. 고등국방연구원의 전략은 인터내셔널 하베스트의 전략과 달리 문제에 대한 명확한 인식에 바탕을 둔다. 다음은 고등국방연구원이 전략 보고서에서 제시한 근본적인 문제다.

모든 군사 연구 조직이 처한 근본적인 문제는 군사적 요구를 기술적 기회와 연결하는 것이다. 거기에는 기술의 발전에 따른 새로운 작전 개념도 포함된다. 이 문제는 대개 명백한 기술적 해결책이 없고, 신기술의 군사적 응용 가능성이 명확하지 않기 때문에 대단히 해결하기 어렵다.
고등국방연구원은 이 문제를 해결하기 위하여 실패할 위험이

크고, 즉각적인 응용이 어렵더라도 성공하면 국방에 상당한 도움이 되는 프로젝트에 집중적으로 투자한다. 그들은 현재가 아닌 미래에 지휘관들이 어떤 기술을 원할지 상상하고, 최고의 인재들을 투입하여 연구를 진행한다. 이러한 전략에 따라 탄도미사일 방어 기술, 스텔스 기술, 무인기 기술 등이 개발되었다. 또한 GPS, 인터넷, 음성 인식, 나노 기술도 원래 고등국방연구원의 연구 성과였다.

　고등국방연구원의 전략은 일반적인 지침에 그치지 않고 구체적인 정책들을 제시한다. 가령 조직이 경색되는 것을 막고 신선한 시각을 받아들이기 위하여 프로그램 책임자들을 4년에서 6년마다 교체한다. 새로운 책임자는 전임자의 한계를 뛰어넘으려고 노력하기 마련이다. 또한 관리비와 설비비에 대한 투자를 엄격하게 집행하여 조직의 발전을 저해하는 이해관계를 차단한다. 이러한 정책들은 혁신을 가로막는 장애물에 대한 현실적인 인식에 바탕을 둔다. 그래서 "최고의 인재를 육성한다"나 "혁신 문화를 장려한다"같은 피상적인 정책과 거리가 멀다. 고등국방연구원의 전략은 좋은 전략의 공통적인 요소를 지닌다. 즉, 문제를 신중하게 정의하고 거기에 자원과 행동을 집중하기 위한 정책을 제시한다.

목표와 전략의 혼동

한 강연에서 그래픽 아트 회사의 CEO인 채드 로건Chad Logan이라는 사람을 만난 적이 있다. 그는 간부들에게 '전략적 사고'의 개념을 가르쳐 달라고 요청했다. 도심지 상업빌딩에 자리잡은 그의 회사는 잡지사, 출판사, 광고회사 등에 그래픽 서비스를 제공했다. 내가 찾아간 회의실은 투박하고 실용적인 분위기를 풍겼다. 회의실 벽에는 주요 작업의 결과물들이 걸려있었다. 회사의 조직은 디자인 그룹과 영업팀으로 구성되어 있었다. 3개의 영업팀은 각각 잡지와 신문, 일반 기업, 인터넷 고객을 담당했다.

로건이 추구하는 목표는 단순했다. 그가 세운 전략은 '20/20'계획으로 불렸다. 이 계획은 해마다 매출과 순익을 20퍼센트씩 증가시킨다는 것이었다. 그는 "전반적인 전략은 정해졌습니다. 저는 수익성과 성장성을 함께 추구합니다. 문제는 이 목표를 위해 모두가 노력하게 만드는 것입니다. 우리 간부들이 전략적 사고를 하도록 도와주세요."라고 말했다. 나는 단순한 매출 목표와 순익 목표 말고 구체적인 전략적 요소들을 준비했는지 물었다. 그는 내게 문서를 하나 건넸다. 거기에는 2005 전략 계획'이라는 제목이 붙어 있었다. 그 내용은 향후 4년에 걸친 매출, 비용, 순익 등에 대한 추정치였다. 지난 4년 동안 회사의 순익은 업계 평균 수준인 약 12퍼센트였다. 그러나 전략에 제시된 추정치는 연간 20퍼센트씩 늘어났다. 첫 페이지에는 다음과 같은 내용이 들어있었다.

핵심 전략

- 우리는 최고의 그래픽 아트 서비스를 제공한다.
- 우리는 고객의 문제에 독창적이고 창의적인 해결책을 제공한다.
- 우리는 해마다 최소한 20퍼센트씩 매출을 늘린다.
- 우리는 최소한 20퍼센트의 이익률을 유지한다.
- 우리는 조직의 목표에 헌신한다.
- 우리는 정직하고 개방적인 업무환경을 조성한다.
- 우리는 지역사회에 기여한다.

로건은 "약 3주 동안 전 임직원의 의견을 모아서 핵심 전략을 만들었습니다. 저는 우리가 힘을 모아서 이 목표를 달성할 수 있다고 믿습니다. 모두가 거기에 기여할 준비가 되어 있습니다."라고 말했다. 나는 "20/20은 대단히 공격적인 목표입니다. 이 목표를 달성하기 위해 어떤 일들을 해야 할까요?"라고 물었다. 로건은 "대학 시절에 축구 선수로 뛰면서 이기겠다는 의지를 배웠습니다. 우리 회사의 임직원들은 지금까지 열심히 일했습니다. 그러나 단지 열심히 일하는 것과 이기겠다는 의지를 갖는 것은 별개의 문제입니다. 물론 20/20은 쉬운 목표가 아닙니다. 그러나 성공의 열쇠는 목표를 높게 설정하는 것입니다. 우리는 목표에 도달할 때까지 계속 노력할 것입니다"라고 대답했다. 내가 원했던 대답은 높은 성장률을 달성할 수 있다고 믿게 해줄 구체적인 이유였다.

전략은 힘을 강화시켜주는 지렛대와 같다. 물론 의지와 완력이 있다면 지렛대 없이 무거운 돌을 끌 수 있다. 그러나 지렛대를 이용하는 편이 훨씬 현명하다. 나는 다시 "이처럼 공격적인 목표를 달성하려면 지렛대로 삼을 핵심 역량이 필요합니다. 그것이 무엇인지 자세히 설명해 주시겠습니까?"라고 물었다. 로건은 답답하다는 듯 인상을 찌푸렸다. 그는 가방에서 한 장의 종이를 꺼내어 형광색으로 표시된 부분을 가리키면서 "잭 웰치가 이런 말을 했습니다"라고 말했다. 거기에는 '불가능해 보이는 일에 도전하면 종종 가능한 일이 된다'라고 적혀 있었다. 로건은 "우리가 하려는 일이 바로 이것입니다"라고 말했다. 그의 반복되는 주장은 여전히 20/20 계획이 비효율적이라는 나의 생각을 바꾸지 못했다.

전략적 목표는 구체적인 절차나 성과를 제시해야 했다. 가령 고객의 요구에 대응하는 시간을 얼마만큼 줄인다거나 500대 기업으로부터 수주한다는 식의 내용이 필요했다. 그러나 로건과 논쟁하는 것은 그다지 도움이 되지 않았다. 일단 대화를 통해 문제를 풀어나가는 것이 중요했다. 그래서 나는 잠시 수치를 살펴보겠다고 말했다. 사실 그럴 필요가 없었다. 필요한 것은 로건을 돕기 위한 접근법을 생각할 시간이었다. 의도는 좋았지만 그의 계획은 결과만 있을 뿐 행동이 없었다. 그는 강한 의지를 갖고 밀어붙이면 목표를 달성할 수 있다고 믿었다. 그의 태도는 1차대전 시기의 파스샹달Passchendaele 전투를 상기시켰다.

1914년에 전쟁이 터지자 많은 젊은이들이 기꺼이 군에 입대했다. 그들은 의지와 용기만 있으면 전쟁에서 이길 수 있다고 믿었다. 그러나 기관총으로 중무장한 적의 방어진지를 향해 무모하게 달려들던 젊은 병사들은 아무 의미없이 목숨을 잃었다. 때로 1마일의 땅을 빼앗기 위해 수만 명이 죽어갔다.

1917년에 영국군의 더글라스 헤이그Douglas Haig 장군은 플랑드르 지방의 파스샹달이라는 마을을 공격할 계획을 세웠다. 독일군의 방어선을 뚫고 바다로 이어지는 진로를 확보하는 것이 목표였다. 참모들은 포격으로 제방이 무너지면 해수면 아래에 위치한 지역이 침수될 것이라고 만류했다. 그래도 그는 독일군의 방어진지를 향해 포격을 감행했다. 결국 제방이 무너지면서 전장은 온통 허리까지 빠지는 진흙탕으로 변했다. 탱크와 말 그리고 부상자들은 속절없이 진흙탕에 파묻히고 말았다.

1년 전에 솜 전투에서 10만 명의 병사를 잃은 헤이그 장군은 작전에 차질이 생길 경우 진격을 멈추겠다고 약속했었다. 그러나 쉽게 포기해서는 안 된다는 생각에 엄청난 인명 손실에도 불구하고 3개월 동안 공격을 밀어붙였다. 최후의 10일 동안 방어진지를 향해 정면으로 돌격한 캐나다군은 작은 언덕 하나를 차지하기 위해 무려 1만 6천 명을 잃었다. 3개월에 걸친 이 전투에서 5마일을 진격하기 위해 7만 명이 전사하고, 25만 명이 부상을 입었다. 처칠은 파스샹달 전투에 대해 "너무나 헛되이 생명과 용기를 낭비했다."라고 탄식했다. 헤이그는 솜과 파스샹달에서 영국의 한 세대 전체를 죽음으로 몰아넣었다. 베르됭Verdun 전투에서 독일의 에리히 폰 팔켄하인Erich von Falkenhayn 장군도 같은 실수를 저질렀다.

이러한 경험 때문에 유럽의 경영학 강의에서는 동기 부여를 중시하지 않는다. 반면 미국에서는 여전히 리더십의 원칙 중 하나로 동기 부여가 강조되고 있다. 가령 로스 페로Ross Perot는 "대부분의 사람들은 성공 직전에 포기해 버린다. 마지막 1야드만 밀어붙이면 경기를 뒤집을 수 있는데 도중에 멈추고 만다."라고 말했다. 많은 미국인들은 이 말에 동의하지만 유럽인들은 파스샹달 전투를 떠올린다. 파스샹달 전투에서 결여된 것은 포기하지 않겠다는 의지가 아니라 유능한 전략적 리더십이었다.

물론 의지는 성공의 핵심적인 요소이며, 리더는 마지막 안간힘을 쓰라고 요구할 수 있다. 그러나 리더의 역할은 동기 부여에 국한되지 않는다. 리더는 추진할 가치가 있는 전략을 수립하고, 효율적으로 노력을 기울일 수 있는 여건을 조성해야 한다.

나는 첫 회의를 가진 지 며칠 후에 다시 채드 로건을 만났다. 나는 그의 계획에는 강한 열정만 있을 뿐 전략이 없다고 지적했다. 당장 간부들과 전략을 논의하는 일은 의미가 없었다. 나는 유망한 기회를 먼저 찾으라고 조언했다. 기회는 내부에 있을 수도 있고, 외부에 있을 수도 있었다. 그러기 위해서는 별도로 팀을 꾸려서 한 달 정도 고객, 경쟁자, 기회 등에 대하여 전략적인 검토를 할 필요가 있었다. 사업환경의 변화와 경쟁우위를 확보할 분야를 살피는 일은 대체로 긍정적인 효과를 안겨주었다. 이때 모든 유용한 정보를 끌어낼 수 있도록 창구를 개방하는 것이 중요했다. 나는 이러한 절차를 돕겠다고 제안했다. 모든 절차가 순조롭게 진행되면 유망한 기회에 역량을 집중하는 데 필요한 전략을 세울 수 있었다. 기회가 존재할지, 존재한다면 얼마나 클지, 전략의 성과가 얼마나 될지 미리 알 수는 없었다. 전략적 검토를 통해 다양한 방안이 나올 수도 있었다. 그러나 최종적인 결론은 소수의 핵심적인 행동으로 제한되어야 했다. 이 결론은 회사가 멀리 도약하기 위한 디딤돌이었다. 이러한 작업 없이 동기 부여에만 의존하여 회사를 이끌 수는 없었다. 기업 사이의 경쟁은 의지만이 아니라 통찰력과 역량을 겨루는 것이기 때문이었다. 동기 부여만으로는 충분한 경쟁우위를 확보할 수 없었다.

로건은 나의 조언을 받아들이지 않았다. 그는 일주일 후 다른 컨설턴트를 고용했다. 이 컨설턴트는 간부들을 데리고 회사가 얼마나 클 수 있는지 상상하는 '비전 만들기'를 진행했다. 간부들은 점점 큰 비전을 제시했다. 컨설턴트는 그것으로 부족하니 생각의 한계를 두 배로 넓히라고 조언했다. 이러한 조언은 로건의 입맛에 딱 맞는 것이었다. 나로서는 일찌감치 손을 뗀 것이 다행이 아닐 수 없었다.

로건이 말한 '핵심 전략'은 사실 전략과 아무 관련이 없는 목표에 불과하다. 많은 기업들이 전략을 세울 때 같은 잘못을 저지른다. 경영인들은 전략이 필요하다는 사실을 안다. 문제는 향후 3년 내지 5년에 걸친 예산과 시장점유율 추정치를 정하는 일이 전략 기획이라고 착각한다는 것이다. 그들은 이러한 절차를 밟으면 일관된 전략을 얻을 수 있을 것이라는 잘못된 기대를 품는다.

계획에 잘못된 것은 없다. 오히려 계획은 경영의 핵심적인 요소다. 가령 급성장하는 유통기업의 경우 부지 확보, 건설, 교육 등을 추진할 지침이 필요하다. 마찬가지로 다국적 엔지니어링 기업은 인력과 자금 그리고 지역별 사업을 관리하기 위한 계획이 필요하다.

이러한 계획은 더 나은 성과를 얻는 방법을 제시하는 전략이 아니다. 더 나은 성과를 얻으려면 주요 장애물을 파악한 다음 그것을 극복하기 위한 일관된 접근법을 개발해야 한다. 거기에는 제품 혁신이나 유통망 개선 혹은 조직 구조 개편 등이 포함될 수 있다. 또한 기술, 고객의 선호, 법규, 원자재 가격, 경쟁사의 활동 등 사업환경의 변화에 대한 통찰력을 활용할 수도 있다. 리더가 할 일은 어느 길이 가장 효과적인지 판단하고 조직의 역량을 집중할 방법을 찾는 것이다. 기회와 도전 그리고 변화는 정기적으로 생기는 것이 아니다. 따라서 중요한 사안이 발생할 때마다 대응하기 위한 전략이 필요하다.

잘못된 전략적 목표

중간 간부의 경우 상사가 목표를 정해주거나 상사와 함께 목표를 정한다. 어느 쪽이든 간에 구체적인 목표를 달성하기 위한 행동을 전략으로 보게 된다. 그러나 이러한 시각은 경영진에게는 맞지 않다.

경영진은 보다 폭넓은 시각을 가져야 한다. 유능한 경영진은 독단적으로 목표를 결정하지 않는다. 대신 큰 그림에 따라 어떤 목표를 추구해야 하는지 결정하고 각 부서별로 달성해야 할 하부 목표를 부여한다. 이 하부 목표는 모든 전략의 첨단에 해당한다.

리더가 되려면 목표를 부여받는 것에서 부여하는 것으로의 입장 전환을 잘 해내야 한다. 이때 보편적인 목표와 구체적인 목표를 구분하는 것이 도움이 된다. 가령 미국은 자유, 정의, 평화, 안보, 행복이라는 보편적인 목표를 지닌다. 이 보편적인 목표를 탈레반 격퇴나 인프라 재구축 같은 구체적인 목표로 전환하는 것이 전략이다. 리더가 해야 할 가장 중요한 일은 보편적인 목표와 구체적인 목표 사이를 잇는 다리를 만들고 지속적으로 관리하는 것이다.

유기농 식품 유통기업인 첸 브라더스Chen Brothers는 이 일을 잘 해냄으로써 성장가도를 달렸다. 첸 브라더스의 전반적인 목표는 이익 성장, 편안한 근무 환경 조성, 유기농 식품 유통의 대표 주자가 되는 것이었다. 이 목표는 모두 추구할 가치가 있었다. 그러나 구체적인 행동을 내포하고 있지는 않았다. 구체적인 목표를 수반하지 않는 보편적인 목표는 일종의 경기 규칙처럼 오히려 제약으로 작용할 수 있었다.

첸 브라더스의 전략은 대형 유통 매장에서 팔지 않는 유기농 식품에 프리미엄 가격을 지불할 지역 전문 유통업체를 공략하는 것이었다. 경영진은 고객층을 세 등급으로 나누고 각각 전략적인 목표를 설정했다. 구체적으로는 1등급의 경우 진열 공간 장악, 2등급의 경우 홍보활동 강화, 3등급의 경우 시장점유율 확대였다.

그러다가 호올 푸즈Whole Foods라는 유기농 체인이 첸 브라더스의 목표시장이던 지역 유통업체들을 밀어내면서 급성장하는 변수가 생겼다. 경영진은 소규모 지역 생산자들을 공동 브랜드로 묶어서 호올 푸즈에 납품하는 새로운 전략을 수립했다. 이러한 전략 변화는 보편적인 목표에 영향을 미치지 않았지만 구체적인 목표에는 엄청난 영향을 미쳤다. 경영진은 호울 푸즈의 고객 등급을 정하지 않고 생산, 마케팅, 광고, 유통, 금융 분야의 전문가들을 모아 전담팀을 만들었다. 이 팀은 첸 브라더스가 취급하는 우수 상품들을 호울 푸즈에 납품하는 일에 전력을 기울였다. 이러한 목표를 달성하고 나면 진열 공간이나 시장점유율에 대한 목표를 세울 예정이었다.

첸 브라더스의 경영진은 거창한 비전이나 이익 목표가 전략이라고 믿는 잘못을 저지르지 않았다. 그들은 중요한 당면 목표에 역량을 집중하는 실질적인 전략을 수립했다. 당면 목표를 달성한 이후에는 새로운 기회를 겨냥하여 보다 높은 목표를 정할 수 있었다.

좋은 전략은 연쇄적 효과를 안겨줄 핵심 목표에 자원과 노력을 집중한다. 반면 나쁜 전략은 잡다한 목표에 자원과 노력을 분산시킨다. '해야 할 일'의 목록이 전략으로 잘못 인식되는 경우가 많다. 이러한 목록은 광범위한 이해관계자들이 저마다 바라는 사항을 제기할 때 만들어진다. 소수의 중요한 목표에 초점을 맞추지 않고 모든 희망사항을 포함한 목록은 전략이 될 수 없다. 거기에 '장기'라는 명칭까지 부여하면 그 어느 것도 당장 이룰 필요가 없는 무의미한 목록이 된다.

나는 최근에 한 소도시의 시장과 전략을 논의한 적이 있다. 이

시의 기획 위원회가 만든 전략 계획에는 47개의 전략과 178개의 조치 목록이 나열되어 있었다. 그 중 122번 조치는 '전략 계획을 만들 것'이었다. 또 다른 예로 우선순위 학교에 대한 LA 통합교육구의 전략 계획은 7개의 전략과 26개의 전술 그리고 234개의 단계별 조치를 포함하고 있었다.

이러한 문제는 공공 부문뿐만 아니라 기업계에서도 흔히 발견된다.

나쁜 전략적 목표의 두 번째 유형은 비현실적인 목표다. 좋은 전략은 핵심적인 문제를 정의하고 그것을 해결하기 위한 행동을 제시한다. 좋은 전략에 따른 목표는 주어진 자원과 역량을 활용하여 달성할 수 있는 것이다. 반면 비현실적인 목표는 구체적인 방법론 없이 희망사항만을 밝힐 뿐이다.

핵심적인 문제를 파악하고 그것을 해결하기 위한 전반적인 접근법을 제시했더라도 수반되는 전략적 목표가 비현실적이면 달성하기가 어렵다. 좋은 전략은 잠재적으로 가능한 방법론을 고려한다. 전략적 목표를 달성하는 일이 핵심적인 문제를 해결하는 일만큼 어렵다면 아무런 의미가 없다.

2006년에 미 해군 장성 출신인 데이빗 브루어David Brewer는 미국 내 최대 교육구인 LA 통합교육구의 교육감에 올랐다. 캘리포니아

주의 학교들은 학업성과지수로 평가받았다. 총 991개 학교 중에서 교육부 기준을 달성하지 못한 학교는 309개였다. 브루어는 상황을 점검한 후 하위 34개 학교의 학업성과지수를 향상시키는 일을 주요 과제로 삼았다. 이 학교들은 우선순위 학교로 불렸다. 그는 우선순위 학교에서 성공시킨 방법론을 다른 학교로 확대 적용할 생각을 갖고 있었다.

브루어는 초점을 맞춘 전략을 세웠다는 점에서 공로를 인정받을 만했다. 우선순위 학교에 초점을 맞춤으로써 복잡한 규제와 강경한 노조 그리고 비대한 중앙 행정기구에 따른 문제점을 극복할 기회가 생겼다.

우선순위 학교의 학업성과지수 개선이라는 도전은 단일 목표로 삼을 가치가 있었다. 이 핵심적인 사안에 집중하면 의미있는 성과를 거둘 수 있었다.

그러나 학업성과지수에 초점을 맞추는 것은 다른 심각한 문제를 비켜가는 전략적 선택이었다. LA 통합교육구는 높은 중퇴율이라는 난제를 안고 있었다. 특히 13퍼센트와 70퍼센트를 차지하는 흑인 및 남미계 학생들의 고등학교 중퇴율이 지나치게 높았다. 구체적으로는 흑인 학생들의 경우 33퍼센트, 남미계 학생들의 경우 28퍼센트에 이르렀다. 꺼림칙한 사실은 부진한 학생들의 중퇴를 유도하면 학업성과지수를 높일 수 있다는 것이었다.

그래서 성과 개선을 목표로 설정하면 나쁜 전략이 나올 가능성이 높았다. 성과는 결과일 뿐이었다. 진정한 문제는 성과가 부진한 이유였다. 이 이유를 밝히지 않으면 좋은 전략을 세우기 어려웠다.

가령 브루어가 만든 7가지 핵심 전략 중 하나는 "신념과 가치 그리고 포부를 공유하고 질 높은 교육이 이루어질 수 있도록 지속적인 개선을 추진하는 리더십 팀을 만든다."라는 것이었다.

이 전략은 여러 가지 문제점을 지녔다. 첫째, 리더십이 약화된 이유에 대한 진단이 없었다. 이 사안을 들여다보면 수십 년 동안 우선순위 학교들의 부실한 교육이 개선되지 않았다는 사실을 알 수 있었다. 학생 1인당 연간 2만 5천 달러라는 예산을 투입했지만 읽기와 쓰기 그리고 더하기가 안되는 중학생들이 적지 않았다. 게다가 헌신적인 교사들만큼 무능력한 교사들도 많았다. 비대한 관료조직은 수십 년 동안 이러한 문제를 방치했다.

둘째, 관료조직과 노조가 여전히 학교를 장악한 상황에서 막연하게 개혁을 이끌 리더들을 만든다는 것은 비현실적인 목표에 불과했다. 개혁을 바라는 리더가 있다고 하더라도 상부의 허가를 받지 않으면 바꿀 수 있는 것이 없었다. 또한 현실적으로 개혁을 거부하는 교장을 쫓아낼 방법도 없었다. 조직 상하부 사이의 조율, 타임오프제, 내부 교육 같은 해결책도 부적절하기는 마찬가지였다.

이 전략의 흥미로운 점은 리더십 팀이 신념과 가치를 공유해야 한다고 밝힌 것이었다. 이러한 표현은 교육계에서 흔히 사용되었다. 북한의 사례를 보면 가치의 공유를 강제하는 것이 더 나은 성과로 가는 길이라는 생각은 허상임을 알 수 있었다. 그래도 교육계는 여전히 개혁을 위한 전제조건으로 불가능한 일을 추구했다.

또 다른 전략은 "각 학교에 권한과 정보를 가진 교사, 학부모, 교직원, 지역단체의 협의체를 구성하고 질 높은 교육이 이루어지도록 협력한다."라는 것이었다. 이 협의체는 월간 회의와 반기 학부모 총회를 주최하고 학부모 자원봉사 프로그램을 운영하도록 되어 있었다.

물론 학부모와 지역단체의 적극적인 참여는 바람직한 것이었다. 그러나 이 전략 역시 비현실적이었다. 우선순위 학교들의 부진한 학업성과는 유치원에서 시작되어 고학년으로 갈수록 악화되었다. 그 이유는 빈곤에 찌든 혼란스런 공동체에 있었다. LA 통합교육구에 속한 많은 학생들은 불법이민자이거나 불법이민자의 자녀들이었다. 그래서 이름과 주소가 가짜인 경우가 허다했다. 저임금 노동자로 힘들게 살아가는 대부분의 학부모들은 학교 활동에 참여하기를 꺼렸다. 좋은 전략을 세우려면 이러한 근본적인 문제부터 짚고 넘어가야 했다.

지금까지 살펴본 사례에서 드러나듯이 나쁜 전략은 피상적이고 비현실적이다. 그러면 왜 나쁜 전략이 만연하는지 그 이유를 살펴보자.

제 4 장

나쁜 전략이
만연하는 이유

GOOD STRATEGY BAD STRATEGY

누구나 전략의 중요성을 인정한다는 점을 감안하면 자연스럽게 "왜 나쁜 전략이 만연하는가?"라는 의문이 든다. 경쟁, 자원, 과거의 교훈, 변화와 혁신으로 인한 기회와 위기를 평가하는 과정에서 여러 가지 실수를 저지를 수 있다. 그러나 나쁜 전략이 계산 착오에서만 나오는 것은 아니다. 나는 오랜 기간에 걸친 강의와 컨설팅을 통해 기술적 훈련이 나쁜 전략을 만드는 경향을 거의 줄이지 못한다는 사실을 깨달았다. 까다로운 근본적인 문제들에 대응하지 않아도 된다는 헛된 희망이 분석, 논리, 선택을 간과하는 나쁜 전략을 초래한다. 나쁜 전략은 대개 계산 착오가 아니라 좋은 전략을 수립하는 어려운 작업을 회피하는 데서 나온다. 이러한 회피의 주된 이유는 선택에 수반되는 고통이다. 리더가 상충하는 가치들 사이에서 결단을 내리지 못하거나 내리지 않으려고 할 때 나쁜 전략이 나온다.

나쁜 전략으로 이어지는 두 번째 길은 틀에 박힌 형식적 전략이다. 이러한 전략은 비전, 사명, 가치, 전략이라는 정해진 틀에 빈칸을 채우는 식으로 수립된다. 이 방식은 분석과 조정이라는 어려운 작업을 만능 양식으로 대체한다.

세 번째 길은 긍정적인 마음가짐만 있으면 무조건 성공할 수 있다는 일종의 영적 믿음이다.

이 세 가지가 나쁜 전략이 만연하는 가장 흔한 이유다. 지금부터 하나씩 그 내용을 살펴보도록 하자.

어려운 선택을 피하는 리더

좋은 전략에는 초점, 다시 말해서 선택이 필요하다. 선택은 목표들 사이의 우선순위를 정하는 것을 뜻한다. 이 어려운 작업을 하지 않으면 좋은 전략을 만들 수 없다.

나는 1992년 초에 DEC의 경영진들이 가진 미래 전략 회의에 참석했다. DEC는 1960년대와 70년대에 소형컴퓨터 혁명을 이끌었지만 새롭게 등장한 32비트 PC 때문에 시장에서 밀려나고 있었다. 극적인 변화를 일으키지 않으면 생존을 보장할 수 없는 상황이었다.

경영진들은 크게 세 가지 갈래의 전략을 주장했다. 이 주장을 대표하는 사람은 각각 알렉Alec, 비벌리Beverly, 크레이그Craig였다. 알렉은 기존 역량을 살려서 시스템을 제공하는 '박스' 전략을 고수했다. 비벌리는 PC가 흔해졌기 때문에 서비스 쪽으로 방향을 전환해야 한다는 '솔루션' 전략을 내세웠다. 크레이그는 컴퓨터 산업의 심장은 반도체이므로 반도체 개발에 자원을 집중하자는 '칩' 전략을 주장했다. 그의 주장에 따르면 DEC는 고객에게 솔루션을 제공할 역량을 갖추고 있지 않았다. 물론 알렉과 비벌리는 크레이그의 주장에 동의하지 않았다. 인텔을 따라잡을 수 있다고 생각하지 않았기 때문이다.

그렇다면 논쟁을 접고 세 가지 전략을 모두 채택하지 못할 이유가 무엇일까? 거기에는 두 가지 이유가 있다. 첫째, 모든 제안을 선택하여 갈등을 해소하는 정책을 유지하면 누구도 좋은 아이디어를 개발하고 연마하려는 노력을 하지 않게 된다. 선택은 제안 사이의 생산적인 경쟁을 촉진한다. 법정에서 보듯이 원칙을 갖춘 논쟁은 강력한 증거와 추론을 유도한다. 둘째, 칩 전략과 솔루션 전략은 새로운 기술과 운영 관행을 요구하는 극적인 변화를 수반한다. 현상유지를 추구하는 박스 전략이 명백하게 실패하지 않는 이상 위험한 대안을 선택하기는 어렵다. 또한 칩 전략과 솔루션 전략 사이에는 공통점이 거의 없기 때문에 동시에 선택하는 것은 불가능하다. 회사의 핵심 역량을 별개의 영역으로 나누는 것은 타당하지 않다.

다음의 표는 알렉, 비벌리, 크레이그가 각각의 전략에 대하여 매긴 우선순위다.

	알렉	비벌리	크레이그
박스	1	2	3
칩	2	3	1
솔루션	3	1	2

이 표는 두 가지 전략끼리 비교하면 어느 것도 우세하지 않은 콩도르세Condorcet(프랑스 철학자이자 수학자인 콩도르세는 민주주의의 투표 규칙을 수학적으로 분석했다. 그는 프랑스 혁명기에 감옥에서 사망했다)의 역설을 초래한다. 우선 박스와 칩 사이에 벌어진 1라운드 대전에서는 알렉과 비벌리가 선호하므로 박스가 이긴다. 뒤이어 박스와 솔루션 사이에 벌어진 2라운드 대전에서는 비벌리와 크레이그가 선호하므로 솔루션이 이긴다. 따라서 솔루션이 칩을 이긴 박스까지 누른 셈이다. 이러한 결과에 따르면 2라운드 승자인 솔루션이 1라운드 패자인 칩을 당연히 이길 것처럼 보인다. 그러나 솔루션과 칩 사이의 3라운드 대전에서는 알렉과 크레이크의 선호로

인해 칩이 이긴다. 이처럼 승패 관계가 서로 꼬리를 물기 때문에 어떤 전략도 선택할 수 없는 역설이 발생한다.

투표 방식을 개선하면 이 문제를 해결할 수 있을지도 모른다. 가령 선호도에 가중치를 부여하는 방법을 고려할 수 있다. 그러나 경제학자인 케네스 애로우Kenneth Arrow는 이 방식이 쓸모없음을 증명하여 1972년에 노벨상을 받았다. 이러한 집단적 불합리성은 고등학교 국민 윤리 과목에서는 다루지 않는 민주주의 투표 방식의 핵심적 속성이다.

DEC는 정식 투표를 실시한 것은 아니지만 콩도르세의 역설 때문에 안정적인 다수 의견을 도출해내지 못했다. 두 사람이 연합하여 특정한 전략을 다수 의견으로 만들려고 해도 차선책으로 꼽은 사람이 세 번째 사람과 연합하고 싶은 유혹에 빠지기 때문이다. 가령 비벌리와 크레이그가 연합하여 솔루션을 지지한다고 가정하자. 솔루션은 크레이그의 차선책이다. 크레이그는 알렉과 연합하여 최선책인 칩을 지지하는 편이 낫다. 그러나 알렉 역시 비벌리와 연합하여 최선책인 박스를 지지하는 편이 낫다. 이러한 구도는 끝없이 순환된다.

세 명이 상충하는 전략을 놓고 논쟁을 벌이면서 회의 분위기가 격앙되었다. 그들은 각자 회사를 위한 길이 무엇인지에 대하여 다른 믿음을 드러냈다. CEO인 켄 올슨Ken Olsen은 결단을 내리지 않고 합의를 요구하는 실수를 저질렀다. 경영진은 다른 입장을 거부할 논리나 권한을 갖고 있지 않았다. 결국 그들은 "DEC는 고품질의 제품과 서비스를 제공하고 정보 처리 분야의 리더가 된다"라는 절충안을 내고 말았다.

이 피상적인 미사여구는 전략이 아니라 정치적 타협의 결과일 뿐이었다. 경영진은 선택이라는 어려운 일을 피하고 누구도 다치지 않는 두루뭉술한 해결책을 도모하다가 모든 것을 망치고 말았다.

1992년 6월에 반도체 부문의 책임자인 로버트 파머Robert Palmer가 새 CEO로 선임되었다. 파머는 칩 전략을 추구할 것임을 분명하게 밝혔다. 그는 한동안 손실을 줄이는 데 성공했지만 강력한 PC 업체들의 공세를 막아내지는 못했다. 결국 DEC는 1998년에 컴팩에 인수되었다.

성공한 조직의 기존 전략은 심각한 위기가 오기 전에는 좀처럼 변하지 않는다. 좋은 전략을 세우는 일은 대단히 어려운 작업이기 때문이다. DEC는 1988년에 심각한 위기를 맞았지만 서로 다른 판단과 지식을 통합하는 어려운 작업을 회피했다. 나중에 한 가지 전략을 선택했지만 이미 5년이나 늦은 후였다.

경쟁전략과 경쟁우위의 논리를 다룬 많은 글들이 나왔다. 그러나 전략을 세우는 일의 근본적인 어려움은 논리가 아니라 선택에서 기인한다. 전략에서 선택은 필수다. 모호한 희망사항이 아니라 전략을 가지려면 다른 길들을 버리고 하나의 길을 선택해야 한다.

다른 수많은 꿈과 희망 그리고 야심을 거부하는 일에는 심리적, 정치적, 조직적 노력이 요구된다.

한 가지 전략이 성공하면 대개 이룬 것만 기억하고 어렵게 배제했던 다른 가능성들을 잊어버린다. 가령 아이젠하워 대통령은 1952년 대선 기간 동안 소련을 동유럽에서 밀어내겠다고 공약했다. 압도적인 지지로 당선된 그는 지금까지 국가안보전략 수립의 기준으로 남은 정책 연구를 시행했다. 여러 가지 문제와 대안을 검토한 그는 공약을 파기하는 어려운 결단을 내렸다. 그에 따라 유럽 방어선은 서유럽에 설정되었고, 2차대전 후 소련이 점령한 지역을 되찾으려는 시도는 이루어지지 않았다.

모든 일관된 전략은 특정한 목표를 향해 자원을 집중한다. 그에 따라 불가피하게 변화가 일어난다. 이처럼 자원을 다른 방향으로 돌리는 일에는 고통과 어려움이 따른다. 인텔의 CEO인 앤디 그로브Andy Grove는 DRAM에서 마이크로프로세서로 회사의 주력 종목을 바꾸는 과정에서 수많은 어려움을 겪었다. 메모리 전문 기업이었던 인텔은 1984년 무렵 일본 업체들과의 가격 경쟁에 밀려 고전을 면치 못하고 있었다. 그로브의 회고에 따르면 손실을 내면서도 억지로 버티고 있는 실정이었다. 적자 폭이 갈수록 커지자 경영진은 대응 전략을 놓고 논쟁을 벌였다. 전환점은 1985년에 그로브가 고든 무어Gordon Moore 회장에게 "이사회가 새 CEO를 영입한다면 그 사람은 어떻게 할까요?"라고 질문한 데서 마련되었다. 고든은 망설임 없이 "아마 메모리 사업에서 철수할 것"이라고 대답했다. 잠시 멍한 상태로 있던 그로브는 "그렇다면 우리가 그 일을 하면 되지 않을까요?"라고 말했다.

확신을 얻은 후에도 변화를 일으키기까지 1년이 넘는 시간이 걸렸다. 메모리 사업은 인텔의 모든 부문을 가동시키는 엔진이었다. 영업 부문은 고객의 반응을 우려했고, 연구 부문은 메모리 개발 프로젝트의 취소에 반대했다. 그래도 그로브는 물러서지 않고 프로세서로 전략의 초점을 바꾸었다. 새롭게 개발한 32비트 386 칩이 성공을 거두면서 인텔은 1992년에 세계 최대의 반도체 기업이 되었다. 흥미롭게도 이 칩은 DEC의 몰락을 불러왔다.

전략은 자원과 주의 그리고 에너지를 특정한 목표에 집중시킨다. 전략 변화는 반드시 기존 전략과 관계된 사람들의 손해를 초래한다. 그래서 강력한 반발에 부딪히기 마련이다. 특히 대규모 조직의 경우에는 더욱 그렇다. 이런저런 시도에 대한 논의는 이루어지지만 결국 누구도 현재 하는 일을 바꾸려 하지 않는다. 조직이 새로운 전략을 수립하지 못할 때 모두가 동의하는 두루뭉술한 목표가 나온다. 이러한 목표는 어려운 선택을 이끌어내지 못하는 리더십의 무능을 드러낸다. 두루뭉술한 목표는 대개 선택의 부재를 의미한다.

조직에서 특정한 패턴의 활동이 오래 지속될수록 자원 배분을 둘러싼 기득권이 더욱 견고해진다. 가령 현재의 국가 안보 조직과 아이젠하워 정부의 국가 안보 조직을 비교해보라. 국방부, CIA, 국가안보 위원회, 나토는 모두 아이젠하워 정부에서 만들어졌다. 새로운 조직은 유연하기 때문에 아이젠하워 대통령은 사명을 재설정하고 국무부와 업무를 조율할 힘을 갖고 있었다. 그러나 1세기가 넘는 시간이 지난 지금은 몇 배나 많은 힘을 들여야 같은 일을 할 수 있다. 변화에 대한 각 조직의 저항을 극복하려면 엄청난 정치적 의지와 권력이 필요하다. 물론 이러한 힘을 가질 수는 있지만 확보하는 과정에서 상당한 혼란을 초래한다.

빈칸만 채우는 형식적 전략

이상하게도 카리스마에 대한 연구는 나쁜 전략의 일반적인 형태로 이어졌다. 그 과정은 모세, 처칠, 간디, 마틴 루터 킹 같은 진정한 영적 지도자들이 혈통이나 계급에서 나오는 단순한 권위와 다른 카리스마를 지닌다는 인식에서 출발했다. 이후 이 인식은 사회학을 지나 경영 컨설팅의 영역에 이르렀다.

카리스마 리더십에 대한 아이디어는 사회학의 아버지인 막스 베버 Max Weber (1864-1920)에게로 거슬러 올라간다. 그는 형식적인 리더와 카리스마를 갖춘 리더를 구분했다. 후자는 "보통 사람은 갖지 못한 초자연적이거나 초인간적인 혹은 최소한 특별한 능력이나 자질을 지녔다."

원래 카리스마는 CEO가 아니라 종교 지도자와 정치 지도자에게 결부된 것이었다. 이러한 인식은 1980년대부터 바뀌기 시작했다. 1985년에 발간된 두 권의 책이 그 전환점이었다. 워렌 베니스Warren Bennis와 버트 나누스Bert Nanus가 쓴 『Leaders: The Strategies for Taking Charge』와 버나드 배스Bernard Bass가 쓴 『Transformational Leadership: Industrial, Military, and Educational Impact』는 카리스마 리더십(변혁적 리더십)을 학습하고 연습할 수 있다고 주장했다. 변혁적 리더십은 새로운 비전을 제시하고 구성원의 가치 및 필요와 연계시킴으로써 조직의 에너지를 이끌어내는 것이었다. 이러한 아이디어는 『The Leadership Challenge: How to Get Extraordinary Things Done in Organizations』(1987), 『The Transformational Leader: The Key to Global Competitiveness』(1990), 『Executive Charisma: Six Steps to Mastering the Art of Leadership』(2003)을 비롯한 다양한 책과 논문으로 파급되었다.

모든 사람이 새로운 조류에 합류한 것은 아니었다. 경영 사상가인 피터 드러커는 "효율적인 리더십은 카리스마에 의존하지 않는다. 아이젠하워, 트루먼, 조지 마셜은 모두 대단히 유능한 리더였지만 죽은 고등어 이상의 카리스마를 지니지 않았다. 카리스마는 그 자체로 리더의 효율성을 보장하지 않는다"라고 말했다.

새로운 조류의 핵심적인 혁신은 변혁적 리더십을 하나의 공식으로 환원한 것이다. 이 공식에 따르면 변혁적 리더는 비전을 제시하여 공공선을 위한 구성원의 희생을 이끌어내고 목표 달성에 필요한 권한을 부여한다. 도덕적 자질이나 헌신 혹은 지적 자극 능력 등 강조하는 부분은 조금씩 다르지만 전반적인 내용은 일정한 틀에 맞춰져 있다. 이러한 리더십의 정의를 전략과 혼동할 때 문제가 생긴다. 리더십과 전략은 같은 것이 아니다. 리더십은 구성원들에게 동기를 부여하는 것이고, 전략은 추구할 가치와 역량을 갖춘 목표를 파악하는 것이다.

전략이 뒷받침되지 않은 카리스마 리더십의 역사적인 사례로 소년 십자군이 있다. 소년 십자군은 1212년에 프랑스의 어린 목동인 스티븐이 소년들을 이끌고 예루살렘으로 가서 회교도들을 몰아낸다는 비전을 가지면서 시작되었다. 그는 계시 속에서 바다가 갈라지는 것을 보았다고 주장했다. 많은 소년들의 그의 열정에 깊이 감화되었다. 스티븐에 대한 소문은 독일까지 퍼졌다. 이 소문을 들은 니콜라스는 회교도를 개종시킨다는 다른 비전을 갖고 별도의 소년 십자군을 조직했다. 카리스마 넘치는 두 리더는 추종자들을 이끌고 고난의 행군을 시작했다.

스티븐의 군대는 수개월을 걸어서 지중해 연안에 있는 마르세유에 도착했다. 그들은 7척의 배를 타고 출발했다. 그러나 2척은 난파당하고 5척은 회교도들에게 나포당하고 말았다. 살아남은 소년들은 모두 노예로 팔려나갔다.

한편 2만 명으로 출발한 니콜라스의 군대는 로마에 도착했을 무렵에는 훨씬 적은 수로 줄어들었다. 그나마 대부분이 로마에서 발길을 돌렸고, 무사히 고향에 도착한 인원은 소수에 불과했다. 죽은 아이의 부모들은 화가 난 나머지 니콜라스의 아버지를 목매 달아 죽였다.

카리스마는 분명히 사람들을 움직이는 효과를 발휘한다. 카리스마는 관성을 거슬러 행동과 희생을 촉구하는 강력한 힘이다. 그러나 1212년에 수많은 소년들은 대책 없는 카리스마에 이끌려 무의미한 죽음을 맞았다.

큰 성과를 거두려면 간디의 경우처럼 카리스마와 신중한 태도를 결합해야 한다. 그는 시위와 선전 활동을 세심하게 조율하여 영국의 지배 기반을 조금씩 무너트렸다. 뛰어난 전략과 결합한 그의 카리스마는 인도를 독립으로 이끌었다.

2000년 초에 비전 중심 리더십과 전략에 대한 연구가 만나서 도식화된 전략 기획 절차를 만들어냈다. 이 도식은 대개 다음과 같은 내용을 가진다.

비전 조직이 나아갈 방향에 대한 진술. 일반적인 비전은 '최고'나 '선두주자'가 된다는 것이다. 가령 다우 케미컬Dow Chemical의 비전은 "세계에서 가장 수익성 높고 존경받는 과학 주도 화학 기업이 된다"이다.

사명 조직의 목적에 대한 진술. 다우 케미컬의 사명은 "고객에게 지속가능한 해결책을 제공함으로써 인류의 진보에 필요한 혁신을 일으킨다."이다.

가치 조직이 추구하는 가치에 대한 진술. 다우 케미컬의 가치는 "도덕성, 인간 존중, 자연 보호"이다.

전략 조직의 목표를 달성하는 방법에 대한 진술. 다우 케미컬의 전략은 "주주 가치를 창출하고 고객의 성장을 돕는 기술 통합적이고 시장 중심적인 사업의 포트폴리오에 집중 투자한다."이다.

정부와 민간을 막론하고 다양한 조직들이 이 도식을 받아들였다. 그들이 작성한 문서를 보면 뻔한 내용을 마치 통찰력 있는 것처럼 제시하는 경우가 많다. 이 도식을 기반으로 책을 내고 컨설팅을 제공하는 하나의 거대한 산업이 형성되었다. 컨설턴트들은 이 도식을 활용하면 진정한 문제와 기회를 분석하는 어려운 작업을 피할 수 있다. 또한 긍정적인 진술만 늘어놓으면 되기 때문에 누구도 희생시킬 필요가 없다. 다음은 구체적인 사례들이다.

- 국방부의 사명은 "분쟁을 억제하고 실패할 경우 싸워서 이긴다."이다. 이 진술은 딱히 반박할 내용이 없지만 실질적인 내용도 없다.

- 코넬 대학의 사명은 "미래의 리더들을 가르치고 지식의 한계를 넓

힘으로써 사회에 기여하는 학습 공동체"가 되는 것이다. 이 진술의 내용은 결국 "코넬 대학은 대학이다."라는 것이다. 이처럼 당연한 진술은 어떠한 정보나 지침도 제공하지 않는다.

• 새크라멘토 캘리포니아 주립대학의 비전은 "우수하고 광범위한 정규 교과 프로그램 및 병행 교과 프로그램을 널리 알린다."이다. 이 진술은 성공의 기준을 '유명세'로 삼고 있다. 또한 '전략적 주요 추진 사항'을 보면 첫 번째 추진 사항이 "취업률, 유지율, 졸업률을 개선하기 위한 전교적 노력을 기울인다."이다. 그 이유는 주정부의 지원금이 재학생 수에 따라 결정되기 때문이다. 다시 말해서 학생들이 중간에 학교를 그만두면 그만큼 학교의 수입이 줄어든다. 유지율을 개선하기 위한 전략 중 하나는 "졸업을 추구하고 중시하는 문화"를 조성하는 것이다. 이 진술에서 행동에 옮길 수 있는 요소는 없다. 반면 졸업률을 57퍼센트에서 62퍼센트로 높인다는 '전략'은 달성 여부를 명확하게 알 수 있다. 그러나 우수한 교과 프로그램에 따른 비전과 유지율을 높이기 위한 목표 사이의 명백한 모순은 전혀 언급되지 않는다. 결국 유지율을 높여서 얻은 추가 수입은 임금 인상과 건물에 쓰일 가능성이 높다.

• CIA의 비전은 "대적할 수 없는 핵심 역량을 갖추고 하나의 팀으로 움직이는 통합적 정보 공동체"다. 이 진술은 팀워크와 역량 개선을

강조하고 있다. 그러나 이러한 변화가 빈 라덴을 찾는 데 도움이 되는 이유는 어디에도 나와있지 않다. 물론 CIA가 홈페이지에 전략을 노출시킬 리는 없다. 그렇다면 이 쓸데없는 미사여구는 왜 노출시킨 것일까?

• NEC의 비전은 "인간과 지구에 친화적인 정보사회를 실현하기 위하여 혁신의 힘을 지렛대 삼아 선도적인 세계적 기업이 된다."이다. 또한 NEC는 "지식 기반 정보통신 플랫폼을 활용하는 지속가능한 유비쿼터스 네트워킹 사회 건설"에 이바지하는 것을 목표로 삼는다. NEC는 컴퓨터와 통신설비 제조사로서 일본에서는 일정한 시장점유율을 확보했지만 해외에서는 성공하지 못했다. 게다가 통신설비 시장은 심화되는 경쟁 때문에 갈수록 채산성이 악화되고 있다. NEC의 자기자본이익률은 2퍼센트, 영업이익률은 1.5퍼센트에 불과하다. 따라서 목표 달성에 필요한 연구개발비를 감당할 형편이 아니다. NEC에 필요한 것은 전략이지 구호가 아니다.

이러한 허장성세는 카리스마 리더십, 변혁적 리더십이라는 개념이 낳은 돌연변이다. 틀에 박힌 관료적 절차를 통해 개인적 카리스마의 마술을 발휘하는 방법은 없다. 구성원이 긍정적으로 받아들인다면 문제될 것이 없다고 생각할 수도 있다. 그러나 이러한 추세는 실질적인 전략을 세우려는 노력을 피상적인 문구와 나쁜 사례들로 가로막는다.

터무니없는 믿음

채드 로건은 불가능에 도전하는 잭 웰치의 경영관을 따르고 싶어했다. 이러한 바람은 충분히 이해할 수 있는 것이었다. 당시 잭 웰치는 역사상 가장 뛰어난 경영자로 평가받았다. 그는 리더십, 전략, 경영에 대하여 책을 쓰고 강연과 인터뷰를 했다. 그러나 그의 경영관은 너무나 폭이 넓어서 원하는 것은 무엇이든 찾을 수 있었다. 그는 형식적인 전략 기획이 시간낭비라고 생각하는 동시에 "전략을 현실화하는 첫 단계는 지속가능한 경쟁우위를 얻는 방법을 깨닫는 것이다."라고 말했다. 또한 그는 분전奮戰의 가치를 믿는 동시에 "경쟁우위를 확보하지 못했다면 경쟁하지 마라"라고 말했다. 실제로 그는 가전 산업, 석탄 산업, 반도체 산업에서 완전히 발을 빼고 경쟁력을 가진 사업 부문에 집중했다. 그의 사업 정리 방식은 대단히 단호했다.

잭 웰치처럼 경영하고 싶다면 글이 아니라 행동을 주목해야 한다. 불가능해 보이는 일에 도전하라는 그의 말은 도처에서 접할 수 있는 전형적인 동기 부여용 표현이다. 긍정적 마음가짐이 성공의 열쇠라는 영적 믿음은 약 150년 전에 뉴잉글랜드에서 형성된

청교도식 개인주의의 돌연변이다. 청교도 혁명은 천주교 교회가 없어도 신성을 영접할 수 있다는 원칙에 토대를 두었다. 1800년대에 랄프 왈도 에머슨의 '초절주의transcendentalism'에 영향받은 미국의 신학은 모든 사람이 내면에 신성의 불꽃을 지녔기 때문에 신과의 개별적인 소통이 가능하다는 종교 사상을 수립했다.

이러한 사상으로부터 올바른 생각과 믿음을 가지면 영적인 힘을 끌어들여서 병을 물리칠 수 있다는 메리 베이커 에디Mary Baker Eddy의 '크리스천 사이언스Christian Science'가 파생되었다. 1890년 무렵 이 종교 사상은 생각의 힘이 물질세계에 영향을 미친다는 믿음으로 변형되었다. '신사고 운동New Thought Movement'으로 불리는 이 믿음은 종교적 감성을 세속적 성공술과 결합시켰다. 쉽게 말해서 성공을 생각하면 실제로 성공하고, 실패를 생각하면 실제로 실패한다는 것이 신사고 운동의 중심 원리였다.

프렌티스 멀포드Prentice Mulford는 희극배우와 금 채굴꾼을 거쳐 영적 저서를 쓰는 일에 나섰다. 1889년에 그가 펴낸 『*Thoughts Are Things*』는 신사고 운동의 초석을 놓았다. 이 책의 주제는 다음에 나오는 인용문에 담겨있다.

우리는 생산적인 일에 대한 계획을 세울 때 보이지 않는 요소인 생각을 나무나 철로 된 기구처럼 실질적인 것으로 만든다. 생각은 형성되는 순간 물리적 실체로 구현되기 위한 힘을 끌어당긴다. 그래서 불행한 일을 생각하면 끌어당김의 법칙에 의해 파괴적인 힘을 끌어당기게 된다.

20세기의 첫 20년 동안 마음과 성공의 관계를 다룬 수백 권의 책과 논문이 나왔다. 그 중에서 가장 영향력있는 책은 월레스 와틀스Wallace Wattles의 『The Science of Getting Rich』(1910)일 것이다. 그는 모든 사람이 신적 능력을 가졌다고 주장하면서 유사종교적인 주문을 만들어냈다.

우주에는 모든 것을 만들어내는 본질적 요소가 있다. 생각은 이 본질적 요소를 통해 사물을 창조한다. 생각 속에서 만든 대상을 본질에 투영하면 실재가 된다... 병에 걸렸을 때 건강을 생각하거나 돈이 없을 때 부를 생각하려면 힘이 필요하다. 이 힘을 얻는 사람은 운명의 지배자가 되어 원하는 것을 모두 가질 수 있다.

어네스트 홈즈Ernest Holmes는 종교적 과학 운동Religious Science movement을 창시했다. 그는 크리스천 사이언스가 건강에만 초점을 맞추었다고 생각했다. 그래서 1919년에 『Creative Mind and Success』를 통해 적용 범위를 넓힌 신사고 운동을 대중들에게 소개하고 오늘날까지 활동하고 있는 교파를 만들었다. 그는 성공하기 위해서는 실패에 대한 생각을 모조리 지워야 한다고 주장했다.

생각은 힘일 뿐만 아니라 만물의 형상이기도 하다. 우리가 끌어당기는 환경은 마음 속 그림에 정확하게 호응한다. 따라서 성공한 사업가는 행복에 대한 생각만을 품어서 환희를 자아내고, 기쁨을 발산하며, 희망을 부풀려야 한다... 당장 부정적인 생각을 모조리 버리고, 마음의 자유를 선언하라. 다른 사람들이 무슨 말을 하든 간에 성공만을 생각하라. 그러면 어떤 것도 성공을 가로막지 못한다.

신사고 운동의 사회적, 종교적 영향력은 1920년대 초에 절정에 이르러 지역 단체와 교회를 남겼다. 이후에도 『*Think and Grow Rich*』(1937), 『*The Power of Positive Thinking*』(1952), 『*Success Through a Positive Mental Attitude*』(1960), 『*The Dynamic Laws of Prosperity: Forces That Bring Riches to You*』(1962), 『*Awaken the Giant Within*』(1991), 『*The Seven Spiritual Laws of Success*』(1995) 같은 책들이 신사고 운동의 조류를 타고 세상에 나왔다. 이 부문에서 최근에 등장한 주요 저술가는 와틀스의 열렬한 팬인 론다 번Rhonda Byrne이다. 그녀가 2007년에 발표한 『시크릿』은 초대형 베스트셀러가 되어 영화로 제작되기도 했다. 이 책에서 말하는 성공의 비밀 역시 생각한 대로 이루어진다는 멀포드의 논리를 그대로 따르고 있다. 현재 이러한 사상은 1세기 전에 나온 내용을 반복하고 있음에도 불구하고 "뉴 에이지New Age"로 불린다.

신사고 운동은 리더십과 비전에 대한 책들을 통해 전략적 사고에도 영향을 끼쳤다. 이러한 조류는 경영과 조직에 대한 관료적이고 이론적인 시각의 맞은편에서 균형추 역할을 한다. 그러나 최근에는 지나치게 영적인 측면으로 경도되고 있다. 문제는 개인의 생각과 공동의 비전을 구별하지 않는 데 있다. 가령 피터 센게Peter Senge가 1990년에 발표하여 큰 인기를 끈 『제 5경영』을 살펴보자. 그는 '공동의 비전'을 대단히 중시하면서 다음과 같이 썼다. "공동의 비전 없이 AT&T, 포드, 애플을 만들 수 있다고 상상할 수 없다. 가장 중요한 점은 개인의 비전을 조직 전체가 공유하여 집단적 자아를 형성하는 것이다."

이 말은 언뜻 매력적으로 들리지만 명백한 오류를 안고 있다. AT&T, 포드, 애플의 성공을 뛰어난 역량의 통합이 아니라 공동의 비전 덕분으로 돌리는 것은 역사를 왜곡하는 것이다. 애플은 개인용 컴퓨터라는 개념을 발명하지 않았다. 애플 외에도 많은 기업들이 '만인을 위한 컴퓨터'를 설계하려고 노력했다. 애플이 성공을 거둔 데에는 CPU를 통해 입출력부를 직접 제어하는 방법을 고안한 스티브 워즈니악의 공이 컸다. 또한 스프레드시트 프로그램인 비지캘크VisiCalc가 인기를 끌면서 애플 Ⅱ가 일반인들에게도 팔리게 되었다.

마찬가지로 '만인을 위한 차'라는 포드의 비전도 독창적인 것이 아니었다. 게다가 일당 5달러를 받는 조립라인의 조립공들은 이 비전을 공유하지 않았다. 디트로이트는 1900년대 초에 수많은 엔지니어들이 자동차를 만드는 방법을 궁리하던 일종의 실리콘 밸리였다. 포드는 소재, 산업공학, 홍보 측면에서 강점을 지녔기 때문에 성공할 수 있었다.

흥미롭게도 센게는 리더들에게 영적 성찰을 주문했다. 그는 "가장 근원적인 진실은 인간의 정신 깊은 곳에서 우리의 부름을 기다리고 있다."라는 포드의 말을 인용했다. 실제로 포드는 부활을 믿을 만큼 영적인 성향이 강했다. 그는 랄프 왈도 트라인 Ralph Waldo Trine 이 쓴 『*In tune with the Infinite*』를 읽은 덕분에 성공했다고 생각했다. 이 책은 부정적인 생각을 피하고 원하는 바를 마음 속으로 그리라고 주문했다. 그러나 센게는 포드의 지독한 반유태주의에 대해서는 언급하지 않았다.

신사고 운동을 주장하는 사람들이 부정적인 생각을 쫓아내라고 말하듯이, 공동의 비전을 주장하는 사람들은 비전에 대한 무조건적인 믿음을 강조한다. 마크 립턴 Mark Lipton 은 『*Guiding Growth*』에서 다음과 같이 썼다.

성장에 대한 비전을 만드는 사람들은 불신을 보류해야 한다. 경영진은 오랜 기간에 걸친 훈련과 경험을 통해 현실적이고 실용적인 태도를 갖기 마련이다. 그러나 비전을 뒷받침하려면 가능성에 대한 무조건적인 믿음이 필요하다. 이러한 태도는 비실용적이기는 하지만 리더십에 필요한 요소 중 하나다. 리더는 꿈을 믿을 뿐만 아니라 꿈을 이룰 자신의 능력도 믿어야 한다.

센게는 최근작인 『미래, 살아있는 시스템』에서 롱아일랜드 대학에서 마케팅을 가르치는 스리쿠마 라오_{Srikumar Rao}의 말을 인용했다.

> 의도를 오래 유지하면 현실이 됩니다. 의도를 오래 살피면 원하는 것을 대단히
> 명확하게 인식하게 됩니다. 이 정화 과정은 어떤 의미에서 의도를 전파하는 것
> 과 같습니다. 일단 의도를 전파하고 나면 당신이 할 일은 별로 없습니다. 전파
> 된 의도는 저절로 변화를 일으킵니다. 당신의 역할은 깨어있는 의식과 인내심
> 을 가지고 모든 가능성을 열어두는 것입니다.

신사고 운동의 놀라운 점은 언제나 새로운 사상인 양 소개된다는 것이다. 그때마다 사람들은 이미 수차례 반복된 이야기를 새롭게 받아들인다. 이러한 의식적인 암송은 강한 열망을 품으면 마술처럼 이루어진다는 믿음을 통해 이루어진다.

명상이나 내적 성찰이 영혼을 완벽하게 만들어주는지 여부는 알 수 없다. 분명한 사실은 생각이 물리적 세계를 바꾸며, 성공만을 생각하면 실제로 성공한다는 주장은 전략적 토대로 적합하지 않다는 것이다. 모든 분석은 부정적인 결과를 포함한 현실적인 가능성에 대한 고려로 시작된다. 나는 사고의 가능성을 다각적으로 검토하지 않고 긍정적인 생각만 하는 사람들이 설계한 비행기를 절대 타지 않을 것이다. 그러나 생각의 힘을 통해 비전을 세상에 구현할 수 있다는 믿음은 많은 사람들을 매료시킨다. 이러한 믿음은 좋은 전략을 세우는 데 필요한 현실적인 분석을 가로막는다.

제 5 장

좋은 전략의 중핵

GOOD STRATEGY BAD STRATEGY

좋은 전략은 중핵이라는 내재적 구조를 지닌다. 중핵이 빠지거나 잘못 형성되면 심각한 문제가 생긴다. 중핵을 제대로 이해하면 전략을 만들고 설명하며 평가하는 일이 훨씬 쉬워진다. 중핵은 경쟁우위라는 한 가지 개념에 국한되지 않고, 비전, 사명, 목표, 전략의 차이에 대한 형식적인 설명도 요구하지 않으며, 전략을 기업, 사업부문, 제품 수준으로 구분하지도 않는다.

중핵은 다음과 같은 세 가지 요소를 지닌다.

1. **진단:** 진단은 문제의 속성을 정의한다. 뛰어난 진단은 결정적인 측면을 파악하여 복잡한 상황을 단순화시킨다.

2. **추진 방침:** 추진 방침은 문제에 대응하기 위한 행동의 지침이다.

3. **일관된 행동:** 일관된 행동은 추진 방침에 따라 기획된 일련의 행동이다. 각 단계의 행동은 서로 맞물리면서 추진 방침을 따른다.

다음은 중핵 개념을 여러 분야에 적용한 사례다.

- 의학 분야에서 의사가 직면하는 문제는 병력과 증상으로 나타난다. 의사는 진단을 통해 병을 정의한다. 병을 치료하기 위한 접근법은 의사의 추진 방침이다. 또한 식이요법, 투약, 예후 관리는 일관된 행동이다.

- 외교 정책 분야에서 진단은 주로 과거의 유사 상황을 참고로 이루어진다. 추진 방침도 과거에 성공을 거둔 접근법을 따르는 경우가 많다. 따라서 마흐무드 아흐마디네자드 이란 대통령이 히틀러와 같은 인물이라면 전쟁이 논리적 귀결이 될 수 있다. 그러나 그가 카다피 같은 인물이라면 강한 압박과 이면 협상이 적절할 수 있다. 이러한 추진 방침에 따라 경제적, 외교적, 군사적 측면에서 일관된 행동이 이루어진다.

- 비즈니스 분야의 문제는 대개 변화와 경쟁에 대응하는 것이다. 효율적인 전략을 수립하기 위한 첫 번째 단계는 문제를 구체적으로

진단하는 것이다. 두 번째 단계는 경쟁우위를 제공하거나 활용하는 전반적인 추진 방침을 정하는 것이다. 세 번째 단계는 추진 방침에 따른 자원 할당 계획과 행동 계획을 세우는 것이다.

- 대기업의 문제는 내부적인 경우가 많다. 즉, 다른 기업과의 경쟁보다 내부의 낡은 업무 관행, 관료주의, 기득권, 부서 갈등, 구태의연한 경영 등이 더 큰 문제로 진단된다. 이러한 문제를 해결하려면 조직 구조 개편에 초점을 맞춘 추진 방침이 필요하다. 또한 구체적인 행동을 통해 사람과 절차를 바꾸어야 한다. 외부적인 경쟁이 주된 문제인 경우에는 조직 역량의 한계를 넓혀서 경쟁우위를 확보하기 위한 추진 방침을 세우고 일관된 행동으로 뒷받침해야 한다.

이 세 가지 요소는 전략의 핵심에 해당한다. 비전, 목표, 시한, 아이디어는 동기를 부여하고, 전략의 수립을 촉진하고, 경쟁우위의 원천을 밝히기 위한 부차적인 요소에 불과하다. 전략의 핵심은 당면한 상황에 대한 진단과 문제를 해결하기 위한 추진 방침 그리고 효과를 극대화하는 일관된 행동이다. 그러면 이 요소들을 하나씩 살펴보도록 하자.

냉정한 진단

존 마머John Mamer는 UCLA 경영대학원장 자리에서 물러난 후 전략을 가르치고 싶어했다. 그래서 10번에 걸쳐 나의 강의를 참관했다. 한 강의에서 우리는 교수법에 대한 이야기를 나누었다. 나는 전략 강의에서 얻는 교훈은 대개 질문에서 나온다고 말했다. 이 질문들은 복잡한 상황을 분석하는 방법에 대한 오랜 경험을 참고한 것이었다. 존은 "지금까지 들은 바로는 모든 사례에 대하여 '무슨 일이 벌어지고 있는가?'라는 한 가지 질문만 제기하는 것 같군요."라고 말했다. 그의 지적은 옳았다. 전략을 세우는 일은 상당 부분 무슨 일이 벌어지고 있는지 파악하는 것이다. 단지 무엇을 할지 결정하는 것이 아니라 근본적인 문제를 밝히는 것이 중요하다.

진단은 상황을 분류하고, 사실을 패턴과 연결하며, 사안의 우선순위를 가린다. 통찰력있는 진단은 상황에 대한 시각을 전환시켜서 완전히 다른 관점을 제시한다. 진단을 통해 주어진 상황이 특정한 종류로 나누어지면 과거 사례를 참고할 수 있다. 명확한 진단은 전략의 다른 요소들을 평가하는 기준이 된다.

커피숍에서 미국의 아이콘으로 성장한 스타벅스의 사례를 보라. 스타벅스는 2008년에 방문고객 증가률이 정체되고 이익률은 낮아지는 위기를 맞았다. 총자산이익률은 14퍼센트에서 5.5퍼센트로 줄어들었다. 이 상황은 얼마나 심각한 것이었을까? 급성장하는 기업은 시장이 포화상태에 가까워짐에 따라 어느 시점부터 동력을 잃기 마련이다. 이러한 침체는 기업의 성장 단계에서 나타나는 자연스러운 현상이다. 미국 시장이 포화상태라면 해외시장을 확대할 여지가 있을까? 도이체 방크는 해외시장에서 경쟁하기가 만만치 않다고 지적했다. 한 예로 호주에서 23개의 스타벅스 매장은 764개의 맥도널드 매장과 경쟁해야 했다. 반면 오펜하이머Oppenheimer는 유럽시장에서 성장률을 유지하기에 충분한 기회를 찾을 수 있다고 주장했다. 어느 쪽이 옳은 것일까?

혹은 이보다 심각한 문제가 있는 것일까? 매장을 지나치게 많이 낸 것은 부실 경영의 신호일까? 고객의 기호가 변한 것일까? 경쟁자들이 커피에 집중하면서 스타벅스의 차별화 요인이 사라진 것일까? 커피와 매장이 차지하는 상대적 중요도는 어느 정도일까? 스타벅스는 커피점일까, 도시의 오아시스일까? 다른 종류의 매장이나 상품으로 확장할 여지가 있을까?

스타벅스가 처한 상황은 "기대 관리의 실패"나 "새로운 성장 플랫폼의 부재" 혹은 "경쟁우위의 잠식"으로 진단할 수 있다. 각 진단은 다른 진단에 따른 행동들을 배제한다. 중요한 사실은 어느 진단이 옳은지 증명할 수 없다는 것이다. 진단은 사실의 의미를 따져서 어느 사안이 더 시급한지 판단할 뿐이다.

스타벅스가 직면한 문제는 구조화되어 있지 않았다. 그래서 문제를 확실하게 정의할 수 없었고, 적절한 행동의 목록을 만들 수 없었으며, 행동과 결과 사이의 연계도 명확하지 않았다. 문제가 구조화되어 있지 않으면 사실로부터 논리적인 연역을 통해 전략을 세울 수 없었다. 그래서 사실을 참고하여 무슨 일이 일어나고 있는지, 가장 중요한 사안은 무엇인지 추정하는 식으로 문제를 진단할 필요가 있었다.

상황에 대한 진단은 복잡한 현실을 중요한 측면에 대한 주의를 요구하는 단순한 모델로 만들어준다. 이 모델은 상황을 파악하고 본격적인 문제 해결에 나설 기반을 제공한다. 뛰어난 진단은 상황을 설명할 뿐만 아니라 행동의 영역을 정해주고 성과를 개선시키는 데 필요한 지렛대를 제공한다. 가령 조사를 통해 학업 성과가 교육 예산이나 학급 규모보다 사회적 계층과 문화의 영향을 더 받는다는 사실이 드러났다. 그러나 이 사실은 유용한 정책 수립으로 이어지기 어렵다. UCLA 경영대학원 교수인 빌 오우치 Bill Ouchi는 『Making Schools Work』에서 전혀 다른 전략적 진단을 제시했다. 그는 학급, 문화, 예산, 교과가 아닌 조직 구조에 초점을 맞추었다. 그의 주장에 따르면 분권화된 학교가 대체로 더 나은 학업성과를 올렸다. 실제로 조직 구조가 학업 성과에 절대적인 영향을 미치는지 여부는 중요치 않았다. 중요한 것은 조직 구조와 학업 성과 사이에 일정한 연관성이 존재하며, 조직 구조는 사회적 계층이나 문화와 달리 정책적 대응이 가능하다는 점이었다.

진단은 대개 기존 개념을 빌어서 제시된다. 가령 미국의 국가 정책을 연구하는 사람들은 냉전기의 봉쇄 방침을 유도한 진단의 내용을 잘 안다. 봉쇄 개념의 기원은 10년 넘게 소련에서 외교관으로 활동한 조지 케넌George Kennan이 1946년에 보낸 전신문이었다. 소련의 정치 상황을 직접 목격한 그는 소련의 권력 구조와 지배 이념을 세심하게 분석했다. 그가 보기에 소련은 위험한 국가였다. 소련의 지도자들은 자본주의 타도와 공산주의 전파를 사명으로 삼았다. 그들은 대결구도가 영원히 지속되기를 원했다. 케넌은 공산주의와 자본주의 사이의 적대관계가 스탈린 체제의 존립기반이기 때문에 포용이나 대화가 불가능하다고 주장했다. 그가 주문한 추진 방침은 "전방위적인 기민한 대응을 통해 자유 진영에 대한 소련의 압박을 봉쇄하는 것"이었다.

미국의 정책 결정자들은 타협의 여지가 없는 장기적인 대결 구도라는 케넌의 상황 진단을 받아들였다. 구체적인 행동범위를 제시하는 추진 방침도 대단히 효율적이었다. 미국은 소련이라는 바이러스가 퍼지지 못하도록 봉쇄해야 했다. 케넌의 제안은 전략으로 불리기도 했지만 행동이라는 요소가 없었다. 트루먼에서 아버지 부시에 이르는 대통령들은 케넌이 제안한 추진 방침을 실행 가능한 목표로 바꾸었다. 미국의 봉쇄 전략은 나토와 세아토SEATO(동남아시아 조약기구), 베를린 공수작전, 한국전쟁, 유럽 미사일 배치, 베트남 전쟁 등 일련의 역사적 행동으로 이어졌다.

케넌의 진단이 가진 힘은 1947년에 상황을 다른 식으로 판단했다면 역사가 어떻게 바뀌었을지 고려해보면 알 수 있다. 미국은 소련을 마셜 계획에 포함하는 포용 정책을 쓸 수도 있었고, 정권 타도를 통한 해방 정책을 쓸 수도 있었다.

기업의 경우에도 진단의 변화는 전략의 변화로 이어졌다. 가령 1993년에 루 거스트너가 CEO에 올랐을 때 IBM은 심각한 침체 상태에 빠져있었다. IBM은 기업과 정부기관에 통합 솔루션을 제공하는 전략을 기반으로 성공을 거두었지만 마이크로프로세서 기술의 발전 때문에 상황이 바뀌었다. 컴퓨터 산업은 칩, 메모리, 하드 디스크, 키보드, 소프트웨어, 모니터, 운용체제 등의 분야로 분화되었다. 데스크탑 컴퓨터가 보편화되고 윈도우-인텔 시스템이 표준으로 자리잡 는 상황에서 IBM은 어떻게 대응해야 할까? 당시 IBM 내부와 월가 애널리스트들의 지배적인 시각은 산업 지형의 변화에 맞추어 사업 부문을 분화시켜야 한다는 것이었다. 거스트너가 부임할 무렵에 이미 분사를 위한 작업이 진행되고 있었다.

거스트너는 상황을 분석한 후 다른 진단을 내렸다. IBM이 모든 분야에 전문성을 갖추었다는 점은 오히려 경쟁력이 될 수 있었다. 문제는 이러한 경쟁력을 제대로 활용하지 못한다는 것이었다. 거스트너는 하드웨어 플랫폼이 아니라 고객 솔루션에 초점을 맞추어 통합을 강화해야 한다고 주장했다. 핵심적인 장애물은 내부 조율과 유연성의 부족이었다. 새로운 진단에 따른 추진 방침은 IBM의 고유한 역량을 활용하여 고객에게 맞춤식 솔루션을 제공하는 것이었다. 초점을 고객 솔루션에 두었기 때문에 하드웨어와 소프트웨어는 필요에 따라 다른 회사의 제품을 사용할 수도 있었다. 결과적으로 IBM의 핵심적인 부가가치활동은 시스템 엔지니어링에서 IT 컨설팅으로, 하드웨어에서 소프트웨어로 전환되었다.

"통합 서비스는 낡은 것이다."나 "IT의 모든 면을 아는 것은 고유한 역량이다"라는 진단은 그 자체로 전략이 될 수 없다. 그러나 이처럼 상반된 진단은 회사를 완전히 다른 방향으로 이끈다.

짜임새 있는 추진 방침

추진 방침은 진단을 통해 드러난 장애물을 극복하기 위한 전반적인 접근법을 제시한다. 추진 방침은 행동을 특정한 방향으로 유도한다. 케넌의 봉쇄 정책과 거스트너의 고객 솔루션 정책이 추진 방침의 예다. 추진 방침은 고속도로의 가드레일처럼 행동의 범위를 정한다.

좋은 추진 방침은 목표나 비전 혹은 희망사항을 제시하는 것이 아니라 상황에 대응하는 수단을 정의한다. 웰스 파고Wells Fargo의 비전은 "고객의 금융 수요를 충족하고, 성공적인 자산관리를 도우며, 대표적인 금융서비스기업이 된다."이다. 이 비전은 야심을 드러낼 뿐 전략이나 추진 방침이 아니다. 야심을 달성할 방법에 대한 정보가 없기 때문이다. 웰스 파고의 전 CEO이자 명예 회장인 리처드 코바체비치Richard Kovacevich는 이 사실을 잘 알았다. 그래서 교차 판매에 따른 네트워크 효과를 활용한다는 추진 방침을 정했다. 그는 다양한 금융상품을 제공하여 고객에 대한 정보를 더 많이 확보하면 네트워크 효과를 기대할 수 있다고 생각했다. 이 추진 방침은 비전과 달리 회사의 사업 규모라는 경쟁우위를 살리는 방법을 제시했다.

많은 사람들은 전략을 추진 방침의 의미로 사용한다. 전략을 단지 폭넓은 추진 방침으로 정의하는 것은 잘못된 일이다. 진단을 하지 않으면 대안적인 추진 방침들을 평가할 수 없다. 또한 행동에 옮기지 않으면 추진 방침을 따를 수 있는지 확인할 수 없다. 좋은 전략은 '무엇'을 하려고 하는지 제시할 뿐만 아니라 그 일을 '왜', '어떻게' 하는지도 제시한다.

좋은 추진 방침은 이점의 원천을 창출하거나 활용하여 진단을 통해 드러난 장애물을 극복한다. 그래서 전략의 중심에는 대개 이점이 있다. 지렛대가 힘을 배가시키듯이 전략적 이점은 자원과 행동의 효과를 배가시킨다. 모든 이점이 경쟁과 관련된 것은 아니다. 비영리단체나 공공기관도 좋은 추진 방침을 통해 이점의 원천을 창출할 수 있다.

현대 경영전략에서는 경쟁우위의 구체적인 원천부터 자세하게 파악하는 일이 흔하다. 비용 경쟁력, 브랜드 파워, 빠른 제품 개발 주기, 풍부한 고객 정보 등은 모두 경쟁우위의 원천이 될 수 있다. 다만 보다 폭넓은 관점을 가질 필요가 있다. 좋은 추진 방침도 그 자체로 경쟁우위의 원천이다.

추진 방침은 경쟁자의 행동과 반응을 예측하고, 상황의 복잡성과 모호성을 줄이고, 집중적인 노력을 통한 지렛대 효과를 활용하며, 일관된 행동을 유도함으로써 경쟁우위를 창출한다. 가령 거스트너가 수립한 고객 솔루션 정책은 IBM의 기술력과 경험에 내재된 경쟁우위를 활용한다. 동시에 이 정책 자체가 조직이 나아갈 길에 대한 불확실성을 제거하고 자원을 구체적인 문제에 집중함으로써 경쟁우위를 창출한다.

작은 식료품점을 운영하는 스테파니의 사례를 통해 추진 방침이 효과를 발휘하는 방식을 살펴보자. 그녀는 때로 계산원 노릇까지 하면서 운영과 관련된 모든 결정을 내린다. 얼마 전에 그녀는 내게 여러 가지 문제에 대한 조언을 구했다. 그녀는 상품의 가격대를 어떻게 설정해야 할지, 해당 지역에 많이 사는 아시아 유학생들을 위해 아시아 식품을 들여놓아야 할지, 영업시간을 늘려야 할지, 계산대를 추가해야 할지, 지역 대학 신문에 광고를 해야 할지, 할인 판매는 어떤 방식으로 해야 할지 등 다양한 문제를 놓고 고민하고 있었다.

경제학자는 그녀에게 이익을 극대화할 수 있는 선택을 하라고 조언할 것이다. 이러한 조언은 기술적으로 옳지만 현실적으로 쓸모가 없다. 수익을 극대화한다는 문제 자체가 비구조화되어 있기 때문이다. 작은 식료품점이라도 선택할 수 있는 대안의 수는 엄청나게 많다. 그래서 상황의 복잡성에 압도당하게 된다.

스테파니는 같은 지역에 있는 슈퍼마켓과의 경쟁을 핵심 문제로 진단했다. 그녀는 24시간 문을 열고 저가 상품을 제공하는 슈퍼마켓으로부터 고객을 뺏어와야 했다. 그녀의 고객들은 주로 근처에 살거나 일하면서 거의 매일 매장에 들렀다. 그녀는 상황을 분석한 후 문제의 핵심은 가격에 민감한 대학생 고객과 시간에 민감한 일반인 고객 사이의 선택이라는 사실을 파악했다. 이러한 판단은 상황의 복잡성을 크게 낮춰주었다.

두 고객집단에 동일한 정책과 행동을 적용할 수 있다면 이러한 이분법은 의미가 없을 것이다. 그러나 두 고객집단은 상당히 다른 성향을 갖고 있었다. 대부분의 고객은 학생들이었지만 일반인들은 훨씬 많은 금액을 구매했다. 그래서 스테파니는 요리할 시간이 부족한 일반인 고객을 집중 공략한다는 추진 방침을 세웠다.

물론 이 추진 방침이 최선이라고 증명할 방법은 없었다. 그러나 추진 방침을 세우지 않으면 행동의 기준을 정할 수 없었다. 그러면 일관된 행동과 자원 할당이 불가능했다. 명확한 추진 방침은 가능한 행동들을 파악하고 조율하는 데 도움을 주었다. 스테파니는 추진 방침에 따라 손님이 많이 몰리는 시간대에 추가 계산대를 열고, 주차공간을 확대했으며, 고급 반조리식품의 전시공간을 늘렸다. 한편 일반인들은 학생들과 달리 자정에 쇼핑을 하는 일이 드물기 때문에 영업시간을 늘릴 필요가 없었다. 이처럼 추진 방침은 초점을 맞춘 집중적인 노력을 기울일 수 있도록 도와주었다.

일관된 행동

많은 사람들은 추진 방침을 정하는 단계에서 멈춘다. 추진 방침을 전략으로 오해하기 때문이다. 전략은 반드시 행동을 수반해야 한다. 모든 행동을 나열할 필요는 없다. 다만 전략적 개념을 실행에 옮기기 위한 주요 행동들을 명확하게 제시해야 한다. 또한 이러한 행동들은 조직의 역량을 집중하여 서로 상승작용을 하도록 조율되어야 한다.

행동으로 이동

프랑스에 있는 세계적인 경영대학원인 인시아드는 조르주 도리오Georges Doriot 하버드대 교수의 구상으로 설립되었다. 인시아드의 도서관에 있는 그의 동상에는 "행동하지 않으면 세계는 여전히 아이디어에 머물 뿐이다"라는 말이 새겨져있다.

행동을 가로막는 주된 요인은 힘든 선택을 하지 않고도 원하는 것을 얻을 수 있다는 헛된 희망이다. 전략은 우선순위를 정하는 어려운 작업을 통해 만들어진다. 그래야만 효과적인 행동을 취할 수 있다. 행동의 필요성은 다른 어떤 것보다 전략적 아이디어를 날카롭게 다듬어준다.

유러피언 비즈니스 그룹European Business Group 회장의 사무실은 세인트 제임스 공원 서쪽에 있는 고전적인 주택에 자리잡고 있었다. 나는 거기서 유러피언 비지니스 그룹이 추진하는 범유럽 계획에 대한 이야기를 나누었다.

소비자 제품을 생산하는 유러피언비즈니스 그룹은 국가별 마케팅 조직과 생산 조직 그리고 제품 개발 센터로 구성된 복잡한 조직 구조를 갖고 있었다. 제품 개발 센터는 북미, 일본, 독일, 영국에 자리잡고 있었다. 제품 담당자는 전반적인 행동을 조율하는 일을 했지만 직접적인 권한이 없었다. 각 제품은 국가와 지역의 특성에 맞도록 다양하게 조정되었다.

경영진은 유럽 지역의 사업 구조가 지나치게 파편화되었다고 생각했다. 그래서 범유럽 계획에 따라 제품을 통합하여 규모의 경제를 달성하려고 시도했다. 그 일환으로 국가별 책임자들이 참여하는 범유럽 집행위원회를 구성했고, 순환근무제를 도입했고, 신제품그룹을 만들었으며, 범유럽 계획에 대한 기여도를 인사고과에 반영했다. 그러나 다양한 노력에도 불구하고 별다른 성과가 나오지 않았다. 독일과 영국의 개발자들은 모두 상대방이 비협조적이라고 비난했다. 당연히 공동사업은 제대로 진척되지 않았다.

회장은 이러한 사정을 설명하면서 불편한 심기를 고스란히 드러냈다. 나는 그를 진정시킨 다음 "범유럽 계획을 18개월 안에 성공시키지 않을 경우 회사가 망한다면 어떻게 하시겠습니까?"라고 물었다.

그는 "두 개발 센터 중 하나를 없애겠습니다. 제품을 개발할 생각은 하지 않고 서로 싸우느라 바빠요. 아니, 아예 둘 다 없애고 네덜란드에 새 개발 센터를 만들겠습니다. 거기에 시장 테스트 사무소가 있거든요. 영국과 독일에서 최고 인재만 거기로 보내서 새 출발을 하는 겁니다. 그래도 집행위원회 문제는 여전히 남겠지만 말이죠"라고 대답했다.

나는 다시 국가별 책임자들이 소극적인 이유에 대해 질문했다. 그는 "그들은 국가별 여건에 맞게 제품과 마케팅을 조정하는 데 오랜 시간을 투자했어요. 그래서 범유럽 계획의 취지에 동의하지 않습니다. 프랑스 책임자는 지나치게 영국적이거나 독일적인 제품에 대한 마케팅을 헛수고라고 생각합니다. 게다가 아직 모두를 설득할 만한 범유럽 제품이 나오지 않았습니다. 그런 제품이 서너 국가에서 성공하면 나머지 국가도 따라올 겁니다. 하지만 지금은 각자 관리하는 제품만 생각하고 있어요"라고 대답했다.

그는 문제가 무엇인지 알고 있었다. 지금의 국가별 시스템을 운영하는 것이 책임자들의 일이었다. 그들에게 새로운 범유럽 계획을 적용하는 것은 애초에 무리였다. 정말로 범유럽 계획을 성공시키고 싶다면 다른 수단을 동원해야 했다.

그는 나의 지적에 대해 "맞아요. 전적인 책임을 지는 하나의 조직이 범유럽 제품을 개발하고, 생산하고, 마케팅하면 됩니다"라고 말했다. 나는 거기에 더하여 국가별 조직에 범유럽 계획을 지원할 특별 예산을 배정하고 기여도를 인사고과에 반영하라고 조언했다. 그는 근심스런 표정을 지으며 "아주 어려운 길이 될 겁니다. 많은 사람들이 자존심을 구기게 될 거예요. 신상필벌로 새로운 관점을 강제하기보다 동의를 구하는 것이 낫습니다"라고 말했다. 그의 말은 옳았다. 그러나 범유럽 계획을 진전시키려면 어려운 길을 걸을 수밖에 없었다.

이후 회장이 결단을 내리고 유럽 조직을 개편하기까지 9개월이 걸렸다. 국가별 마케팅 체제를 유지하면서 범유럽 제품을 정착시키는 마술적인 해결책은 없었다. 전략이 개념 수준에서 머무는 한 조직 구조와 새로운 전략 사이의 갈등은 계속 이어졌다. 결국 행동에 나서지 않으면 안 될 상황이 두 가지 중에서 어느 것이 더 중요한지 결정하게 만들었다.

경쟁과 관련 없는 조직 내부의 문제에도 전략의 중핵 개념을 적용할 수 있다. 이 경우에도 필요한 행동은 그다지 어렵지 않게 파악할 수 있다. 그러나 행동에 따른 고통을 피할 수 있다는 희망이 진전을 가로막는다. 사람들은 언제나 영리한 방법만 찾으면 상충하는 목표들을 동시에 달성할 수 있다고 믿는다. 현실적으로 이러한 방법은 존재하지 않는다. 전략은 기본적으로 가장 중요한 목표를 결정하고 거기에 자원과 행동을 집중하는 것이다. 그러기 위해서는 다른 목표를 포기하는 결단이 필요하다.

일관성

전략적 행동은 일관성을 갖추어야 한다. 다시 말해서 각 행동이 서로 조화를 이루어야 한다. 일관된 행동은 전략 추구에 도움이 되는 이점을 제공한다. 가장 단순한 비지니스 전략은 영업과 마케팅 부문이 수집한 지식을 제품 기획에 활용하는 것이다. 그러나 저가 상품 제조처럼 단순한 경쟁력도 자세히 들여다보면 상호 보완적인 정책들이 뒷받침하고 있음을 알 수 있다. 또한 저가 상품을 제공할 수 있는 특정한 조건도 만족시켜야 한다. 이러한 가격 경쟁력을 효과적으로 활용하려면 수많은 행동과 정책을 정렬시켜야 한다.

일관성이 없는 전략적 행동은 별개의 목표를 추구하면서 상승효과를 일으키지 못한다. 포드의 사례를 보라. 자크 내서Jacques

Nasser는 포드 유럽 CEO 겸 제품 개발 담당 부회장이던 1995년에 내게 "자동차 회사의 브랜드는 이익을 얻는 핵심 요소입니다."라고 말했다. 그는 1999년에 그룹 CEO에 오르자마자 볼보, 재규어, 랜드로버, 애스턴 마틴 같은 고급 브랜드들을 인수했다. 그러나 규모의 경제를 추구한다는 기존 추진 방침은 여전히 유지되었다. 2000년에 포드의 고위 임원이 한 말에 따르면 한 플랫폼에서 최소 연간 100만 대를 생산하지 못하면 제대로 경쟁할 수 없었다. 그래서 포드는 볼보와 재규어를 같은 플랫폼에서 생산했다. 그러나 이러한 행동은 두 브랜드의 가치를 희석시켰고, 고객과 딜러들을 실망시켰다. 볼보 구매자들은 재규어가 비슷해지는 것을 원하지 않았다. 그들이 원하는 것은 고유한 안전성을 지닌 차였다. 재규어 구매자들 역시 볼보가 비슷해지는 것을 원하지 않았다. 그들이 원하는 것은 고유한 성능을 지닌 차였다. 결과적으로 두 브랜드에 대한 포드의 일관성 없는 행동은 상승효과가 아닌 상충효과를 일으켰다.

상충하지는 않지만 조율되지 않은 행동도 부정적인 효과를 내기는 마찬가지다. 2003년에 내가 조언했던 한 기업의 원래 전략은 미국 내 공장을 멕시코로 이전하고, 광고예산을 늘리며, 360도 피드백 프로그램을 실행하는 것이었다. 이러한 행동들은 개별적으로 보면 좋은 아이디어지만 서로 보완작용을 하지 않았다.

연관성이 없는 개별적인 행동들을 나열하는 것은 전략이 아니다. 전략은 구체적인 문제를 해결하기 위해 행동을 조율해야 한다. 행동의 조율 자체가 이점의 원천이 될 수 있다. 사람들은 종종 이 사실을 간과한다. 조율을 일시적 조정으로 생각하기 때문이다. 전략적 조율은 일시적 조정이 아니라 기획에 따른 체계적 조정이다. 다시 말해서 행동과 자원을 유기적으로 결합하는 방식을 구체적으로 제시한다. 행동을 조율하는 한 가지 방식은 근접 목표를 정하는 것이다. 근접 목표는 타당성을 지닌 현실적인 목표를 말한다. 이 주제는 7장에서 보다 자세히 살펴볼 것이다.

전략은 조율된 행동을 시스템에 적용한다. 그러기 위해서는 시스템의 관성을 극복할 수 있는 집중된 힘이 필요하다. 이 힘을 활용하지 않으면 조율이 이루어지지 않는다. 많은 사람들은 집중된 힘의 선도라는 개념에 거부감을 드러낸다. 그들은 분권화된 시스템이 더 효율적이라고 생각한다. 20세기의 역사는 중앙집권화된 경제체제가 얼마나 비효율적인지 증명했다. 스탈린과 마오쩌둥 체제에서 2차대전의 사망자보다 더 많은 사람들이 굶어 죽었다. 현대 경제체제는 분권화된 선택을 통해 돌아간다. 이러한 방식은 희소자원을 대단히 효율적으로 할당한다. 가령 휘발유 가격이 오르면 사람들은 정부에서 통제하지 않아도 알아서 연비가 좋은 차를 산다. 또한 자연재해가 발생하면 재건 수요로 임금이 오르면서 필요한 인력들을 끌어들인다.

그러나 분권화된 의사결정이 만능은 아니다. 특히 행동의 비용이나 편익이 당사자와 직접 관련이 없을 때는 문제를 드러낸다. 비용과 편익은 조직 단위 사이에서 혹은 현재와 미래 사이에서 분열될 수 있다. 또한 적절한 조율을 통해서만 편익이 발생할 때도 분산화된 의사결정이 약점을 지닌다. 가령 영업팀은 급한 주문이라도 기꺼이 받으려 하고 생산팀은 안정된 생산 일정을 지키려 한다. 두 가지 입장을 동시에 만족시키는 방법은 없다. 따라서 조직 전체에 도움이 되는 방향으로 정책적인 결정을 내려야 한다. 물론 의사결정자가 무능하거나 특정한 세력의 이해관계만 대변한다면 중앙집권적 정책도 실패한다.

2차대전 동안 루즈벨트 대통령은 미국의 정치적, 경제적, 군사적 역량을 조율하여 독일을 물리쳤다. 그가 시행한 또 다른 전략적 조율은 유럽 전장에 먼저 자원을 집중한 다음 일본을 상대한 것이었다. 이러한 정책들은 분권화된 의사결정체제에서는 쉽게 도출되지 않았을 것이다.

물론 중앙집권적 조율이 항상 좋은 것은 아니다. 조율은 전문성에 따른 이득을 배제하기 때문에 비용을 초래한다. 특정한 분야에서 전문성을 확보하려면 다른 사안의 간섭을 받지 않아야 한다. 그러나 조율은 기본적으로 관련된 모든 분야에 간섭하여 전문성을 약화시킨다. 따라서 큰 이득을 기대할 수 있을 때만 조율을 추구해야 한다. 중앙집권적인 방식으로 모든 것을 통제한다고 해서 뛰어난 조직이 만들어지는 것은 아니다. 그 길의 끝에는 적응력이 없는 정체상태가 있을 뿐이다. 뛰어난 조직은 중요한 분야에서 전문성을 확보하면서 적절한 수준의 조율을 실시한다.

GOOD STRATEGY BAD STRATEGY

2부

전략을 만드는 힘은 어디서 나오는가

STRATEGY

일반적으로 좋은 전략은 역량을 모아서 최대의 효과를 발휘할 수 있는 곳에 집중한다. 이러한 전략은 단기적으로 정책, 행동, 자원의 기민한 통합을 통해 문제를 해결하고, 장기적으로 미래의 경쟁 환경에 대비한 역량을 구축한다. 두 경우 모두 좋은 전략은 역량의 원천을 활용하여 행동의 효과를 배가시킨다.

지금부터 좋은 전략에서 활용하는 근본적인 역량의 원천들을 살펴보자. 물론 여기서 다루는 항목들이 전부는 아니다. 전략에 대한 내용을 모두 다루려면 한 권의 책으로는 부족하다. 여기서는 일반성과 시사성을 갖춘 항목들만 소개할 것이다. 이 항목들은 기업 부문뿐만 아니라 비영리 부문과 공공 부문에도 유효한 의미를 지닌다. 또한 내가 보기에 중요함에도 불구하고 충분하게 다루어지지 않은 사안들도 함께 소개한다.

제 6 장

지렛대 활용하기

GOOD STRATEGY BAD STRATEGY

좋은 전략은 행동과 자원을 집중함으로써 역량을 확보한다. 핵심적인 목표에 맞춰진 초점은 긍정적인 파급효과를 불러일으킨다. 나는 이 역량의 원천을 지렛대라고 부른다. 지렛대는 기업이나 상황의 특정한 역학에 결부되지 않는 중립적인 이점이다.

아르키메데스는 "충분히 긴 지렛대와 충분히 단단한 받침만 있으면 세상을 움직일 수 있다"라고 말했다. 그가 알면서도 말하지 않은 사실은 지구를 움직이려면 수십억 킬로미터나 되는 지렛대가 필요하다는 것이다. 고대 그리스인들은 지구의 지름을 정확하게 계산했다. 또한 그들은 달과 지구 사이의 거리도 계산했지만 해와 달 사이의 각도를 잘못 측정하는 바람에 틀린 값을 얻었다. 그러나 긴 지렛대를 구한다고 해도 지구를 움직이는 것은 쉽지 않다. 따라서 힘을 극대화할 수 있는 지점에 지렛대를 설치해야 한다. 이처럼 축이 되는 지점을 찾아서 힘을 집중하는 것이 지렛대를 활용하는 비결이다.

쐐기돌을 빼면 거대한 아치형 다리도 무너질 수 있다. 1787년에 제임스 매디슨James Madison은 양원제와 3권 분립 사상을 헌법 초안에 삽입함으로써 위대한 국가의 초석을 놓았다. 빌 게이츠는 1980년에 IBM과 운영체제 납품 계약을 유리한 조건으로 성사시킴으로써 세계 최고의 부자가 되었다.

일반적으로 지렛대는 예측과 통찰 그리고 집중적 노력이 결합할 때 만들어진다.

상상하지 말고 예측하라

다른 사람들이 취할 행동에 대한 예측은 강력한 전략적 이점을 제공한다. 단순한 예로 부동산 투자는 향후 수요가 늘어나 가치가 오를 것이라는 예측에 기반을 둔다. 기업의 경우 수요 변화와 경쟁자의 대응에 대한 예측이 중대한 의미를 지닌다.

미국에서 SUV 열풍이 불 때 토요타는 하이브리드 차량 개발에 10억 달러가 넘는 자금을 투자했다. 이러한 투자를 이끌어낸 것은 두 가지 예측이었다. 하나는 시간이 지나면 연비가 차지하는 중요성이 커지면서 하이브리드 차량에 대한 수요가 늘어날 것이라는 예측이었다. 다른 하나는 하이브리드 기술에 대한 라이센스를 경쟁사들에게 제공하면 보다 우수한 기술에 대한 투자를 하지 않을 것이라는 예측이었다. 지금까지 이 예측들은 대체로 정확하게 들어맞았다.

가장 중요한 예측은 경쟁자의 행동에 대한 것이다. 2003년 봄에 이라크를 공격하기 위한 미국의 계획은 반군의 준동이라는 상황을 예측하지 못했다. 미군은 자체 평가에서 "2003년 3월과 4월에 이라크에서 군이 직면한 문제는 새로운 전투 형태로의 전환을 예측하고 대비하지 못했다는 것이었다. 또한 후세인 이후의 이라크 상황에 대한 판단도 대체로 부정확했다"라고 인정했다.

이라크의 반군 활동은 미군 사상자에 대한 언론 보도가 베트남과 소말리아의 사례처럼 철수 여론을 자극할 것이라는 계산을 깔고 있다. 실제로 밥 우드워드의 보도에 따르면 후세인은 〈블랙 호크 다운〉을 번역하여 고위 간부들에게 배포했다. 결론적으로 미국의 전략가들은 이라크의 예측을 예측하는 데 실패한 셈이다.

대부분의 전략적 예측은 이미 일어난 사건이나 진행 중인 추세를 토대로 이루어진다. 쉘인터내셔널의 피에르 왝Pierre Wack과 테드 뉴랜드Ted Newland는 이러한 방식으로 대단히 놀라운 예측들을 제시했다. 나는 1980년에 피에르 왝을 처음 만났다. 그는 내게 "미래에 일어날 특정한 사건들은 미리 예정되어 있습니다. 히말라야에

폭우가 내리면 내일 혹은 모레 갠지스 평원에 홍수가 발생한다고 예측할 수 있죠"라고 말했다. 왝과 뉴랜드가 1970년에 예측한 홍수는 석유수출국기구의 설립과 뒤이은 석유 위기였다. 홍수를 일으킨 폭우는 주요 산유국의 소득 정체와 인구 변화였다. 특히 이란, 이라크, 베네수엘라는 모두 방대한 원유 매장량, 급증하는 인구, 야심찬 개발 목표라는 조건을 공유하고 있었다. 왝과 뉴랜드는 이 나라들이 가격 인상을 시도할 것이며, 사우디 아라비아와 쿠웨이트도 동참할 것이라고 예측했다.

나는 1981년에 영국에서 열린 쉘 그룹 기획 회의에 참석하여 피에르 왝과 일주일 동안 대화를 나눌 수 있었다. 그는 기업계에서 흔히 하는 시나리오 예측에 대해 다음과 같이 말했다.

"유가와 관련하여 일반적인 시나리오 예측을 한다면 '높음', '중간', '낮음'으로 표시된 세 개의 선을 가진 그래프로 귀결됩니다. 그러면 모두가 불확실성에 대처했다고 만족하면서 '중간'에 맞추어 계획을 세우죠. 사실 이러한 방식은 위험을 간과하는 것입니다. 유가가 높거나 낮을 수 있다는 가능성에 위험이 있는 것이 아닙니다. 위험은 유가가 올라서 대규모 투자를 유도하다가 다시 급락하여 쓸모없는 자산을 남기게 될 것이라는 사실에 있습니다."

이 예측은 실제로 유가가 배럴 당 36달러 선에서 상승 추세를 멈추고 20달러 선까지 떨어지면서 그대로 적중했다. 1970년대 말의 고유가는 대대적인 석유 시추와 채굴을 부추겼다. 그러나 북해와 알래스카에서 새로 뽑아올린 석유가 시장에 나오자 공급 초과로 유가가 떨어지기 시작했다. 조지 부시처럼 통찰력이 부족했던 사람들은 해양 채굴에 대규모 투자를 감행하다가 큰 위기를 맞았다.

예측은 초능력을 요구하지 않는다. 단지 사람들의 습관, 선호, 정책 그리고 변화에 대한 제약을 고려하면 된다. 이러한 방식으로 예측하면 캘리포니아 주정부는 조만간 균형예산을 달성하기 어려울 것이고, 인재 유출 현상은 계속될 것이다. 또한 미국에 다시 중대한 테러 공격이 감행될 것이지만 전면전이 벌어지지 않는 한 CIA와 FBI 사이에 드리워진 철의 장막은 제거되지 않을 것이다. 또한 구글은 온라인으로 사용할 수 있는 사무용 애플리케이션을 계속 개발하겠지만, 마이크로소프트는 PC 기반의 오피스 프로그램 시장을 잠식할까 봐 효과적인 대응을 하지 못할 것이다. 그리고 스마트폰의 사용이 급증하면서 인프라에 걸리는 과부하 문제를 해결하기 위하여 통신업계에서 합병과 요금구조의 변화가 일어날 것이다.

받침점은 효과를 배가한다

지렛대를 활용할 때는 자원과 노력을 투입한 효과를 배가할 수 있는 받침점을 찾아야 한다. 나는 2008년에 도쿄에서 세븐앤아이 홀딩스Seven & i Holdings의 사장인 무라타 노리토시와 경쟁 전략을 논의했다. 세븐앤아이홀딩스는 세븐일레븐 편의점뿐만 아니라 슈퍼마켓과 백화점까지 운영했다. 무라타는 일본 소비자들이 지역마다 다른 민감한 취향을 가졌으며, 다양성과 신선함을 선호한다고 설명했다. 그는 "일본 소비자들은 쉽게 싫증을 냅니다. 청량음료의 경우만 해도 200가지 이상의 제품이 팔리고 있지만 매주 새 제품이 등장합니다. 세븐 일레븐은 50종의 음료를 전시하여 연간 70퍼센트의 회전율을 기록합니다. 다른 식품들도 사정이 비슷합니다"라고 말했다.

세븐일레븐은 이러한 소비 패턴을 지렛대로 활용하기 위하여 매장 직원들로부터 지역별 취향에 대한 정보를 수집하고, 빠르게 수요 변화에 대처하기 위한 신속대응팀을 만들었다. 또한 다양한 공급업체와 거래선을 확보하고 초과 생산용량을 활용하여 자체 브랜드로 새로운 상품을 제공했다.

당시 세븐일레븐은 중국에서 영업망을 확충하고 있었다. 무라타는 세븐일레븐의 청결과 서비스를 경쟁우위로 꼽았다. 중국 소비자들은 깔끔한 인테리어에 직원들이 웃으며 인사하는 세븐 일레븐의 매장 분위기에 이끌렸다. 덕분에 세븐일레븐은 경쟁사들보다 면적 대비 두 배의 매출을 올릴 수 있었다.

무라타의 전략은 결정적인 측면에 조직의 에너지를 집중하는 것이었다. 결정적인 측면은 경쟁우위를 확보하고 강화할 수 있는 잠재력에 대한 기업가적인 통찰을 통해 발견되었다.

받침점은 노력의 효과를 배가한다. 받침점을 포착하면 비교적 작은 조정으로도 훨씬 큰 힘을 얻을 수 있다. 받침점은 대개 충족되지 않은 수요나 개발되지 않은 역량 속에 있다. 혹은 경쟁구도에서는 경쟁자의 힘과 역량 사이, 주장과 현실 사이의 불균형에서 받침점을 찾을 수 있다.

1987년 6월 12일, 레이건 대통령은 서독의 브란덴부르크 문앞에 서서 "고르바초프 서기장님, 소련과 동유럽의 평화와 번영 그리고 자유를 원하신다면 이 문을 여세요! 장벽을 무너뜨리세요!"라고 말했다. 물론 레이건은 고르바초프가 요구를 따르지 않을 것임을 알았다. 이 연설의 목적은 자유 체제와 억압 체제 사이의 불균형을 드러내는 것이었다. 이 불균형은 수십 년 동안 유지되었다. 레이건이 1983년에 안드로포프에게 같은 방식으로 도전을 제기했다면 아무 효과가 없었을 것이다. 그러나 소련이 자유롭게 변하고 있다는 고르바초프의 주장과 실제 현실 사이의 불균형이 레이건에게 받침점을 제공했다.

집중은 더 큰 성과를 안겨준다

소수의 목표에 대한 집중적인 노력은 다수의 목표에 대한 분산된 노력보다 더 큰 성과를 안겨준다. 집중에 따른 추가적인 성과는 현실적 제약과 문턱 효과에서 나온다. 자원이 무제한이라면 목표의 우선순위를 정할 필요가 없다. 또한 리더의 주의력이 무제한이라면 우선적인 목표에 집중할 필요가 없다. 문턱 효과는 시스템에 영향을 미치는 데 필요한 노력의 임계점에서 발생한다. 이 임계점보다 낮은 수준의 노력은 별다른 성과를 안겨주지 않는다. 따라서 소수의 목표를 한정하여 자원 투입의 효과를 극대화할 필요가 있다.

가령 광고도 문턱 효과의 영향을 받는다. 즉, 노출 횟수가 적은 광고는 거의 효과를 발휘하지 못한다. 소비자의 반응을 얻기 위해서는 일정한 노출 횟수의 문턱을 넘어서야 한다. 이 점을 감안하면 장기간에 걸쳐 일정한 간격으로 광고를 내보내기보다 단기간에 집중하는 편이 나을 수 있다. 또한 신제품을 지역별로 차례로 출시하여 광고를 집중하는 편이 나을 수 있다. 비슷한 맥락에서 기업들은 세분시장을 장악하는 것을 선호하고, 정치인들은 한정된 계층에 확실한 효과를 전달하는 정책을 선호한다. 이처럼 경영진이 가진 주의력의 한계와 성과에 영향을 끼치는 문턱 효과 때문에 집중의 필요성이 제기된다. 한 사람이 여러 문제를 동시에 해결할 수 없듯이 조직도 마찬가지다.

심리학적 관점에서 보면 사람들은 특정한 임계점 아래의 신호들을 무시하거나 성공이 성공을 부른다는 여세의 작용을 믿음으로써 집중 효과를 얻는다. 어느 쪽이든 간에 주의를 끌 수 있는 일에 노력을 집중하여 행동의 효과를 키울 수 있다. 가령 200개 학교의 학업성과를 조금 높이는 것보다 2개 학교의 학업성과를 대폭 높이는 것이 여론에 더 강한 영향을 미칠 수 있다. 교육 정책의 효과에 대한 인식은 지지도를 좌우한다.

효과적인 목표에 노력을 집중한 예로 게티 재단Getty Trust이 있다. 석유 재벌인 폴 게티Paul Getty는 1976년에 사망하면서 7억 달러의 유산을 남겼다. 그는 이 돈을 캘리포니아 주 말리부에 지은 박물관을 운영할 게티 재단에 맡겼다. UCLA 경영대학원장과 증권거래위원장을 지낸 해롤드 윌리엄스Harrold Williams는 1983년에 게티 재단의 이사장에 올랐다. 당시 재단이 관리하는 자금은 14억 달러로 불어나 있었고, 법에 따라 자산의 4.5퍼센트인 약 6천 5백만 달러를 해마다 지출해야 했다.

윌리엄스가 이사장으로 재직하는 동안 게티 재단은 단순한 구매자에서 영향력있는 발언자로 성장했다. 나는 2000년에 그를 만나 대화를 나누었다. 그는 자신의 전략을 다음과 같이 설명했다.

"게티 재단은 대단히 많은 자금을 보유하고 있었고, 해마다 큰 돈을 써야 했습니다. 저는 어떻게 돈을 쓸 것인지 결정해야 했습니다. 명백한 선택은 작품을 계속 사들여서 소장목록을 늘리는 것이었습니다. 하지만 저는 그렇게 하는 것이 탐탁지 않았습니다. 그래봐야 고작 가격대를 높이고, 파리와 뉴욕에 있는 작품들을 LA로 옮길 뿐이니까요.

저는 미술에 보다 진지한 의미를 부여해야 한다고 생각했습니다. 미술품은 단지 보기 좋은 감상물일 뿐만 아니라 인간이 지닌 창의성의 발현물이었습니다. 사람들은 많은 돈을 내고 대학에서 언어와 역사를 배웁니다. 그러나 미술은 곁가지 취급을 받았습니다. 저는 이 점을 바꾸고 싶었습니다. 그래서 작품 구입이 아니라 미술이라는 학문의 위상을 높이는 데 돈을 쓰기로 했습니다. 그 일환으로 모든 작품의 디지털 카탈로그를 제작하고, 미술 교사들을 가르치는 프로그램을 만들었으며, 미술 연구를 지원했습니다. 또한 최고의 보존 기술자들을 양성하고 새로운 보존법을 개발했습니다. 이러한 활동들을 통해 미술품을 전시하기만 하는 것보다 훨씬 큰 영향을 미칠 수 있었습니다.

윌리엄스는 연간 6천 5백만 달러라는 거금으로 단지 작품을 사들이거나 대학을 지원하는 일만 할 수도 있었다. 그러나 그는 자금의 규모에 걸맞는 원대한 목표를 세웠다. 그 목표는 미술 연구를 혁신하는 것이었다. 그는 목표 달성을 위해 보다 크고 선명한 효과를 거둘 수 있는 분야에 자금을 투자했다. 이처럼 가용 자원을 투입하여 결정적인 성과를 올릴 수 있는 목표를 선택하는 일에서 집중의 힘이 발휘되었다. 이러한 전략은 구매로만 일관하는 단순한 전략보다 더 많은 에너지와 지지를 끌어들였다.

제 7 장

근접 목표를 설정하라

GOOD STRATEGY BAD STRATEGY

행복과 아름다움을 직접 추구하는 것은 멍청한 짓이다.

-조지 버나드 쇼

리더십의 강력한 도구 중 하나는 현실성 있는 타당한 목표, 즉 근접 목표를 제시하는 것이다. 근접 목표는 한마디로 조직이 충분히 달성할 수 있는 역량을 갖춘 목표를 말한다. 인간을 달에 보내겠다는 케네디의 공약은 종종 과감한 목표 설정의 사례로 제시된다. 사람들은 카리스마를 갖춘 리더가 제시한 비전의 마법이 불가능에 가까운 일을 현실로 만들었다고 말한다. 그러나 달 착륙은 신중하게 선택된 근접 목표였다.

인터넷에서 1961년에 케네디가 한 연설을 살펴보면 이후 정치

연설의 양상이 얼마나 많이 바뀌었는지 알게 될 것이다. 케네디는 설교자가 아니라 의사결정자의 모습으로 연설을 했다. 그가 진단한 문제는 세상의 인식이었다. 그는 "최근 몇 주 동안 우주에서 일군 극적인 성과는 1957년에 스푸트니크가 그랬듯이 우주 탐험이 세계인의 생각에 얼마나 큰 영향을 끼치는지 분명하게 보여줍니다"라고 말했다. 그의 주장에 따르면 소련은 부족한 기술적 자원을 우주공학에 집중함으로써 세상의 주목을 받고 있었다. 말하자면 우주 탐험은 소련이 활용하는 지렛대였다. 케네디는 최초로 달 착륙에 성공하면 미국의 리더십을 확실하게 증명할 수 있다고 역설했다. 궁극적으로 미국은 소련보다 훨씬 많은 자원을 갖고 있었다. 문제는 할당과 조율에 있었다.

중요한 점은 달 착륙 계획이 타당성을 갖추었다고 평가받았다는 것이었다. 케네디는 단지 목표를 내거는 데 그치지 않고 무인 탐사, 로켓 성능 개선, 연료 개발, 착륙선 제작 등 필요한 단계를 구체적으로 제시했다. 실제로 탄도 미사일 개발 과정에서 로켓과 우주선 제작에 필요한 기술이 대부분 확보되어 있었다.

달 착륙이라는 목표는 대단히 전략적이었다. 케네디는 소련과의 체제 경쟁을 이기기 위한 상징적인 수단으로 달 착륙 계획을 추진했다. 이 계획은 로켓 과학자인 베르너 폰 브라운Werner von Braun의 주도 아래 진행되었다. 그는 1961년 4월 20일에 린든 존슨 부통령에게 보낸 서신에게 다음과 같이 썼다.

"현재 소련이 대형 로켓 부문에서 우리보다 크게 앞섰습니다. 그래서 그들이 먼저 달 궤도에 유인 우주선을 띄우거나 무인 우주선을 착륙시킬 수도 있습니다. 우리가 먼저 달 궤도에 유인 우주선을 띄울 확률은 반반입니다. 그러나 달에 사람을 보내는 경쟁은 훨씬 승산이 높습니다. 이 일을 실현하려면 현재보다 로켓의 성능을 10배로 높여야 하기 때문입니다."

브라운 박사의 지적에 따르면 소련이 우주 탐사 경쟁에서 확보한 우위는 단기적인 것이었다. 달 착륙을 위해서는 훨씬 큰 로켓이 필요하기 때문에 향후 경쟁에서는 자원이 많은 미국이 유리했다. 그래서 브라운 박사는 선제적으로 야심에 찬 목표를 발표하자고 제안했다. 실제로 소련을 이길 가능성이 충분하기 때문이었다. 백악관이 이 서신을 접수한 지 한 달 후에 케네디의 연설이 발표되었다. 일반인이 보기에 대단히 과감했던 달 착륙 목표는 사실 충분한 타당성을 지니고 있었다. 단지 자원과 정치적 의지를 집중하는 일이 필요할 뿐이었다.

불행하게도 케네디 이후로 실현 방법을 모르는 목표를 내걸고 타당성을 지닌 것처럼 꾸미는 경향이 강해졌다. 마약과 전쟁이 그러한 예다. 마약 근절에 대한 의지의 강도에 상관없이 이 목표는 근접 목표가 되지 못한다. 현재의 법 집행 구도에서 실현 가능성이 낮기 때문이다. 실제로 지금까지 이루어진 단속은 오히려 거리에서 거래되는 가격을 올려서 마약 조직의 이익만 늘려주었다. 에너지 독립에 대한 요구 역시 마찬가지다. 이 목표는 휘발유 가격을 올리고 핵 발전을 늘리는 정치적 결단이 이루어지지 않는 한 타당성을 지니지 못한다.

모호성을 제거하라

케네디의 달 착륙 계획이 발표된 지 2년 후, 나는 나사의 제트 추진 연구소에서 엔지니어로 일했다. 거기서 나는 근접 목표가 조직의 에너지를 집중시키는 데 상당한 효과를 발휘한다는 사실을 배웠다.

제트 추진 연구소의 핵심 프로젝트 중 하나는 무인 달 탐사선인 서베이어Surveyor를 개발하는 것이었다. 설계팀이 직면한 가장 큰 문제는 누구도 달 표면이 어떻게 생겼는지 모른다는 것이었다. 1964년에 레인저 7호가 약 300미터 상공에서 달 표면 사진을 찍었다. 그러나 크기가 약 1미터 이상인 물체만 식별할 수 있었기 때문에 달 표면에 대한 논쟁을 종식시키지는 못했다. 과학자들은 달이 형성된 과정에 대하여 서너 가지 이론을 제기했다. 그에 따라 달 표면은 부드러운 가루나 날카로운 결정 혹은 거대한 표석들로 덮여있을 수 있었다. 이러한 모호성 때문에 엔지니어들은 표면 상태에 맞는 탐사선을 설계하는 데 애를 먹었다. 설계가 불가능한 것은 아니었지만 달 표면에 대한 다른 가설로부터 한 가지 설계를 변호하기가 힘들었다.

당시 나는 미래 계획 연구팀을 이끄는 필리스 부왈다_{Phyllis Buwalda} 밑에서 일했다. 문제의 핵심을 간파하는 현실적인 시각을 가진 그녀는 달 표면에 대한 구체적인 모델을 제시했다. 덕분에 엔지니어들은 추측을 멈추고 본격적인 작업에 돌입할 수 있었다.

필리스가 묘사한 달 표면은 단단하고 거칠었으며 언덕의 경사도가 15도를 넘지 않았다. 또한 작은 돌들이 곳곳에 흩어져 있었다. 이러한 풍경은 남서부의 사막과 흡사했다. 나는 그녀에게 실제 달 표면이 어떤지 모르면서 어떻게 구체적으로 묘사할 수 있는지 물었다. 그녀는 보고서에 제시한 특성이 실제 지형과 가까울 가능성이 높다고 대답했다. 나는 "그래도 달 표면이 가루로 덮였는지, 바늘로 덮였는지 모르는 건 사실 아닌가요?"라고 물었다. 그녀는 "구체적으로 묘사하지 않으면 엔지니어들이 작업을 못하잖아. 어차피 훨씬 험한 지형이라고 해도 개발기간을 늘릴 수 있는 건 아냐."라고 말했다.

그녀의 묘사는 진실이 아니었다. 진실은 누구도 사실을 모른다는 것이었다. 그녀는 엔지니어들이 현실적으로 달성할 수 있는 전략적인 근접 목표를 선택했다. 이 영리한 선택은 고착상태에 빠진 프로젝트를 진전시켰다. 자칫 달 착륙 계획 전체가 위기에 빠질 수 있다는 점을 고려하면 그녀가 취할 수 있는 선택지에 대한 분석으로 박사 논문을 쓸 수도 있었다.

서베이어 개발사를 쓴 오란 닉스Oran Nicks는 "서베이어 설계에 반영된 달 표면 모델은 가능한 모든 이론과 정보를 연구한 후에 수립되었다. 다행히 이 모델을 수립한 사람들은 객관적인 태도를 가진 엔지니어들이었다. 그 결과 대단히 정확한 요건을 확립할 수 있었다"라고 평가했다.

필리스가 제시한 달 표면 모델은 모호성을 상당 부분 제거하여 설계 문제를 한결 단순하게 만들었다. 물론 여전히 쉽지 않았지만 적어도 해결할 수 없는 일은 아니었다. 설계자들은 시간과 노력을 들이면 필요한 요건을 갖춘 착륙선을 만들 수 있다고 생각했다.

휴즈 에어크래프트Hughes Aircraft가 제작한 7대의 서베이어 중에서 5대가 1966년과 67년에 달에 착륙하는 데 성공했다. 아폴로 12호는 2년 전인 67년에 서베이어 3호가 착륙한 지점에서 약 180미터 떨어진 곳에 착륙했다. 피터 콘래드Pete Conrad 선장은 폭풍의 바다를 건너가 서베이어 3호의 사진을 찍었다.

일을 진전시키려면 모호성을 제거해야 한다는 필리스의 통찰은 대부분의 조직적인 노력에 적용된다. 모든 조직은 때로 서베이어 설계팀처럼 복잡성과 모호성으로 가득한 상황에 부딪히기 마련이다. 이때 리더가 할 일은 복잡성과 모호성을 제거하여 문제를 해결할 수 있는 수준으로 단순화시키는 것이다. 그러나 많은 리더

서베이어 3호

들은 이 역할을 제대로 수행하지 못한다. 그들은 장애물이 수반하는 모호성을 제거하지 않은 채 야심찬 목표만 내세운다. 리더의 책임은 비난을 감수하려는 의지 이상의 것을 요구한다. 리더는 근접 목표를 설정하고 현실적으로 해결할 수 있는 문제를 제시해야한다.

더 현실적인 근접 목표를 세워라

많은 전략서는 상황이 불확실할수록 긴 안목을 가지라고 조언한다. 그러나 이 조언은 비논리적이다. 상황이 불확실하면 시야가 흐려질 것이기 때문이다. 이때는 더 현실적인 근접 목표를 세워야 한다. 근접 목표는 미래에 대한 예측에 기반을 둔다. 그러나 미래가 불확실하면 멀리 내다볼 것이 아니라 현재 확보한 입지를 강화하고 선택지를 만들어야 한다. 허버트 골드해머Herbert Goldhamer는 체스 고수의 경기 방식을 다음과 같이 설명했다.

> "고수는 대개 입지를 강화하는 수를 찾는 데 주력한다. 당장 눈앞의 말을 노리는 수나 경기를 단번에 끝내려는 수만 두면 경기를 지기 십상이다. 고수는 자기 말의 이동성을 높이고 적 말의 이동성을 낮추며, 자기 진영을 강하게 만들고 적 진영을 약하게 만드는 안정된 패턴을 구축한다. 그리고 충분한 경쟁우위를 확보했을 때 취약한 입장에 놓인 적 진영을 향해 전술적 움직임을 구사한다."

2005년에 나는 한 경영대학원의 전략 기획을 도와달라는 요청을 받았다. 경영대학원은 전략을 가르치지만 정작 내부적인 전략을 갖추지 않은 경우가 많다. 이 경영대학원의 목표는 지역 학교라는 한계를 벗어나 명문으로 도약하는 것이었다. 전략의 초안은 여러 가지 프로그램을 나열하고 더 열심히 노력하겠다는 전형적인 내용을 담고 있었다. 구체적으로는 인지도를 높이고, 동문의 후원금을 더 확보하고, 글로벌 비지니스 연구 프로그램을 만들며, 기업 연구 프로그램을 강화한다는 것이었다.

전략 기획은 경영대학원장과 집행위원회 소관이었다. 나는 그들을 만나 핵심 사안과 근접 목표의 개념을 설명했다. 그리고 소수의 타당한 목표만 추구할 수 있다면 어느 것이 최대 효과를 낼지 생각해 보라고 조언했다. 그들은 회의를 거쳐 두 가지 목표를 확정했다. 내가 보기에 둘 다 충분히 타당하지는 않았지만 지역 명문이 된다는 모호한 목표보다는 훨씬 나았다. 그 중 하나는 "졸업생들에게 더 나은 일자리를 제공한다"였다. 그러면 연쇄 작용을 통해 긍정적인 변화를 일으킬 수 있었다. 다른 하나는 "홍보를 강화한다"였다. 이 목표를 주장한 사람들은 언론 노출을 늘리면 학교의 위상을 높일 수 있다고 생각했다. 두 목표는 모두 구체적인 행동 영역 안에서 입지를 강화하기 위한 다양한 선택지를 제공했다.

나는 두 목표를 보다 현실에 근접한 것으로 만들어 보라고 주문했다. 그러기 위해서는 목표보다 전술에 가까운 내용이 필요했다. 그들은 다시 회의를 거쳐 두 목표를 통합했다. 핵심 목표는 졸업생들에게 더 나은 일자리를 제공하는 것이었다. 그들은 먼저 10개의 공략 대상 기업을 선정하고 채용 방식을 연구할 전담팀과 채용 기준을 만족시키기 위한 프로그램을 만들기로 했다. 두 번째 전술은 미디어 경영 과정을 개설하는 것이었다. 그러면 언론인들을 끌어들여서 자연스럽게 언론 노출 기회를 얻을 수 있었다. 또한 10개의 목표 기업 중 2개도 언론사였다.

목표의 위계를 파악하라

조직의 규모에 관계없이 상층부의 근접 목표에 따라 하층부의 근접 목표가 정해지며, 아래로 내려갈수록 내용이 더욱 자세해진다. 목표를 단계적으로 상술하는 과정의 문제점은 경영진이 일선의 실정을 잘 모른다는 것이다. 이 문제를 해결하는 첫 번째 방법은 경영진이 일선 경험을 쌓는 것이다. 두 번째 방법은 전략을 수립할 때 상하의 의사소통을 원활하게 만드는 것이다. 세 번째 방법은 현실성이 없다는 강력한 증거가 드러나면 즉시 목표를 바꾸는 것이다. 그러나 경영진이 바뀌지 않는 이상 이러한 일은 거의 일어나지 않는다. 때로 자존심이 이유일 수도 있지만 대개 어떤 전략이든 모두가 동의하기는 어렵고, 방향 전환으로 이득을 얻는 사람들이 문제를 유도하기 때문이다. 근접 목표는 시간의 간격을 두고 전개되기도 한다. 가령 네슬레는 국제적인 마케팅 역량을 살려서 영국의 초콜릿 회사인 라운트리Rowntree를 세계 시장에 진출시킨다는 목표를 세웠다. 그들은 첫 단계 전략이 성공을 거둔 후 보다 구체적인 목표를 세웠다. 이처럼 새로운 사업이나 시장에 진출할 때마다 근접 목표를 조정하고 상술할 필요가 있다.

한 조직에게는 현실에 근접한 목표가 다른 조직에게는 비현실적인 것일 수 있다. 기술과 자원의 차이 때문이다. 나는 이 교훈을 친구인 PJ와의 대화를 통해 얻었다. 지금은 한적한 어촌에서 어부로 살아가는 PJ는 베트남전에 참전한 헬리콥터 조종사 출신이다. 우리는 언덕에 앉아 쇠고래가 헤엄치는 모습을 바라보며 대화를 나누었다. 나는 그에게 헬리콥터가 비행기보다 안전하지 않냐고 물었다. 엔진이 멈춰도 자동활공autorotate을 이용하여 착륙할 수 있기 때문이었다. PJ는 콧방귀를 뀌며 "엔진이 멈추면 동력 조절 조종간을 끝까지 당기고 오른쪽 페달을 세게 눌러서 토크를 얻어야 해. 이 일을 1초 만에 하지 않으면 바로 추락하지. 물론 할 수는 있지만 생각할 틈이 없어"라고 말했다.

나는 "그러면 모든 일을 아무 생각 없이 기계적으로 처리해야 되겠네?"라고 물었다. 그는 "그렇지는 않아. 엔진이 멈추면 할 일이 많아. 우선 착륙할 지점을 찾는 일과 완만한 활공 경로를 유지하는 일에 집중해야 하지. 하지만 헬리콥터를 조종하는 기본적인 동작은 기계적으로 처리해야 해. 그렇지 않으면 위기를 벗어나는 일에 집중할 수 없어"라고 대답했다.

PJ는 맥주병을 하나 더 따면서 설명을 이어갔다. "헬리콥터를 몰려면 조종간, 동력 조절 조종간, 페달, 스로틀을 끊임없이 유기적으로 통제해야 해. 어렵지만 이착륙만 할 것이 아니라면 이 일에 완전히 숙달하지 않으면 안 돼. 일단 날 수 있게 되면 그 다음에는 야간 비행을 익히고, 그 다음에는 전투 비행을 익혀야지. 이 모든 것에 익숙해져야 야간에 강풍이 불 때 산에 착륙하거나 바다 위에 뜬 배에 착륙하는 일을 배울 수 있어"

나는 그 말을 듣고 PJ가 파도의 흔들림에 맞추어 갑판에 헬리콥터를 착륙시키는 모습을 떠올렸다. 기본적인 조종술을 완전하게 익혀야 배와 헬리콥터의 움직임을 맞추는 일에 집중할 수 있었다. 마찬가지로 핵심 목표에 집중하려면 다른 중요한 일들을 동시에 처리해야 했다. PJ는 헬리콥터 조종에 통달했기 때문에 가장 급한 일에 집중할 수 있었다.

나는 이 대화를 나눈 후 목표 달성에 필요한 여러 수준의 기술들을 사다리의 단으로 생각하게 되었다. 사다리를 타고 더 높은 단에 오르려면 낮은 단을 먼저 지나야 한다. 이 사실은 미숙한 조직들이 특정한 사안에 집중하지 못하는 이유를 말해준다. 나는 이러한 이해를 바탕으로 고객들에게 조언을 제공한다. 가령 작은 신생기업과 일할 때는 엔지니어링, 마케팅, 유통 사이의 조율에 중점을 둔다. 신생기업에게 해외 영업에 초점을 맞추라고 조언하는 것은 의미가 없다. 아직 기초적인 '조종술'에 숙달되지 않았기 때문이다. 일단 기초적인 조종술을 익혀야 해외로 눈을 돌릴 수 있다. 또한 해외에 갓 진출한 기업에게 P&G 같은 베테랑 기업처럼 세계적인 차원에서 지식과 기술을 통합적으로 활용하라고 주문하는 것도 부적절하다. 다양한 언어와 문화 속에서 조직을 운영하는 복잡한 기술을 익히는 일이 우선이기 때문이다.

제 8 장

사슬형 시스템의 강점과 약점

GOOD STRATEGY BAD STRATEGY

사슬형 시스템에서는 취약한 하부 조직 혹은 '고리'가 성과를 제한한다. 취약한 고리가 있으면 다른 고리들을 강화해도 전체 사슬에 큰 도움이 되지 않는다. 가령 우주왕복선 챌린저 호의 취약한 고리는 하나의 고무 오링O-ring이었다. 1986년 1월 28일에 이 고무 오링이 파손되어 뜨거운 가스가 새면서 부스터 엔진이 폭발해 버렸다. 레이건 대통령이 나라의 자랑이라고 말했던 승무원들은 푸른 하늘 속에서 산화하고 말았다.

사슬이 끊어지지 않게 하려면 일부 고리만 강화해서는 안 된다. 챌린저 호의 경우 고무 오링이 약한 상태에서 부스터 엔진을 강화해도 소용이 없다. 지휘통제 체계나 의사소통 체계 혹은 훈련 체계를 개선하는 것도 마찬가지다. 이러한 논리는 구성요소의 질이 중요한 모든 상황에 적용된다.

　질은 양으로 대체할 수 없다. 가령 2톤 트럭을 구하지 못한 건설 업자는 1톤 트럭 2대를 확보하여 문제를 해결할 수 있다. 반면 스타 요리사가 몸져누우면 아무리 보조 요리사들을 많이 투입해도 공백을 메울 수 없다. 또한 100명의 고만고만한 가수도 1명의 최고 가수를 대체하지 못한다. 그리고 형편없는 학교에 아무리 학생을 오래 붙잡아 두어도 교육 효과를 기대할 수 없다.

　나는 부동산 전문가와 이야기를 나누면서 '제한 요소limiting factors'를 통해 자산 가치를 파악해야 한다는 사실을 배웠다. 가령 시끄러운 고속도로에 가깝다는 것은 제한 요소다. 이 경우 아무리 고급 자재로 집을 꾸며도 소음이 집의 가치를 제한한다. 또한 집의 설계가 훌륭하더라도 도장이 잘못되면 집의 가치가 제한된다. 투자자는 바로잡을 수 있는 제한 요소를 가진 집을 골라야 한다. 소음은 바로잡을 수 없지만 도장은 바로잡을 수 있다. 이러한 식견을 투자에 활용하면 큰 성공을 거둘 수 있다.

리더십과 기획이 사슬형 시스템의 핵심이다

　조직 내에는 대개 사슬형 시스템이 존재한다. 이때 각 고리를 별도로 관리하면 전체 시스템이 저효율의 교착 상태에 빠진다. 문제의 원인은 '수준 일치quality matching'의 실패에 있다. 한 고리가 제대로 관리되지 않으면 다른 고리에 아무리 자원을 투자해도 전체 사슬이 개선되지 않는다. 오히려 한 고리의 수준만 높이면 문제를 악화시킬 수 있다. 한 고리의 수준을 높이려면 더 나은 자원을 투입해야 한다. 그러면 전체 성과를 개선하지 못하고 이익만 줄이는 꼴이 된다. 그래서 각 고리의 수준을 높여야 할 동기가 약해진다.

GM이 1980년부터 2008년에 걸쳐 부닥친 여러 가지 문제들은 사슬형 속성을 지녔다. 그래서 트랜스미션의 성능을 개선해도 마감이 부실하면 아무 소용이 없었다. 또한 마감을 개선해도 디자인이 나쁘면 아무 소용이 없었다. 이처럼 고리의 수준을 개별적으로 높이는 일은 비용만 늘리기 십상이었다.

경제개발과 관련된 까다로운 문제들 역시 사슬형 속성을 지닌다. 기술 인력이 미숙련된 상태에서 첨단 기계를 투입해도 쓸모가 없다. 반대로 첨단 기계가 없는데 기술 교육을 실시하는 것도 쓸모가 없다. 마찬가지로 도로와 항만은 동시에 개선해야 효과를 발휘한다. 넓게 보면 공공부문과 민간부문의 효율성도 같은 맥락을 이룬다.

이러한 문제는 개발도상국에만 국한된 것이 아니다. 미국은 슬럼화된 도심지, 무너진 공교육, 한계에 이른 교정제도 등 사슬형 속성을 지닌 문제들과 씨름하고 있다. 또한 국가안보부는 공항의 검색 절차를 강화했지만 6,400킬로미터가 넘는 국경이 제대로 통제되지 않는 한 실질적인 효과를 거두기 어렵다.

교착상태에서 벗어나야 한다

　전문성은 전 세계에 걸쳐 골고루 분포하지 않는다. 자동차 기술은 일본, 화학 기술은 유럽, 정보 기술은 미국을 중심으로 최고의 효율성을 자랑하는 군락을 형성하고 있다. 이탈리아의 롬바르드Lombard 지방은 세계적인 수준의 기계 기술을 자랑한다. 나는 1997년에 밀란 외곽에 자리잡은 롬바르디 기계의 사장인 마르코 티넬리Marco Tinelli와 점심을 먹으며 이야기를 나누었다. 그는 삼촌이 사망하면서 회사를 물려받았다. 회사의 사정은 좋지 않았다. 설비는 경쟁사들에 비해 부실했고, 비용이 너무 많이 들었으며, 영업력이 부족했다. 마이크로프로세서를 갖춘 첨단 기계를 팔려면 실력있는 영업 인력이 필요했다. 변화를 일으키지 않으면 회사가 문을 닫을 수밖에 없는 상황이었다. 문제는 어디서부터 시작하느냐였다.

　롬바르디 기계의 사슬형 시스템은 교착상태에 빠져 있었다. 그래서 기계의 품질을 높여도 영업력이 뒷받침해주지 않았고, 영업력을 높여도 기계의 품질이 나쁘면 아무 소용이 없었다. 또한 이 두 가지를 개선해도 비용을 낮추어야 회사를 살릴 수 있었다.

마르코는 세 가지 캠페인을 차례로 진행했다. 첫 번째 캠페인은 12개월 동안 품질을 개선하는 데 집중했다. 그는 직원들에게 한 해 동안 업계 최고의 기계를 만드는 데 최선을 다하자고 말했다. 두 번째 캠페인은 영업력 개선에 초점을 맞추었다. 영업 인력은 품질 개선 캠페인에 동참하면서 지식을 보강했다. 또한 영업 인력과 제조 인력 사이에는 긴밀한 의사소통체계가 구축되었다. 노력의 성과는 느리게 나타났지만 회사를 살리기 위해서는 먼저 투자를 해야 했다.

사슬형 시스템과 수준 일치의 개념을 이해하면 마르코의 조치가 대단히 적절했음을 알 수 있다. 사슬형 시스템에 생긴 문제를 해결하기 위해서는 우선 교착점을 파악해야 한다. 마르코의 회사는 기계의 품질, 영업력, 비용이 뒤엉킨 채 교착점을 형성했다. 앞서 말했듯이 사슬형 문제를 해결할 때는 점진적인 변화가 오히려 상황을 악화시킬 수도 있다. 점진적인 변화로는 교착 상태에서 탈피할 수 없다. 마르코는 세 가지 문제를 하나씩 집중적으로 해결했다. 첫 번째 캠페인의 성과는 바로 드러나지 않았지만 그래도 그는 포기하지 않았다. 그는 근접 목표를 달성한 공로를 치하하고 두 번째 캠페인에 돌입했다. 사슬형 문제로 교착 상태에 빠진 상황에서는 점진적인 개선은 아무 의미가 없었다. 마르코는 단기적인 성과 목표를 미뤄두고 변화 자체에 초점을 맞추었다.

인터뷰를 할 때는 상대방이 말하지 않은 것도 살펴야 한다. 마르코는 이익에 대한 압박이나 새로운 품질 측정 방식의 개발 혹은 실력있는 인재의 영입을 언급하지 않았다. 그는 변화의 비용을 감수하고 전반적인 목표를 제시함으로써 회사를 살렸다. 모든 조직에는 언제나 분권화된 자율적 행동에 대한 필요와 중앙집권화된 유도와 조율에 대한 필요 사이의 긴장 관계가 존재한다. 마르코는 사슬형 문제를 해결하기 위하여 일정한 기간 동안 강력한 중앙집권적 유도와 조율을 실시했다.

세 번째 캠페인에 대한 설명도 흥미로웠다. 마르코가 비용 절감 캠페인을 마지막으로 실시한 데는 논리적 이유가 있었다. 비용 절감을 먼저 시도하면 기계의 품질 개선 범위를 제한할 우려가 있었다. 그래서 품질 개선 캠페인을 첫 번째로 진행한 것이었다.

마르코는 비용을 줄이기 위하여 모든 제작 과정을 검토했다. 비용을 크게 줄일 수 있었던 결정적인 요인은 두 개의 제품을 라인에서 제외하고 외부에서 구매하던 일부 공구와 금형을 자체 제작한 것이었다. 덕분에 공정이 짧아지면서 고객의 요구에 더 신속하게 대응할 수 있게 되었다. 그 결과 기계의 가격을 인하하지 않고도 고객에게 더 많은 가치를 전달할 수 있었다. 이 점을 고객에게 효과적으로 전달하려면 뛰어난 영업력이 필요했다. 그래서 영업력 개선 캠페인이 두 번째로 진행되었던 것이었다.

마르코의 노력이 결실을 맺으면서 롬바르디 기계는 업계에서 인정받는 업체가 되었다. 이처럼 사슬형 시스템을 효율적으로 변화시키면 우월성을 확보할 수 있다. 그러기 위해서는 교착점에 대한 통찰과 단기적인 비용을 감수할 리더십 및 의지가 필요하다. 마르코는 모든 변화의 비용을 감수하고 장기적인 목표를 뚝심 있게 추구한 끝에 가업을 살려냈다.

한번 확보한 우월성은 쉽게 모방하기 힘들다

마르코의 사례에서 배운 대로 사슬형 시스템의 문제를 해결하려면 리더십과 기획이 필요하다. 어려운 과정을 거쳐 확보한 사슬형 시스템의 우월성은 쉽게 모방하기 어렵다.

가령 1943년에 스웨덴에서 설립된 이케아를 보라. 이케아는 자체 디자인한 조립식 가구를 자체 카탈로그로 홍보하고 자체 매장에서 판매한다. 교외에 위치한 대규모 매장은 다양한 상품과 넉넉한 주차공간을 제공한다. 주요 홍보수단인 카탈로그는 매장 내에서 영업 인력을 대체하기도 한다. 또한 박스형 포장은 유통비용과 보관비용을 줄일 뿐만 아니라 재고를 매장에 진열하여 고객이 바로 가져갈 수 있게 해준다. 이케아는 외주 생산을 하는 대신 디자인과 물류를 직접 관리한다.

이케아의 성공비결은 널리 알려져 있다. 그래서 다른 기업도 얼마든지 모방하려고 시도할 수 있다. 그러나 이케아의 우월성은 계속 유지되고 있으며, 효율적으로 모방에 성공한 경쟁자는 아직 나타나지 않았다. 이케아의 강점은 사슬형 시스템에서 나온 것이기 때문이다.

이케아의 정책은 다른 가구업체보다 더욱 유기적으로 통합되어 있다. 일반적인 가구업체는 대규모 재고를 보유하지 않고, 자체 매장을 운영하지 않으며, 카탈로그로 영업 인력을 대체하지 않는다. 이케아의 정책은 업계의 관행과 거리가 먼 고유한 사슬형 시스템을 형성한다. 그래서 일부 정책만 모방해서는 경쟁력을 향상시키기는커녕 비용만 늘릴 뿐이다. 이케아와 본격적으로 경쟁하려면 사실상 기존 사업체제를 전부 바꾸지 않으면 안된다. 물론 지금까지 이 일을 시도한 기업은 없었다. 덕분에 이케아는 새로운 전략을 들고 나온 지 50년이 지난 지금도 독보적인 영역을 확보하고 있다.

이케아의 정책들이 지속적인 경쟁우위의 원천이 되려면 다음 세 가지 조건이 충족되어야 한다.

- 핵심 활동들이 고유한 전문성을 확보해야 한다.
- 핵심 활동들이 효율적으로 수행되어야 한다.
- 핵심 활동들이 사슬형 시스템을 형성해야 한다.

이러한 조건들 때문에 부분적인 모방으로는 이케아를 따라잡을 수 없다. 가령 조립식 가구 제품을 출시하거나, 카탈로그를 배포하는 것만으로는 이케아에게 위협이 되지 않는다. 이케아의 사례는 지속적인 경쟁우위를 확보하려면 효율적인 사슬형 시스템을 구축해야 한다는 교훈을 준다. 사슬형 시스템이 제공하는 추가적인 효율성은 모방을 어렵게 만든다.

흥미로운 점은 우월성과 교착상태가 모두 사슬형 시스템에서 나온다는 것이다. 일련의 사슬형 활동들이 상승작용을 일으킬 때 우월성이 확보되고, 상쇄작용을 일으킬 때 교착상태가 생긴다. 2007년에 GM이 빠졌던 교착상태에서 벗어나려면 부분적인 활동만 개선해서는 효과가 없다. 마르코의 사례가 증명했듯이 사슬형 시스템을 교착상태에서 구하려면 강력한 리더가 통찰과 의지를 가지고 각 고리에 필요한 투자를 해야 한다.

제 9 장

전략은 선택이 아니라
설계하는 것

GOOD STRATEGY BAD STRATEGY

전략은 원래 군사 용어였다. 불행하게도 인류는 다른 일들보다 전쟁을 이기는 일에 더 많은 노력을 기울였다. 그러나 대부분의 군사적 전략은 민간에서 활용할 여지가 거의 없다. 기업들은 소비자에게 더 매력적인 조건을 제시하는 방식으로 경쟁한다. 그래서 기업 사이의 경쟁은 격투 대회라기보다 미인 대회에 가깝다. 기업들은 경쟁자의 공장을 폭파하거나 직원들을 죽이지 않는다. 또한 직장인은 언제든 그만둘 수 있고, 회사를 위해 목숨을 걸 필요가 없다. 그리고 국가 사이의 전쟁과 기업 사이의 경쟁에서 규모가 미치는 영향력이 크게 다르다. 다른 조건이 동일하다면 수가 더 많은 군대가 유리하다. 반면 비지니스 경쟁에서 이기려면 일단 소비자에게 선택받아야 한다. 조직의 규모는 성공의 원인이 아니라 결과인 경우가 많다. 그러나 이러한 차이점에도 불구하고 신중한 방식을 취한다면 전쟁사에서 얻은 근본적인 교훈들은 여전히 활용할 가치가 있다.

전략의 아버지, 한니발

군대와 지휘구조는 청동기 시대에 처음 등장했다. 당시 인류는 조직적인 농업 활동이 좋은 수확을 안겨준다는 사실과 함께 조직적인 전투 활동이 강력한 효과를 발휘한다는 사실을 발견했다. 조직화된 농민들은 개별적으로 싸우는 전사들을 이길 수 있었다.

기원전 216년에 카르타고의 명장 한니발이 로마군을 물리칠 때 구사한 전술은 지금도 연구되고 있다. 카르타고는 오늘날의 튀니지에 페니키아인들이 세운 도시국가였다. 과거 카르타고는 지중해 남부 연안의 패권을 놓고 로마와 일전을 겨루었으나 패하고 말았다. 한니발은 카르타고의 힘과 명예를 되찾기 위하여 군대를 이끌고 스페인과 프랑스를 지나 이탈리아로 진격했다. 그는 여러 도시들을 약탈하면서 로마의 양보를 이끌어내려고 했다. 결전을 피하던 원로원은 피해가 커지자 집정관 바로Varro와 파울루스Paullus 에게 8개 군단을 이끌고 카르타고 군을 물리쳐 달라고 요청했다. 당시에 상호 거부권을 가진 원로원과 2명의 집정관은 공동으로 로마 공화국을 통치했다. 전쟁이 발생하면 최소한 1명의 집정관이 군대를 이끌었으며, 비상사태 시에는 원로원의 요청과 집정관의 지명으로 선택된 독재관이 6개월 동안 절대적인 권한을 행사했다. 전장은 칸나이Cannae라는 고대 요새 인근의 평원이었다.

8월 2일 아침, 8만 5천 명의 로마군과 5만 5천 명의 카르타고군은 서로를 마주보며 결전을 준비했다. 두 군은 약 800미터 거리를 둔 채 1.6킬로미터에 이르는 전선을 형성했다. 한니발은 중앙이 로마군을 향해 전진한 넓은 아치 형태로 전열을 짰다. 중앙에는 이탈리아로 행군하는 동안 스페인과 프랑스에서 모집한 병사들이 배치되었고, 양 측면에는 카르타고 군의 중보병들이 배치되었다.

전투가 시작되자 선두에 선 스페인과 프랑스 병사들이 가장 먼저 전진하는 로마군과 부딪혔다. 그들은 전선을 유지하지 않고 한니발이 명령한 대로 조금씩 뒤로 물러섰다. 로마군은 승리의 함성을 지르며 계속 전진했다. 이때 양 측면에 자리한 카르타고 군의 기병대는 멀리 돌아서 로마군의 기병대를 상대했다. 중앙이 뒤로 물러설 때도 양 옆에 배치된 중보병들은 위치만 지킬 뿐 전투에 뛰어들지 않았다. 로마군의 전진이 계속되면서 아치의 방향이 뒤집히기 시작했다. 어느 순간부터 중앙에 배치된 병사들은 후퇴를 멈추고 전선을 유지했다. 동시에 중보병들은 세 방면에서 둘러싸인 로마군을 공격했다. 로마군의 후방에서는 멀리 돌아간 기병대가 달려들었다. 한니발의 천재적인 전략은 무서운 효과를 발휘했다. 로마군은 완전히 포위당했을 뿐만 아니라 8만 대군이 좁은 지역에 갇히면서 무기를 휘두를 수도 없는 지경에 처하고 말았다. 조직력과 기동성을 빼앗긴 로마군의 수적 우세는 의미를 잃어버렸다.

안쪽에 갇힌 로마 병사들은 제대로 싸워보지도 못하고 속절없이 죽어갔다. 그래도 로마군은 항복하지 않았다. 이 전투로 로마군은 하루에 무려 5만 명이 넘는 병사를 잃었다. 이 기록은 전무후무한 것이었다. 게티스버그 전투나 솜 전투에서도 하루에 이처럼 어마어마한 수의 전사자가 나오지는 않았다. 반면 카르타고 군의 병력 손실은 10분의 1에 불과했다. 로마군의 전사자 중에는 파울루스 집정관과 여러 명의 전 집정관, 48명의 호민관, 80명의 원로가 포함되어 있었다. 불과 하루 만에 로마 공화국의 고위 관료 중 4분의 1이 칸나이 전투에서 목숨을 잃었다. 로마가 대패하자 대부분의 이태리 남부 도시국가들은 카르타고와 손을 잡았다. 시실리와 마케도니아도 카르타고에 넘어갔다. 이 결과의 의미를 이해하려면 1944년에 롬멜 장군이 이끄는 독일군이 연합군을 상대로 대승을 거두어서 러시아와 북 유럽 및 동 유럽이 독일과 동맹을 맺었다고 상상하면 된다.

로마와 카르타고는 칸나이 전투 이후에도 10년 동안 전쟁을 이어갔다. 한니발은 수많은 전투에서 한 번도 진 적이 없었다. 전기작가인 시오도어 닷지Theodore Dodge는 그를 "전략의 아버지"로 불렀다. 로마는 카르타고와 오랜 전쟁을 치르면서 한니발의 전략을 배웠다. 한니발은 군사적 승리를 발판으로 로마와 평화조약을 맺고 정복지역에 대한 권리를 인정받으려고 했다. 그러나 로마는 대화를 거부하고 정면 승부를 피하는 정책으로 돌아갔다. 원로원은 '평화'라는 말조차 꺼내지 못하게 했다. 이렇다 할 큰 전투 없이 시간이 흐른 후 푸블리우스 코르넬리우스 스키피오Publius Cornelius Scipio 라는 유능한 장군이 등장하여 카르타고 군의 보급기지 역할을 하던 스페인을 점령하는 데 성공했다. 스키피오는 여세를 몰아 지중해를 건너 카르타고까지 정복했다. 한니발은 이탈리아에서 한 번도 전투에 진 적이 없지만 카르타고는 전쟁에서 지고 말았다. 덕분에 한결 강해진 군사력을 바탕으로 500년 동안 이어질 제국을 건설할 수 있었다. 로마제국이 망한 후에도 그 군사 전략은 서구 세계에서 계승되었다.

전략의 개념은 다양한 측면을 지닌다. 그 중에는 칸나이 전투에서 드러나지 않은 것도 있다. 역사는 한니발의 전략이 어떻게 수립되었는지 말해주지 않는다. 다만 한니발이 직접 전략을 수립하고 지휘한 것으로 알려져 있을 뿐이다. 로마의 역사서를 보면 한니발은 만나는 모든 사람으로부터 존경심을 이끌어냈다. 이 사실 이외에는 그의 대인 기술에 대한 정보가 전무하다. 특히 그가 어떻게 명예를 중시하는 스페인과 프랑스 병사들에게 작전상 후퇴의 필요성을 설득했는지 알 길이 없다.

그러나 칸나이 전투는 전략의 세 가지 중요한 측면을 고스란히 드러낸다. 그것은 기획, 예측, 조율이다.

기획

한니발은 칸나이 전투를 임기응변으로 치르지 않았다. 그의 전략은 미리 기획된 것이었다. 그는 로마와의 전쟁에서 거듭 기획된 전략을 구사했다. 임기응변의 중요성을 간과할 수 없지만 전략에는 언제나 기획의 요소가 들어간다. 상황에 따라 적절하게 대응하는 것은 전략이 아니다.

예측

상대방의 생각이나 행동에 대한 예측은 전략의 근본적인 요소다. 칸나이 전투에서 한니발이 쓴 전략을 단순하게 보면 로마군을 포위한 것이다. 그러나 이러한 분석은 불완전하다. 로마군은 카르타고군보다 기동성이 뛰어났다. 그래서 스스로 한니발이 친 덫으로 빠르게 들어갔다. 이 전략의 백미는 로마군이 가진 강점을 역이용한 데 있다.

한니발은 로마군의 역사와 전통 그리고 훈련법을 고려하여 전략을 짰다. 이러한 정보는 과거에 치른 전쟁을 통해 얻은 것이었다. 또한 한니발은 칸나이 전투 전날 저녁에 자존심 강한 바로의 진영을 습격함으로써 성급한 공격에 나서도록 유도했다. 그리고 로마군이 대응할 시간이 없을 만큼 전투가 빠르게 진행되었기 때문에 한니발의 예측이 쉬워진 면도 있었다.

조율

한니발은 칸나이 전투에 대비하여 시간적, 공간적으로 치밀하게 조율된 행동들을 설계했다. 당시 일반적인 전투는 쌍방이 대형을 갖춘 채 정면충돌하는 양상으로 진행되었고, 끝까지 대형을 유지하는 쪽이 대개 승리를 거두었다. 그래서 로마군은 전투 초반에 물러서는 카르타고 군을 보고 이겼다고 착각했다. 스페인과 프랑스의 호전적인 병사들이 작전상 후퇴를 한다는 것은 거의 생각할 수 없는 일이었다. 게다가 기병대 사이의 전투에서 이긴 쪽은 대개 살아남은 기병들을 쫓아갔지 전열을 재정비하여 본진을 치는 일은 드물었다. 사전에 기획된 작전에 따른 카르타고 군의 일사분란한 움직임은 로마군을 뜻밖의 상황으로 몰아넣었다. 이전에는 이처럼 복합적인 전술을 구사한 군대가 없었다. 마케도니아의 알렉산더는 1세기 전에 전술과 대형 그리고 신무기를 활용하여 페르시아를 상대로 놀라운 승리를 거두었다. 그의 전략은 과감하고 영리했지만 한니발의 전략처럼 복잡한 행동들을 조율한 것은 아니었다.

흔히 전략은 선택이라고 말한다. 이 말은 일련의 전술적 대안들 중에서 하나를 고른다는 뜻이다. 실제로 대안들을 파악하고 사건의 확률을 따지며 결과의 가치를 측정하는 방법을 다루는 의사결정 이론도 있다. 그러나 이러한 방법이 리더의 부담을 덜어주는 경우는 드물다. 현실적으로 명확한 대안들을 확보하기가 어렵기 때문이다. 한니발은 참모들로부터 여러 가지 선택지를 제시받지 않았다. 그는 직면한 문제를 해결할 새로운 방식을 설계했다. 지금도 효율적인 전략은 대개 선택이 아니라 설계에서 나온다. 이경우 전략은 여러 대의 비행기 중에서 한 대를 선택하는 일보다 고성능 비행기를 설계하는 일에 가깝다. 전략가는 의사결정자가 아니라 설계자다.

구성요소의 유기적 결합

비지니스 전략은 복잡한 설계가 필요한 문제들을 다룬다. 문제가 어려울수록 더 많은 조율이 요구된다. 가령 BMW 자동차에 '드라이빙 머신driving machine'이라는 느낌을 주려면 어떤 일들을 해야할까? 그러기 위해서는 섀시, 조향장치, 서스펜션, 엔진, 유압장치, 전기장치가 긴밀하게 조율되어야 한다. 단지 품질 좋은 부품들을 쓴다고 해서 드라이빙 머신이 되는 것은 아니다. 구성요소들을 유기적으로 결합시켜야 비로소 운전의 재미를 위해 만들어진 정밀한 기계 같은 느낌을 줄 수 있다. 구성요소들 사이의 유기적 결합에서 나오는 긍정적인 속성을 '상보성complementarity'이라고 한다.

차의 응답성을 높이려면 새시 강성, 엔진 중량, 토크 특성, 서스펜션 반응 등을 바꾸어야 한다. 이러한 요소들이 잘 맞물리면 운전자에게 도로에 착 달라붙어서 달리는 듯한 느낌을 안겨준다. 이때 무조건 동력 성능만 높일 것이 아니라 안정되고 쾌적한 운전이 가능하게 만들어야 한다. 그러기 위해서는 수십 가지 변수를 조정하여 최적의 구성을 찾아야 한다.

단지 차를 잘 만드는 데서 끝나는 것이 아니다. 가격까지 적절해야 한다. 따라서 설계 과정에서 비용을 고려해야 한다. 적절한 가격을 매기려면 기계적 조정과 마찬가지로 비용과 만족도의 측면에서 최적의 구성을 찾을 필요가 있다. 모든 가능성을 전부 검토할 수는 없지만 노력을 통해 충분히 좋은 구성을 찾을 수 있다. 자동차의 경우 이미지 광고를 통해 프리미엄 브랜드를 구축하는 일도 대단히 중요하다. 그래야 고객에게 고급차를 탄다는 만족감을 줄 수 있다. 또한 구매 경험, 사후 관리, 중고 가치 등도 고려해야 한다. 조정할 요소들이 많을수록 고려해야 할 상관관계가 늘어난다.

전략을 설계하는 것은 이처럼 어려운 일이다. 지금까지 언급한 제품과 비용 그리고 브랜드 외에 경쟁도 간과할 수 없는 요소다. 경쟁에 대응하려면 다른 자동차 회사들을 감안하여 경쟁력을 제공하는 최적의 구성을 찾아야 한다. 고객에게 경쟁자보다 나은 만족을 주기 위해서는 더 많은 변수들을 조정해야 한다. 구체적으로는 소비자가 지불할 용의가 있는 가격과 회사가 제조하고 유통하는 비용 사이의 차이를 기준으로 삼아야 한다. 차별성을 중시하는 소비자는 높은 가격을 지불할 용의가 더 강하다. 새롭게 추가되는 변수들은 경쟁자의 전략이다. 중요한 일은 경쟁우위를 확보할 수 있는 특정한 소비자 집단, 즉 목표시장을 파악하는 것이다. 경쟁에서 이기려면 신속하게 경쟁자들보다 잘 할 수 있는 일에 초점을 맞춰야 한다. 대개 경쟁 환경을 고려하면 제품과 소비자에 대한 선택의 범위가 더욱 좁아진다.

전략을 선택이 아닌 설계로 설명하는 이유는 구성요소들 사이의 조정을 강조하기 위해서다. 다양한 구성요소들을 조율해야 하는 문제에 직면했을 때 설계의 성패 여부가 성과를 크게 좌우한다. 좋은 전략은 경쟁우위를 제공하는 여러 활동에 걸쳐 정책들을 조율한다.

나는 첫 직장인 제트 추진 연구소에서 시스템 엔지니어로 일하면서 설계의 원칙을 배웠다. 제트 추진 연구소의 조직은 탐사선의 구성요소에 따라 통신, 전력, 시스템, 자세 제어 등으로 나누어졌다. 자세 제어란 탐사선의 태양전지판, 안테나, 카메라가 최적의 방향을 향하도록 조정하는 것이다. 나는 탐사선의 전반적인 구조를 결정하고 구성요소들을 조율하는 시스템 부서에서 일했다. 우리의 개발 목표는 목성 탐사선인 보이저 호였다.

가장 기본적인 제약은 중량이었다. 당시 타이탄 3C 로켓은 약 0.5톤, 새턴 1B 로켓은 약 1.3톤의 적재물을 우주로 쏘아올릴 수 있었다. 나는 1년이 넘는 기간에 걸쳐 중량 차이에 따른 두 가지 설계안을 만들었다.

1.3톤을 한계 중량으로 설정하면 비교적 설계 작업이 쉬웠다. 필요한 하부 시스템을 넉넉하게 통합할 수 있기 때문에 조율할 것이 많지 않았다. 그러나 0.5톤을 한계 중량으로 설정하면 구성요소들 사이의 조율이 큰 비중을 차지했다.

시스템 설계에서 가장 중요한 일은 구성요소들 사이의 상쇄관계를 파악하는 것이었다. 하나의 구성요소를 강화하는 순간 다른 구성요소에 문제가 생기기 때문이었다. 중량 제한이라는 조건은 필요한 모든 구성요소를 동시에 고려하게 만들었다. 가령 핵전지의 무게를 줄이면 라디오 출력이 약 35와트로 약화되었다. 이를 보완하려면 접시 안테나의 성능을 높이고, 정확하게 지구를 향하도록 만들어야 했다. 그러기 위해서는 센서를 보강하고, 보다 정교한 조종 방법을 개발하고, 자세 제어를 위한 연료를 추가해야 했다. 또한 핵전지의 출력 손실을 막기 위해 차폐재를 줄이면 기체의 동요가 심해져서 조종을 어렵게 만들었다.

이처럼 시스템의 전체 구성요소는 복합적으로 고려되어야 했다. 엔지니어들은 낭비되는 중복 요소를 줄이는 최적의 구성을 찾기 위해 많은 노력을 기울였다. 하나의 장치가 여러 기능을 수행할 수 있다면 중량을 크게 줄일 수 있었다. 또한 하부 시스템들의 시간차 작동을 통해 전력을 효율적으로 분배하는 일도 중요했다.

내가 UC 버클리 대학에서 배운 내용들은 이러한 문제를 해결하는 데 전혀 도움이 되지 않았다. 내가 배운 것은 시스템의 수학적 모델을 만들고 비용이나 오류를 최소화하는 방법이었다. 그러나 제트 추진 연구소에서 하는 일은 달랐다. 나는 하부 시스템 사이의 상호작용을 철저하게 파악하여 효율적인 구성을 만들어야 했다. 이 일은 결코 쉽지 않았다. 당시에는 몰랐지만 나는 사실 우주 탐사선을 설계하면서 전략을 수립하는 방법을 배우고 있었다.

보이저 1호는 연구가 시작된 지 14년 후에 발사되었다. 타이탄 3C 로켓의 성능이 개선되면서 보이저 1호의 중량도 0.5톤에서 0.7톤으로 늘어났다. 목성과 토성을 관측한 보이저 1호는 태양계의 경계를 넘어 지금도 먼 우주를 항해하고 있다. 보다 느린 코스를 지나는 보이저 2호는 목성, 토성, 천왕성, 해왕성을 관측했다.

상쇄 관계

내가 제트 추진 연구소에서 배운 교훈은 역량과 설계의 결합으로 성과가 나온다는 것이다. 기존 역량의 바탕 위에서 더 나은 성과를 올리려면 구성요소를 더 긴밀하고 현명하게 결합해야 한다.

역량을 개선할 수 있다면 이러한 부담은 다소 줄어든다. 가령 로켓의 성능이 개선되거나 부품이 경량화되면 한계 중량을 더 쉽게 맞출 수 있다. 이러한 상쇄관계에 따른 설계는 내가 가진 전략관의 핵심을 차지한다.

설계형 전략은 경쟁우위를 확보하기 위하여 자원과 행동을 긴밀하게 결합하는 것이다. 일정한 자원이 정해진 상황에서 경쟁이 심할수록 자원과 행동을 긴밀하게 결합해야 한다. 반면 일정한 경쟁 수준이 정해진 상황에서 자원이 좋을수록 긴밀한 결합의 필요성이 줄어든다. 이처럼 자원과 긴밀한 결합은 부분적인 대체관계를 이룬다. 스티브 포스트렐Steve Postrel은 지식에 대하여 같은 관점을 제시한다. 그는 뛰어난 전략을 설계하려면 전문적인 지식 그리고 전문성을 결합하는 방식에 대한 지식이 필요하다고 주장한다. 이 두 가지는 서로 부분적인 대체관계를 이룬다. 부분적인 대체관계라는 개념은 고전 경제학에서 나왔다. 데이비드 리카도David Ricardo는 동일 재배 면적에 대한 노동력을 늘리거나 동일 노동력에 대한 재배 면적을 넓힘으로써 수확량을 늘릴 수 있다고 설명했다. 결론적으로 경쟁이 심할수록 뛰어난 설계형 전략이 필요하다.

긴밀한 결합에는 일정한 비용이 든다. 모든 일에 최고 수준의 긴밀성을 추구할 수는 없다. 긴밀성을 높이면 초점이 좁아지고, 적용이 까다로워지며, 변화에 대응하기 어려워진다. 가령 최고 수준의 긴밀성을 추구하는 포뮬러 1 자동차는 일반 차량보다 훨씬 빨리 달릴 수 있지만 일반 차량 같은 다목적성은 전혀 갖고 있지 않다. 그러나 세계 최고의 레이스에 참가해야 하기 때문에 다목적성을 희생시키고 긴밀성을 극도로 추구할 수밖에 없다.

전략적 자원을 확보하라

기업은 기계, 설비, 차량을 구매하고 법무법인과 회계법인의 서비스를 받는다. 그러나 이러한 요소들은 경쟁우위를 제공하는 전략적 자원이 아니다. 경쟁자도 쉽게 확보할 수 있기 때문이다. 전략적 자원은 대개 장기간에 걸쳐 개발되며, 경쟁자들이 상당한 비용을 치르지 않고는 확보할 수 없는 것이다.

강력한 경쟁우위를 제공하는 전략적 자원은 전략 설계를 단순하게 만들어준다. 제록스의 건식 복사 기술 특허가 그러한 예다. 1950년대 중반에 제조원가가 약 700달러인 제록스 복사기는 3,000달러에 판매되었다. 특허를 통해 확실하게 구축한 경쟁우위 덕분에 가능한 일이었다. 제록스는 이처럼 강력한 경쟁우위를 기반으로 단순한 전략을 추구했다.

제록스는 공장을 짓고 영업망과 서비스망을 구축했다. 구세대 습식 복사기 제조회사들은 경쟁상대가 되지 않았다. 이렇다 할 경쟁자가 없는 상황에서 굳이 설계형 전략을 세울 필요가 없었다. 그래서 전략 계획을 만들기는 했지만 단순한 재무 계획에 불과했다.

자원과 행동의 관계는 자본과 노동의 관계와 같다. 댐을 건설하려면 엄청난 노동력이 소요되지만 일단 건설되면 추가 노동력 없이 오래 활용할 수 있다. 마찬가지로 제록스는 오랫동안 집중적인 노력을 통해 강력한 자원을 확보했다. 이러한 자원은 댐처럼 일단 확보되면 추가적인 노력 없이 오래 활용할 수 있다. 1977년에 제록스의 한 이사가 내게 설명한 바에 따르면 공장은 제조원가의 두 배를 받고 복사기를 영업부에 넘겼고, 영업부는 거기에 다시 두세 배의 마진을 붙여서 팔았다.

강력한 자원을 확보하면 정교한 설계형 전략을 세우지 않아도 된다. 그러나 확보한 자원이 특별하지 않다면 타당하고 일관된 전략에 따라 최대한 활용하는 길을 찾아야 한다. 현명한 전략은 전략적 자원이 부족할 때 행동의 긴밀한 조율을 통해 성과를 낸다.

강력한 전략적 자원은 자칫 안일한 태도를 부르기 쉽다. 특허로 보호받는 신기술이나 대표적인 브랜드를 확보하고 있으면 전략에 상관없이 수익이 나기 마련이다. 전략적 자원을 확보하는 일에는 창의성이 필요하지만 그것으로부터 수익을 얻는 일에는 창의성이 필요하지 않다.

기존 자원은 새로운 자원 창출을 위한 지렛대가 될 수도 있고 방해물이 될 수도 있다. 그래서 때로 낡은 기계를 폐기하듯이 오래된 자원을 포기할 필요가 있다. 반면 전략적 자원은 조직 내부에 깊이 각인된다. 가령 제록스는 최고 수준의 서비스망을 구축했다. 건식 복사 기술이라는 자원을 기반으로 새로운 전략적 자원을 창출한 것이다. 서비스망은 함부로 다뤄서 고장나기 쉬운 임대 복사기들을 관리하면서 잘 걸리지 않는 '특수'용지 판매를 통해 수익을 얻었다. 제록스가 나아갈 다음 단계는 최고 수준의 종이 처리 기술을 확보하는 것이었다. 이 전략적 자원은 개인용 복사기, 프린터, 팩스 시장을 선점하게 할 수 있었지만 동시에 서비스망의 가치를 떨어트리기도 했다. 제록스가 머뭇거리는 사이 캐논, 코닥, IBM이 뛰어난 종이 처리 기술을 개발했다. 그동안 제록스는 복사기 관리에 전문화된 자원을 가지고 컴퓨터 시장에 뛰어들기 위한 헛된 노력으로 시간을 허비했다.

강력한 전략적 자원은 큰 노력 없이 수익을 발생시킨다. 손쉬운 수익은 자만심을 낳는다. 사람들은 해묵은 자원에서 나오는 수익을 현재 활동에서 나온 것으로 착각하는 경향이 있다. 그래서 수익이 나오는 한 현재 활동에 문제가 없다고 생각한다.

전략적 자원 덕분에 성공한 기업의 복장 규정, 휴가 정책, 제안함, 주차공간 배정 방식까지 베끼라고 조언하는 책들이 있다. 이처럼 강력한 전략적 자원에서 나온 성공과 특정한 활동을 직접적으로 연관시키는 조언은 피상적이다. 현재의 결과와 행동 사이에 단순한 연관관계가 존재한다면 전략을 세우기가 훨씬 쉬울 것이다. 또한 성공의 원천을 분석하는 일이 안겨주는 흥미와 보람도 크게 줄어들 것이다.

성공은 자만을 낳고 자만은 하락세로 이어진다. 이 비극적 행로를 벗어난 조직은 아주 드물다. 그래서 새롭게 출발하는 조직들이 전략의 힘을 발휘할 기회가 생긴다. 뛰어난 설계형 전략의 사례를 찾으려면 이미 자리잡은 기업이 아니라 새롭게 진입에 성공한 기업을 살펴야 한다. 제록스의 아성을 무너뜨린 캐논, IBM을 앞지른 마이크로소프트, 케이마트를 따돌린 월마트, HP의 시장을 잠식한 델, 기존 항공사들을 밀어낸 페덱스, 허츠와 경쟁하는 엔터프라이즈, 인텔이 선점한 그래픽 칩 시장을 뺏은 엔비디아, 야후가 장악한 검색 시장을 정복한 구글 등이 그러한 예다. 이 기업들은 긴밀하게 조율된 경쟁전략을 통해 기존 강자를 물리쳤다.

'시장에 영원한 강자는 없다'라는 원칙은 새롭게 부상한 기업들에게도 적용된다. 이들 역시 자만과 관성의 위험으로부터 자유롭지 않다. 그래서 시간이 지나면 대부분 긴장을 늦추고 현명한 설계보다 축적된 자원에 더 의존하기 시작한다. 그 결과 긴밀한 조율의 원칙을 잃고 프로젝트를 남발하게 된다. 또한 지체되는 성장을 극복하려고 인수합병을 통해 젊음을 유지하려고 한다. 그러다가 성공의 원천이었던 전략적 자원이 쓸모없게 되면 다음 세대의 신생기업들에게 자리를 내주게 된다. 이것이 기업들의 일반적인 삶이다. 따라서 설계형 전략을 배우려면 성공한 기업들의 시장 진입기를 주목해야 한다. 가령 마이크로소프트가 초기에 어떤 전략으로 IBM이라는 거대 기업을 따돌렸는지 분석해야 한다. 지금의 마이크로소프트는 1985년에 IBM이 그랬듯이 상충하는 표준과 프로그램들의 난맥상 속에서 과거의 승리가 안겨주는 혜택을 누리고 있을 뿐이다.

혼돈으로부터의 질서

미국의 대형 트럭 시장에서 구성요소들을 긴밀하게 조율한 뛰어난 설계형 전략의 사례를 볼 수 있다. 이 시장의 리더는 38퍼센트의 시장점유율을 기록한 다임러 AG다. 다임러 AG는 1977년에 포드의 대형 트럭 사업 부문을 인수하면서 강자의 자리에 올랐다. 다른 주요 업체로는 파카Paccar(25퍼센트), 볼보(20퍼센트), 나비스타(16퍼센트)가 있다. 파카는 성장률이 낮고 경쟁이 심한 시장에서도 견실한 성과를 올린다. 지난 20년 동안 파카의 평균 자기자본이익률은 16퍼센트로서 업계 평균인 12퍼센트보다 높다. 무엇보다 파카는 심한 수요 변동에도 불구하고 대단히 안정적인 이익률을 기록했다. 그래서 1939년 이후 한 번도 적자를 낸 적이 없으며 2008년과 09년의 불경기에도 흑자를 냈다.

파카가 추구하는 전략의 핵심은 품질이다. 파카에 속한 켄워스Kenworth와 피터빌트Peterbilt 브랜드는 북미 최고 수준의 품질을 자랑한다. 그래서 제품과 서비스의 뛰어난 품질을 인정받아 J. P. 파워 상을 수상하기도 했다. 파카는 이처럼 뛰어난 품질 덕분에 높은 가격에도 불구하고 강력한 입지를 확보할 수 있었다.

어떻게 하면 프리미엄 가격을 받고 트럭을 팔 수 있을까? 이론적으로는 간단하다. 더 잘 달리고, 더 오래 달려서 운영비용을 낮춰주면 된다. 운송업체들은 거리당 운영 비용에 대단히 민감하다. 운영 비용에서 가장 큰 비중을 차지하는 것은 연료비와 임금이다. 가령 2008년식 켄워스 T2000 모델을 11만 달러에 구매하여 연간 12만 5천 마일을 달린다고 가정하면 추가로 11만 5천 달러의 운영비용이 들어간다. 여기에 임금과 복리후생비용까지 추가해야 한다. 켄워스는 이러한 사실을 고려하여 30년 전부터 공기역학적인 설계를 통해 연비를 줄였다.

최고 수준의 품질에 따른 리더십은 오래 유지하기 어렵다. 거기에는 세 가지 이유가 있다. 첫째, 내구성에 대한 명성은 얻기까지 오랜 시간이 걸리지만 금세 사라질 수 있다. 둘째, 고품질의 기계장치를 설계하는 일에는 교과서가 없다. 설계에 필요한 구체적인 지식은 대개 도제방식으로 전수된다. 이러한 지식을 축적하려면 인재를 유지할 수 있는 근무환경을 제공해야 한다. 셋째, 미래의 비용 절감을 내세워 미리 프리미엄을 지불하도록 소비자들을 설득하기 어렵다. 소비자는 경제이론에서 전제하는 것보다 더 근시

안적인 태도를 가지고 있다.

파카는 설계형 전략을 통해 이 세 가지 문제에 대응했다. 그들이 수립한 전략의 첫 번째 요소는 운영비용에 초점을 맞춘 품질 기준을 바꾼 것이었다. 그들은 개인운송업자들의 시각에서 품질을 바라보았다. 개인운송업자들은 최대한 많은 돈을 벌려고 하루에 16시간 이상 차를 굴렸다. 그들에게 운전석은 일터이자 거실이자 침실이었다. 또한 그들은 미국식 이미지를 풍기는 분위기를 선호했다. 파카는 이러한 요구를 충족시켰다. 그들은 3D 디스플레이를 통해 다양한 인테리어 옵션을 제공하고, 주문별 제작으로 재고를 낮게 유지했다. 또한 하청업체로부터 공급받는 주요 부품들의 공유율을 최대한 높여서 비용을 줄였다.

운송업체들은 운전석 분위기를 크게 신경쓰지 않는다. 그들에게 중요한 것은 효율성을 극대화하는 것이다. 그래서 2교대제로 차량을 놀리는 시간을 줄인다. 2교대제는 한 명의 운전수가 차를 모는 동안 다른 운전수는 잠을 자는 식으로 운영된다. 그래서 개인운송업자의 경우처럼 여전히 운전석 분위기가 중요한 의미를 지니게 된다. 개인운송업자들의 말은 휴게소에 모인 트럭 운전수들 사이에서 상당한 영향력을 발휘한다. 결국 운송업체도 운전수들의 의견을 무시할 수 없기 때문에 파카를 선택하게 된다.

파카의 전략은 오랜 기간에 걸쳐 고유한 장기를 유지하는 데 기반을 둔다. 이 전략 덕분에 이미지, 충성고객, 설계 경험이라는 모방하기 어려운 자원들이 확보되었다. 단기적인 성과에 집착하는 기업들은 이처럼 느리지만 꾸준하게 자원을 확보하는 일을 하지 못한다.

　차량 제작에 대한 유연한 접근법은 변동원가를 높이지만 디자이너와 엔지니어들에게 안정적인 작업기반을 제공한다. 또한 높은 마진은 딜러들의 충성도를 높인다. 이러한 전략은 트럭 제조업이 외부에서 대규모 신규 투자가 유입되는 고성장 산업이 아니기 때문에 효과를 발휘한다. 파카의 입지를 공격하려면 새로운 브랜드를 출시하고, 새로운 디자인을 개발하며, 새로운 딜러망을 확보해야 한다. 그러나 고급 트럭 시장은 대규모 신규 투자를 할 만큼 충분히 크지 않다.

　파카의 전략은 고급 트럭 제조사로서 시장에서 차지하는 입지와 일관성을 지닌다. 디자이너, 엔지니어, 딜러들도 제품과 소비자에 초점을 맞춘 전략을 일관되게 따른다. 목표시장이 단순하고 명확하기 때문에 회사의 역량을 집중하기도 쉽다. 그래서 컨설팅 회사를 고용하여 핵심 역량이나 소비자 성향을 파악할 필요가 없다.

　이러한 전략의 구성요소들은 특별한 목표에 맞게 설계되었다. 파카는 여러 트럭 제조사의 특징을 조합한 일종의 프랑켄슈타인 기업에 가깝다. 이러한 조합의 아귀가 맞지 않으면 오래 살아남을 수 없다. 가령 비용을 절감하면서 동시에 개인운송업자들의 다양한 요구를 충족시킬 수 없다. 좋은 전략은 설계를 통해 수립되며,

설계는 다양한 구성요소들을 일관성있게 조합하는 것이다.

파카의 전략은 새로운 것이 아니라 고전적인 것이다. 이 전략은 고지를 점령한 후 방어에 집중한다. 경쟁 환경이나 구매자의 성향이 크게 바뀌지 않는 한 파카는 계속 고유한 입지를 지킬 수 있다. 물론 일상적인 경쟁도 무시할 수 없다. 파카는 새로운 사양과 모델을 지속적으로 개발하는 동시에 품질을 높이고 비용을 낮추려는 노력을 게을리해서는 안된다. 그러나 전략의 근본적인 초점을 잃어서는 안된다. 이러한 관점에서 보면 파카를 위협하는 것은 구체적인 신모델이나 경쟁자의 행동이 아니라 전략적 논리를 무너트리는 변화다. 가령 북미자유무역협정에 따라 멕시코 운송업체들이 대거 진출하면 파카의 사업기반이 위험해질 수 있다.

제 10 장

초점 맞추기

GOOD STRATEGY BAD STRATEGY

피상적인 분석과 심층 분석의 차이

4월의 어느 화창한 아침, 나는 경영자 MBA 코스의 강의를 하기 위해 강의실에 들어섰다. 일찍 도착한 수강생들은 인터넷을 하거나 공부를 하고 있었다. 그날 사례연구를 다룰 기업은 캔 제조사인 크라운 코크 앤 실 Crown Cork & Seal이었다. 상당히 오래된 이 사례연구는 여러 번에 걸친 개정을 거쳐 1989년까지 크라운이 추구한 전략을 다루었다. 강의 목표는 기업의 전략을 파악하고, 정량정보를 분석하며, 초점을 맞추는 방법을 설명하는 것이었다. 크라운의 전략은 1960년대 초에 존 코널리 John Connelly에 의해 수립되었다. 그의 엄격한 경영은 미국 기업사의 유명한 이야기로 남아있다. 그래서 전설적인 투자자인 피터 린치Peter Lynch는 크라운 주식을 선호했다. 크라운은 35년 동안 연간 평균 19퍼센트라는 대단한 주주수익률을 올렸다. 캔 업계의 격렬한 경쟁을 감안하면 놀라운 기록이 아닐 수 없었다.

크라운이 거둔 성공의 비결은 무엇일까? 사례연구에서 밝혀진 비결은 탄산음료와 분무기 시장에 집중했다는 일반적인 내용이다. 물론 이러한 분석이 틀린 것은 아니지만 완전하지도, 유용하지도 않다. 대부분의 분석가들은 이 지점에서 만족하고 더 이상 나아가지 않는다. 그들은 다른 부문에 대한 크라운의 정책을 제대로 살피지 않는다. 비구조화된 정보를 분석하려면 풍부한 지식과 뛰어난 사고력이 필요하기 때문이다.

나는 피상적인 분석과 깊이있는 분석의 차이를 보여준다는 목표를 갖고 다음과 같은 말로 강의를 시작했다. "오늘 우리가 할 일은 크라운의 전략을 파악하는 것입니다. 그러기 위해서는 경쟁 환경을 먼저 분석하는 것이 좋습니다. 즉, 주요 경쟁자들이 어떻게 돈을 버는지 살펴야 합니다. 그러면 크라운의 주요 경쟁자인 컨티넨털 캔, 내셔널 캔, 아메리칸 캔을 살펴보도록 합시다. 사례연구에 따르면 대부분의 음료 회사는 최소한 두 개 이상의 업체로부터 캔을 공급받습니다. 또한 캔 제조업체는 종종 특정 고객사를 위한 공장을 따로 세우기도 합니다."

나는 칠판에 이러한 구도를 묘사하는 그림을 그렸다. 뒤이어 나는 그림을 가리키며 "이 구도가 캔 제조업체에게 대단히 불리하다는 사실은 쉽게 알 수 있습니다. 캔 제조업체들은 차별성이 거의 없는 제품을 가지고 직접 경쟁을 벌여야 합니다. 구매회사가 캔 제조를 직영으로 돌릴 위험도 상존합니다. 그렇다면 이처럼 어려운 사업환경에도 불구하고 캔 제조업체들이 투자를 하는 이유가 뭘까요?"라고 물었다.

수강생들은 토론을 통해 한 번 제조라인에 투자하면 오랜 기간 생산할 수 있는 이점 때문이라고 결론내렸다. 제조라인을 변경하기 위해서는 상당한 비용이 들어갔다. 그래서 4, 5퍼센트라는 낮은 이익률을 감수할 수밖에 없었다.

나는 "실제로 캔 제조업은 이익률이 낮고 경쟁이 심한 산업입니다. 그러나 크라운의 이익률은 이 세 경쟁자들보다 50퍼센트에서 60퍼센트나 높습니다. 그 이유는 무엇일까요?"라고 물었다.

부동산 개발업자인 토드는 "크라운이 저비용 제조사이기 때문일 겁니다. 제품을 차별화할 수 없기 때문에 돈을 더 벌려면 비용을 낮춰야 합니다. 크라운은 연중무휴로 공장을 가동하고 고객사 근처에 공장을 짓습니다"라고 말했다.

그러나 토드의 대답은 완전히 틀린 것이었다. 크라운의 제조단가는 오히려 경쟁사들보다 높았다. 그러나 나는 아무 말도 하지 않고 칠판에 '저비용'이라고 적었다.

엔터테인먼트 업체의 임원인 마틴은 "크라운은 탄산음료와 분무기 같은 특수 용기를 전문적으로 생산합니다. 또한 사장이 고객의 문제를 해결해 주기 위해 비행기를 타고 날아갈 정도로 신속한 고객서비스를 제공합니다"라고 말했다.

나는 "정확한 지적입니다. 실제로 사례연구에 그렇게 나와 있어요. 그러면 이것이 전부일까요? 다른 의견은 없습니까?"라고 물었다.

평소에 거의 의견을 발표하지 않던 멜리사가 손을 들었다. 그녀는 "탄산음료를 캔에 담는 것이 특별한 기술적 성과라고 볼 수 없어요. 크라운만 가지고 있는 기술도 아니구요. 그것만으로는 높은 이익률을 설명할 수 없다고 생각합니다"라고 말했다.

나는 고개를 끄덕이며 공감을 표시했다. 통념에 문제를 제기한 멜리사의 지적은 중요한 진전이었다. 나는 본격적인 논의에 들어가기 위해 다음과 같이 말했다. "〈포춘〉, 하버드 경영대학원 사례연구, 애널리스트들이 모두 마틴과 같은 의견을 제시했습니다. 그러나 나는 보다 깊이 있는 분석이 필요하다고 봅니다. 전략을 제대로 이해하려면 항상 스스로 분석하려고 노력해야 합니다. 실질적인 효과를 발휘하는 전략은 CEO가 제시한 것과 다를 수 있습니다. 때로 CEO는 진실을 감추거나, 잘못 표현하거나, 아예 모르기도 합니다.

그렇다면 다른 사람의 의견을 그냥 받아들이지 않고 스스로 전략을 파악하는 방법은 무엇일까요? 그 방법은 업계의 일반적인 기준과 다른 정책들을 찾는 것입니다. 그 다음 이 차별적인 정책들의 공통적인 목표를 파악해야 합니다."

나는 칠판으로 가서 다음과 같은 표를 그렸다.

정책	목표
기술 지원 신속 대응	

크라운이 기술 지원과 신속 대응을 중시한다는 것은 익히 알려진 사실이었다. 마틴을 비롯한 대부분의 사람들은 정책을 피상적으로만 인식했다. 모든 고객이 같은 정책을 원하는 것은 아니었다. 피상적인 인식을 넘어서려면 전략의 초점을 밝히는 실질적인 작업이 필요했다.

나는 "기술 지원부터 살펴봅시다. 멜리사가 말한 대로 탄산음료를 캔에 넣는 일이 대단한 기술을 요구하는 것은 아닙니다. 이 일을 하는 데 굳이 기술 지원이 필요할까요?"라고 물었다. 수강생들은 아무런 반응을 보이지 않았다. 이러한 질문에 대응하는 한 가지 방법은 구체적인 사례를 대입하는 것이었다. 나는 질문의 내용을 바꾸어 "쿠어스가 맥주를 생산하는 데 캔 제조업체의 기술적 지원이 필요할까요?"라고 물었다. 그제서야 수강생들이 손을 들기 시작했다.

항공 엔지니어인 레자는 대체로 타당한 의견을 발표하는 편이었다. 그는 "대형 맥주회사는 오히려 캔 제조업체에 신기술을 가르칠 수도 있습니다. 실제로 쿠어스는 새로운 공정을 개발하기도 했습니다. 기술 지원이 필요한 것은 자체 기술 인력과 경험이 없는 중소기업들입니다."라고 말했다.

나는 기술 지원 옆의 목표란에 '중소기업'이라고 적은 다음 "그러면 신속 대응은 어떻습니까? 이것도 중소기업에 초점을 맞춘 것인가요?"라고 물었다. 레자는 "그렇습니다. 중소기업은 수요가 안정적이지 않고 기획력이 부족할 수 있으니까요"라고 대답했다. 이 신속한 대답은 신중하지 못한 것이었다. 명확한 답이 없는 질문을 대했을 때 대개 처음 떠오르는 생각을 말하기 마련이었다. 그러나 제대로 된 분석을 하려면 자료를 통해 검증하는 과정이 필요했다. 레자의 대답은 일부 사실에만 부합할 뿐이었다.

잠시 불편한 정적이 흐른 후 '신제품', '성수기'같은 대답들을 나왔다. 나는 칠판에 다가서며 이 대답들의 공통점을 찾아보라고 말했다. 그제서야 서너 명이 동시에 '긴급 주문'이라고 소리쳤다. 나는 신속 대응 옆의 목표란에 '긴급 주문'이라고 적은 다음 "논의가 진전되어 가는군요. 기술 지원 정책은 중소기업, 신속 대응 정책은 긴급 주문을 위한 것입니다. 이 두 목표는 많이 다릅니다. 이번에는 다른 정책을 살펴봅시다"라고 말했다. 세 번째 정책은 '생산'이었다.

사례연구에는 생산 정책에 대한 정보가 산발적으로 언급되어 있었다. 그래서 기본적인 내용을 파악하려면 다소 시간이 걸렸다. 크라운의 공장은 경쟁사들보다 작았고, 한 고객사에 전속되어 있지 않았으며, 추가 주문에 대응할 여분의 생산라인을 갖추고 있었다.

주식 애널리스트인 데이빗이 먼저 논의의 실마리를 제공했다. 그는 "크라운의 공장은 경쟁사들에 비해 작고 더 많은 고객사를 상대합니다. 그래서 고객 당 생산량이 경쟁사들보다 훨씬 작습니다. 하지만 공장 당 매출은 더 많기 때문에 생산 속도가 빠르고 가격을 더 높이 받는 것 같습니다"라고 말했다.

나는 생산 옆의 목표란에 '속도', '더 적은 고객 당 생산량', '더 높은 가격'이라고 썼다. 이제 논의를 정리할 시점이었다. 나는 목표의 목록을 가리키며 "이러한 내용들을 참고할 때 크라운의 전략적 초점은 무엇이라고 생각합니까?"라고 물었다. 핵심을 파악하려면 모든 내용을 종합할 필요가 있었다. 한동안 아무도 손을 들지 않았다. 힌트가 필요한 것 같았다. 나는 "왜 다른 경쟁사들은 전속 생산 조건을 수용했을까요?"라고 물었다. 이만하면 충분한 단서였다. 줄리아는 "경쟁사들은 생산라인 변경에 따른 비용을 피하기 위해 표준 상품을 장기적으로 생산합니다. 반면 크라운은 단기 생산에 초점을 맞췄습니다."라고 말했다. 정답이었다. 나는 목표란의 모든 요소에 큰 동그라미를 그리고 '단기 생산'과 '줄리아'라고 써넣었다.

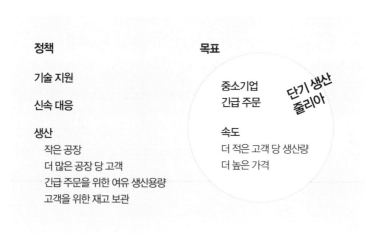

단기 생산 전략은 높은 생산라인 교체비용이라는 업계의 근본적인 문제에 초점을 맞춘 것이었다. 크라운은 탄산음료와 분무기

부문에서 전문성을 확보하는 동시에 단기 생산에 초점을 맞추었다. 이 전략은 중소기업 고객, 신제품, 소량 생산 고가 제품, 긴급 주문에 대응하는 데 적합했다.

나는 단기 생산 전략을 경쟁사의 전략과 비교한 다음 비용 문제로 돌아갔다. 단기 생산 전략을 추구하려면 생산라인을 자주 교체해야 했다. 여유 생산용량, 기술 지원, 신속 대응은 모두 비용을 늘리는 요소들이었다. 그래서 크라운은 단기 생산에 초점을 맞추는 대신 더 높은 가격으로 늘어난 비용을 감당했다.

나는 "전략적 초점이 항상 이익을 늘려준다면 더할 나위가 없겠죠. 하지만 현실은 그렇지 않습니다. 그러면 어떻게 크라운이 더 높은 이익률을 기록하는지 살펴봅시다."라고 말했다.

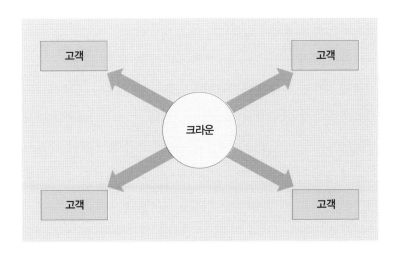

통념을 넘어서야 한다

나는 칠판으로 가서 크라운을 나타내는 원과 고객을 나타내는 네 개의 네모를 그렸다. 이 그림은 두 개의 캔 제조업체로부터 납품받는 밀러 양조의 그림과 극명한 대조를 이루었다.

나는 "크라운의 공장들은 특정 고객사에 전속되지 않습니다. 그럼 어느 쪽이 더 나은 입장일까요? 밀러 양조에 공장이 전속된 아메리칸 캔일까요, 여러 지역 탄산음료 업체들에 분산 납품하는 크라운일까요?"라고 물었다.

소니의 회계 담당 임원인 쉐릴은 "크라운이 더 나은 입장에 있습니다. 크라운은 단기 생산에 초점을 맞춤으로써 전속 납품에 따른 문제들을 피했습니다. 단기 생산은 상황을 반전시켰습니다. 크라운은 경쟁사들처럼 장기 납품이 가능한 고객사를 확보하려고 협상력을 잃을 필요가 없습니다"라고 대답했다.

크라운은 경쟁사들과 다른 규칙에 따라 경쟁에 대응했다. 그래서 전문성뿐만 아니라 협상력까지 강화할 수 있었다. 경쟁사들은 크라운보다 더 큰 규모의 사업을 운영했다. 그러나 창출하는 전체 가치에서 이익으로 취하는 부분은 크라운보다 훨씬 작았다. 표적시장에 초점을 맞춘 경쟁전략을 추구한 크라운은 가장 큰 규모를 갖추지는 못했지만 가장 많은 이익을 거두었다.

이처럼 경쟁자들보다 더 많은 가치를 제공할 수 있는 시스템을 구축하여 집중적으로 공략하는 표적 시장을 초점이라고 부른다. 여기서 초점은 상호작용을 통해 추가적인 역량을 창출하는 정책들의 조율과 표적 시장에 대한 역량의 적용이라는 두 가지 의미를 지닌다. 두 번째 의미는 마이클 포터Michael Porter가 『경쟁 전략Competetive Strategy』에서 소개한 것이다.

수강생들은 크라운의 전략에 내재된 진정한 의미를 발견하면서 놀라움을 감추지 못했다. 이 의미는 분석을 통해 실체를 드러냈다. 크라운의 전략이 지닌 내적 논리는 월가의 분석이나 회사의 설명에 나와 있지 않았다. 그렇다고 비밀도 아니었다. 단지 조각을 맞추어 큰 그림을 파악하기가 어려울 뿐이었다. 수강생들은 정보로 넘치는 세상에서 이처럼 비밀이 아님에도 불구하고 드러나지 않은 채 숨겨진 논리가 있다는 사실에 놀랐다.

한 학생은 "분석을 통해 모든 기업의 실질적인 전략적 논리를 파악할 수 있나요?"라고 물었다. 나는 "모든 경우가 다 그런 것은 아닙니다. 성공한 기업 뒤에는 대개 뛰어난 전략적 논리가 있습니다. 그러나 많은 기업들은 사실 제대로 된 전략을 갖고 있지 않습니다. 전략의 핵심은 초점입니다. 많은 기업들은 초점에 자원을 집중하지 않아요. 한 번에 여러 목표를 추구하는 바람에 돌파구를 마련할 충분한 자원을 투입하지 못하는 것이죠"라고 대답했다.

제 11 장

전략적 성장이란 무엇인가

GOOD STRATEGY BAD STRATEGY

필요하면 전략 기조를 바꾸어야 한다

1989년에 존 코널리는 건강이 악화되자 오랫동안 후계자 수업을 받아온 윌리엄 에이버리William Avery에게 크라운의 CEO 자리를 물려주었다. 이듬해 그는 85세의 나이로 사망했다. 새로운 리더가 된 에이버리는 즉시 인수합병을 통한 몸집 불리기에 나섰다. 그는 4년 후에 가진 인터뷰에서 "당시에는 회사에 활력을 불어넣어야 했습니다. 1980년대 내내 성장이 지체되고 있었거든요"라고 말했다. 에이버리는 성장 전략을 추진하기 위해 인수합병 전문가들을 영입하여 별도의 팀을 꾸렸다. 팀장은 브뤼셀 지부에서 일하다가 CFO로 발탁된 앨런 러더퍼드Alan Rutherford였다. 또한 살로몬 브라더스 출신의 크레이그 칼Craig Calle이 자금 담당, 리먼 브라더스 출신의 토스턴 크라이더Torsten Kreider가 기획과 분석 담당을 맡았다.

1991년에 에이버리는 컨티넨털캔을 인수하여 크라운의 사업 규모를 두 배로 키웠다. 또한 1992년과 93년에는 6억 1,500만 달러에 최대 플라스틱 용기 제조업체인 콘스타Constar를, 1억 8천만 달러에 금속 및 합성수지 용기 제조업체인 반 돈Van Dorn을, 6,200만 달러에 금속 캔 제조업체인 트라이-밸리 그로워스Tri-Valley Growers를 인수했다.

에이버리의 성장 전략은 여기서 끝난 것이 아니었다. 1995년에는 카노-메탈박스Carnaud-MetalBox를 인수하려는 시도에 나섰다. 프랑스의 카노와 영국의 메탈박스가 합병하여 탄생한 카노-메탈박스는 유럽 최대의 용기 제조업체였다.

에이버리는 인수합병의 목적에 대해 "우리는 사업 규모를 더 키워서 자원을 최대한 활용하고 싶습니다. 금속 및 플라스틱 용기 제조업계의 선두주자가 되면 지속적인 성장의 토대를 마련할 수 있을 것입니다."라고 말했다. 이처럼 명확하게 성장의 토대를 마련하기 위해 사업규모를 키운다고 발언하는 경영인은 드물었다.

1997년 무렵 20회의 인수합병을 끝낸 크라운은 세계 최대의 용기 제조업체가 되었다. 에이버리는 사업규모를 활용하여 납품업체로부터 더 나은 조건을 이끌어내고, 고유한 비용 관리 능력을 통해 초과 지출되는 관리비를 줄일 수 있다고 생각했다. 그러나 크라운의 고유한 역량은 유연성과 단기 생산이었지 비용 관리가 아니었다.

결국 1998년부터 문제가 생기기 시작했다. 크라운이 플라스틱 용기 시장에 진출한 후 이 부문에서 빠른 성장이 이루어졌다. 새로 등장한 페트 용기는 전통적인 유리 용기와 금속 용기에 대한 수요를 크게 잠식했다. 그러나 전체 수요가 늘어난 것은 아니었다. 단지 소재가 유리와 금속에서 플라스틱으로 바뀔 뿐이었다. 게다가 대형 용기가 차지하는 비중이 늘면서 생산수량도 줄어들었다. 대체를 통한 성장에는 명확한 한계가 있기 마련이었다. 실제로 대체 과정이 끝나자 성장이 멈추고 말았다.

설상가상으로 애초에 기대했던 바와 달리 납품 가격까지 떨어지면서 이익이 크게 줄어들었다. 거기에는 몇 가지 이유가 있었다. 우선 경쟁사들은 업계의 과잉생산에도 불구하고 노조 문제와 시장점유율 때문에 유럽에 있는 공장을 폐쇄하려고 하지 않았다. 또한 저렴한 페트 용기의 등장으로 이미 한계치이던 금속 캔 마진마저 사실상 없어지고 말았다. 이러한 악재들은 마이클 포터가 개발한 경쟁 환경 분석틀을 이용하여 쉽게 예측할 수 있었다.

1998년과 2001년 사이에 크라운의 주가는 55달러에서 5달러로 급락했다. (193쪽 표 참고) 결국 2001년 중반에 에이버리가 물러나고 존 콘웨이John Conway가 CEO에 올랐다. 이미 인수합병을 통한 성장전략은 실패로 끝난 상태였다. 콘웨이는 비대해진 크라운을 수익성 있는 업체로 탈바꿈시켜야 했다. 그는 성장에 집착한 에이버리와 달리 비용, 품질, 기술을 강조했다. 덕분에 2001년부터 06년까지 매출과 이익은 거의 제자리걸음을 했지만 약 10억 달러의 부채를 상환했고, 주가는 20달러 선을 회복했다. 이는 성장 전략이 시작되던 17년 전의 주가보다 약 5달러가 오른 것이었다.

에이버리는 1989년에 CEO에 오르면서 회사의 성장이 지체되었다고 말했다. 실제로 이전 10년 동안 매출성장률은 3.1퍼센트에 불과했다. 그래도 주주수익률은 평균 시장수익률인 8.6퍼센트

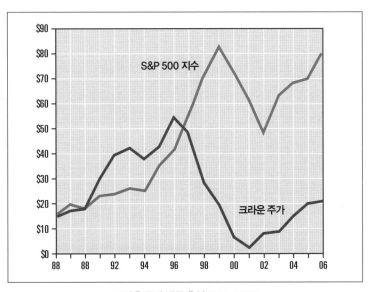

크라운 주가 변동 추이(1988-2006)

보다 훨씬 높은 18.5퍼센트였다. 코널리가 은퇴한 후 17년 동안 크라운은 빠른 성장을 통해 세계 최대의 용기 제조업체가 되었다. 그러나 주주수익률은 평균 시장수익률인 9퍼센트보다 훨씬 낮은 2.4퍼센트에 그쳤다.

아래 표는 크라운의 매출이 급성장하는 반면 자본이익률은 급락하는 양상을 보여준다. 여기서 말하는 자본이익률은 투하 자본 대비 세후 영업이익의 비율이다. 따라서 분자는 이익, 분모는 자산이 된다. 에이버리가 취임할 당시 15.3퍼센트였던 자본이익률은 카노-메탈박스 인수 후 5퍼센트 아래로 떨어진다.

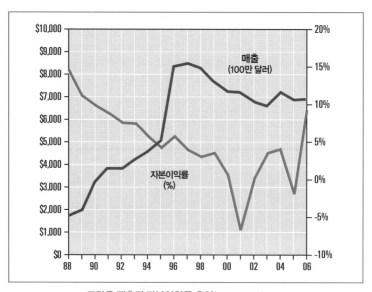

크라운 매출과 자본이익률 추이(1988-2006)

크라운이 코널리의 리더십 아래 기록한 뛰어난 장기적인 성과는 신중하게 설계된 전략에 따른 것이었다. 코널리는 협상력을 유지할 수 있는 목표시장에 초점을 맞추어 일련의 정책들을 조율했다. 에이버리는 이러한 전략 기조를 바꾸어 버렸다. 그는 페트 용기가 탄산음료 시장에서 빠르게 보급되고 있음을 알았다. 플라스틱 용기의 경우 생산라인 교체 비용이 금속 용기보다 훨씬 작았다. 이 사실은 크라운이 지녔던 전통적인 이점을 약화시켰다. 어떤 식이든 대응이 필요했다.

에이버리는 페트 용기 시장을 중심으로 인수합병을 통해 회사의 몸집을 불리는 쪽을 택했다. 문제는 새로운 경쟁우위를 확보하지 않았다는 것이었다. CFO인 칼은 과거의 전략적 초점이 생산라인을 제한할 뿐이라고 폄하했다. 그는 "우리는 3,000억 달러 규모의 산업에서 1,500억 내지 2,000억 달러 규모인 금속 용기와 플라스틱 용기 시장만 대응하고 있습니다"라고 말했다. 그는 행동과 자원의 집중과 조율을 통해 경쟁우위를 창출하는 초점의 의미를 이해하지 못했다. 에이버리와 칼은 그저 세계 최대의 용기 제조업체가 된다는 생각에 사로잡혀 있었다.

페트 용기처럼 급성장하는 시장의 문제점은 초기의 이익 증가가 착시현상을 불러일으킨다는 것이다. 수요 성장이 견인하는 이익은 생산용량을 늘리기 위해 대부분 재투자된다. 그러다가 수요 성장이 지체되면 경쟁우위를 확보하지 못한 기업의 이익은 순식간에 사라진다. 이처럼 급성장하는 상품시장은 블랙홀처럼 현금을 빨아들인다. 그러나 성장이 가치를 창출한다는 생각이 기업계에 너무나 깊게 뿌리박혀 있다. 에이버리의 문제 인식과 해결책은 성장에 대한 맹목적인 집착에 기인한 것이다.

성장에 대한 맹목적인 집착을 버려라

인수합병을 통한 성장 전략의 문제점은 쓸데없이 높은 비용을 지불해야 한다는 것이다. 특히 상장기업의 경우에는 더욱 그렇다. 대개 상장기업을 인수할 때는 약 25퍼센트의 프리미엄을 지불해야 한다. 이처럼 값비싼 대가를 치르는 인수합병으로는 가치를 창출하기 어렵다.

기업의 리더들은 여러 가지 이유로 성장을 추구한다. 규모가 커지면 관리비가 줄어들 것이라고 생각하는 경우도 있고, 주요 임원들을 자르지 않고 변방으로 밀어낼 자리를 만들려는 경우도 있다. 또한 분권화된 기업에서는 부문별 성과보고서를 읽는 것보다 인수합병에 나서는 것이 훨씬 재미있다. 그리고 두둑한 수수료를 챙기기 위해 투자은행, 컨설턴트, 법무법인 등이 인수합병을 부추기기도 한다.

나는 1998년에 텔레콤 이탈리아Telecom Italia의 전략 컨설턴트로 일했다. 유럽 최대의 이동통신 사업자이자 5위의 유선통신 사업자인 텔레콤 이탈리아는 1997년에 주식 공개를 통해 민영화되었다.

당시 유럽의 유선통신 사업자들은 어려운 전략적 문제에 직면해 있었다. 다수는 독점 체제를 통해 여전히 많은 이익을 거두었지만 미래의 경쟁 심화와 기술 변화에 대비해야 했다. 이미 규제 완화로 외국기업들의 진출이 허용되었고, 인터넷이 빠르게 성장하고 있었다.

텔레콤 이탈리아는 기존 투자를 통해 상당한 현금흐름을 창출했다. 중요한 문제는 이 돈을 투자할 곳을 정하는 것이었다. 유선망 확충은 현명한 선택이 아니었다. 광섬유 통신망에 대한 투자는 유망해 보였지만 이미 3개의 외국기업이 주요 도시들을 공략할 채비를 마친 상태였다. 섣불리 그들과 경쟁했다가는 매출만 갉아먹을 가능성이 높았다. 인터넷 시장은 낮은 이용료 때문에 수익이 너무 적었다.

CEO인 지안 마리오 로시뇰로Gian Mario Rossignolo는 케이블 앤 와이어리스Cable & Wireless와의 전략적 제휴를 고려했다. 19세기부터 전신사업을 운영하던 케이블 앤 와이어리스는 1981년에 민영화되었다. 케이블 앤 와이어리스의 CEO인 리처드 브라운Richard Brown은 조직 내부의 정치적 알력을 해소하기 위하여 미국에서 영입된 인물이었다. 브라운은 브리티시 텔레콤British Telecom, AT&T, 스프린트 등 여러 기업을 상대로 전략적 제휴의 가능성을 타진했다. 당시에는 글로벌 브랜드를 구축해야 한다는 실속 없는 화두가 통신업계를 장악하고 있었다.

브라운과 로시뇰로는 처음에 프랑스와 카리브 제도 등지에서 합작법인을 설립하는 문제를 검토했다. 그러다가 논의가 진전되면서 아예 두 회사를 합병하고 브라운을 초대 회장에 앉힌다는 단계까지 나아갔다. 그러나 텔레콤 이탈리아의 이사회는 합병을 탐탁치 않게 여겼다. 이러한 상황에서 나는 합병을 중재하던 모건 스탠리의 조셉 실버 Joseph Silver(가명)를 만나게 되었다. 이사회가 내게 요청한 일은 모건 스탠리의 논리를 파악하는 것이었다.

우리는 밀란의 한 평범한 회의실에서 만났다. 나는 단도직입적으로 합병을 해야 할 이유가 무엇인지 물었다. 그는 "규모의 경제 효과를 누릴 수 있기 때문입니다"라고 말했다. 그러나 두 기업은 영업지역이 완전히 달라서 규모의 경제 효과를 기대하기 어려웠다.

실버는 나의 문제 제기에 "텔레콤 이탈리아는 남미에서 유럽으로 통신 트래픽을 이전해야 합니다. 케이블 앤 와이어리스는 그 트래픽을 감당할 인프라를 갖추고 있습니다"라고 설명했다. 그의 논리는 MBA 시험에서 낙제점을 면치 못할 수준이었다. 그의 말은 화훼 재배 농가에게 비료를 확보하기 위해 목장을 사들이라는 것과 같았다. 통신 트래픽을 이전하려고 500억 달러짜리 합병을 할 필요는 없었다. 단지 통신망 임대 계약을 맺는 것으로도 충분했다.

내가 이 점을 지적하자 실버는 "트래픽만 문제되는 것이 아닙니다. 합병을 해야 할 근본적인 이유는 크기의 경제 효과를 누리기 위해서입니다"라고 말했다. 크기의 경제라는 말은 처음 듣는 것이었다. 실버의 설명에 따르면 두 회사를 합치면 덩치가 더 커지고, 현금흐름도 늘어난다는 것이 크기의 경제 효과였다.

그의 설명은 다시 한 번 나를 놀라게 만들었다. 두 회사를 합치면 현금흐름이 늘어나는 것은 당연했다. 그렇다고 해서 합병의 근거가 성립되는 것은 아니었다. 나는 "텔레콤 이탈리아는 이미 상당한 현금흐름을 확보하고 있습니다. 사실 주가가 오르지 않는 이유도 시장에서 마땅한 투자처를 찾지 못했다고 보기 때문입니다. 가령 텔레콤 이탈리아는 남미에서 통신 사업권을 따려고 과도한 입찰액을 제시했습니다. 차순위 입찰액과의 차이가 무려 10억 달러를 넘었습니다. 케이블 앤 와이어리스 역시 사정이 비슷합니다. 그러니 두 회사를 합친다고 해서 특별한 효과가 있을 것 같지 않군요"라고 말했다.

내 말을 듣고 실버는 더 이상 대화할 필요성을 느끼지 못했는지 가방을 닫았다. 그는 큰물에서 노는 법을 모르는 아이를 보는 듯한 시선으로 나를 바라보았다. 그는 "현금 흐름이 늘어나면 더 큰 거래를 할 수 있어요"라고 말하고는 훌쩍 일어나 방에서 나가버렸다.

결국 실버가 제시할 수 있는 합병의 근거는 더 큰 거래를 할 수 있다는 것뿐이었다. 물론 모건 스탠리는 합병을 중재하고 두둑한 수수료를 챙길 수 있었다. 이틀 후 텔레콤 이탈리아의 이사회는 합병 추진을 중단하고 로시뇰로의 사직서를 수리했다.

진정한 성장은 덩치를 키운다고 이루어지는 것이 아니다. 진정한 성장을 이루려면 효율적인 혁신을 통해 고유한 역량과 뛰어난 제품을 개발해야 한다. 이러한 성장은 업계 전반의 수요 증가에 편승하는 것과 달리 시장점유율과 이익률을 늘려준다.

제 12 장

고릴라와 레슬링

이점은 경쟁자 사이의 차이 혹은 비대칭성에서 발생한다. 경쟁 관계에는 수많은 비대칭성이 존재한다. 리더는 어떤 비대칭성이 중요한지 파악하고 이점으로 승화시켜야 한다.

고릴라와 레슬링

나는 2000년에 온도에 따라 구멍의 크기가 달라지는 미세 다공 소재를 개발한 신생기업의 전략 수립을 도왔다. 이 소재를 의류에 활용하면 고어텍스처럼 빗물을 막는 한편 추울 때는 따뜻하게, 더울 때는 시원하게 만드는 효과를 얻을 수 있었다. 회사 측은 신

소재에 대한 특허를 바탕으로 브랜드를 개발할 꿈에 부풀어 있었다. 그러나 벤처 캐피털에서 3차 자금 지원에 소극적이었다. 책임자인 수전은 신기술에 대해 비교적 잘 알았다. 그녀는 샘플을 가지고 라이센스 계약을 맺거나 대기업에 회사를 넘길 것을 권했다. CEO는 능력을 증명한 상황에서 회사를 키울 기회를 잃을 수 없다고 버텼다. 수전은 "신기술을 개발한 것은 대단한 일이에요. 하지만 섬유회사나 의류회사를 세우는 일은 완전히 차원이 달라요"라고 설득했다. 그래도 CEO는 물러설 생각을 하지 않았다. 수전은 "당신이 올림픽 1,500미터 종목에서 금메달을 땄다고 쳐요. 그러면 1만 미터 종목에서도 우승할 가능성이 높겠죠. 하지만 당신은 육상을 그만두고 고릴라와 레슬링을 하려고 해요. 그것은 우리가 지원해 줄 수 없는 일이에요"라고 말했다. 그녀의 효과적인 설득은 결국 CEO의 생각을 바꾸었다. 그는 질주하기를 원했을 뿐 고릴라와 레슬링을 하려고 한 것은 아니었다.

누구도 모든 부분에 이점을 지닐 수는 없다. 팀, 조직, 국가는 특정한 조건 하에 일정한 경쟁관계에서 이점을 지닌다. 이 사실을 이해해야 이점을 잘 활용할 수 있다. 경쟁에서 이기려면 이점을 가진 부분을 적극적으로 공략하고, 그렇지 않은 부분을 피해야 한다. 또한 경쟁자의 약점을 활용하고 자신의 약점을 내세우지 말아야 한다.

911 테러 이후 미국은 아프간에 자리잡은 알 카에다 지휘부와 그들을 보호하는 탈레반 정부를 제거한다는 목표를 세웠다. 미국은 막강한 군사력을 발휘할 자원과 기술을 보유하고 있었다. 그러나 미국의 리더들은 이러한 이점을 제대로 활용하지 못하고 빈 라덴이 파키스탄의 산간지대로 탈출할 기회를 주고 말았다. 상원 외교관계위원회 보고서(2009. 11. 30.)에 따르면 미군 사령관 토미 프랭크스Tommy Franks는 연합군들을 소외시키지 않으려고 전체 전력을 가동하지 않았다.

9·11테러가 발생한 지 9년 후에도 빈 라덴은 여전히 잡히지 않았고, 미국은 계속 탈레반과 저강도 전쟁을 치르며 아프간에 발목이 잡혀있다. 현재 미국의 아프간 전략은 민심을 탈레반으로부터 이반시키고, 중앙정부를 지지하게 만드는 것이다. 이러한 접근법은 강력한 중앙정부에 익숙한 이라크에서는 어느 정도 효과를 발휘했다. 반면 아프간은 전통적으로 군벌들이 득세하는 지역이었다. 그래서 미국이 몇 년 동안 지원했는데도 불구하고 중앙정부는 여전히 카불 이외의 지역을 제대로 다스리지 못하고 있다. 이러한 약점을 아는 탈레반은 테러를 대단히 효과적으로 활용하고 있다. 아프간 사람들은 중앙정부가 탈레반으로부터 자신을 지켜주지 못한다고 생각한다. 게다가 아프간 사람들은 대부분 무장을 하고 있으며, 한두 다리 건너서 탈레반과 연계되었을 가능성이 높다.

시간과 자원을 투자하면 이러한 장애물을 극복할 수 있다. 그러나 아프간 사람들과 탈레반은 미국이 그때까지 버티지 못하고 철수할 것임을 안다. 미국은 엄청난 비용과 정치적 부담 때문에 아프간에서 철수해야 한다. 이러한 상황에서 아프간 사람들의 민심을 돌리기는 어렵다. 미국은 아프간에서 탈레반에게 유리한 고지를 뺏긴 채 고릴라와의 레슬링을 하고 있다. 반면 탈레반은 게릴라전과 테러 활동을 통해 이점을 충분히 활용하고 있다.

경쟁우위의 본질

경쟁우위라는 개념은 1984년에 마이클 포터가 쓴 통찰력 넘치는 책을 통해 널리 알려졌다. 경쟁우위의 기본적인 정의는 단순하다. 경쟁자보다 낮은 비용에 제품을 생산하거나 더 많은 가치를 제공하는 것이 경쟁우위다. 다만 제품에 따라 다른 비용 구조와 소비자의 다양한 성향을 반영하는 지점에서 논의가 복잡해진다. 이러한 요소들을 반영하면 대부분의 경쟁우위는 한계를 지닌다. 가령 호울 푸즈는 특정한 제품군과 고객군에 한해서 일반 슈퍼마켓에 비해 경쟁력을 지닌다. 따라서 특정한 제품이나 서비스가 경쟁우위를 제공한다는 광고는 잘못된 것이다. 아무에게나 판매할 수 있는 경쟁우위는 본래 개념에 어긋나기 때문이다.

워렌 버핏은 지속 가능한 경쟁우위를 기준으로 기업의 투자가치를 평가한다. 지속 가능성을 정의하는 일은 쉽지 않다. 경쟁우위가 지속 가능성을 지니려면 경쟁자가 모방할 수 없어야 한다. 보다 정확하게 말하자면 경쟁우위를 뒷받침하는 자원을 모방할 수 없어야 한다. 그러기 위해서는 일정한 기간 동안 기술에 대한 독점권을 부여하는 특허 같은 격리 기작isolating mechanism(이종 집단 사이의 교잡에 의한 유전자 이동을 막는 생물학적 장치)이 필요하다. 보다 복잡한 격리 기작으로는 명성, 사회적 관계, 네트워크 효과(네트워크 효과는 이용자가 증가함에 따라 제품의 가치를 높여준다. 이러한 측면은 규모의 경제 효과와 유사하지만 생산자의 비용을 줄이는 것이 아니라 소비자의 구매 의사를 강화시켜준다는 점이 다르다. 아마존과 페이스북의 사례에서 강력한 네트워크 효과를 확인할 수 있다), 규모의 경제 효과, 암묵적 지식, 경험에 따른 기술 등이 있다.

가령 애플의 아이폰 사업은 브랜드, 명성, 아이튠즈 서비스, 네트워크 효과 등에 의해 보호받는다. 애플은 이러한 자원을 결합하여 지속 가능한 경쟁우위를 창출했다. 경쟁자들은 합리적 비용으로는 대적할 자원을 확보할 수 없다.

경쟁력을 확보하는 법

롤 인터내셔널Roll International의 사장인 스튜어트 레스닉Stewart

Resnick과 아내인 린다 레스닉은 인수와 매각을 거듭하면서 여러 사업체를 키운 수완 좋은 기업가들이다. 경보 서비스, 꽃 배달, 수집용 동전, 농업, 생수 등 다양한 분야에서 성공적인 전략을 연달아 세우는 것은 결코 쉬운 일이 아니다.

스튜어트는 첫 사업인 청소 서비스로 돈을 벌어서 UCLA 법학 대학원에 들어갔다. 나중에 그는 청소 서비스 업체를 250만 달러에 매각하고 그 돈을 경보 서비스 업체에 투자했다. 린다의 첫 사업은 광고 대행사였다. 스튜어트는 경보 서비스 업체를 매각한 후 1979년에 린다와 함께 꽃 배달 업체인 텔레플로라Teleflora를 인수했다.

두 사람은 꽃을 고급 용기에 담아 배달하는 전략으로 큰 성공을 거두었다. 이후 1985년에는 수집용 동전을 제조하는 프랭클린 민트Franklin Mint를 인수했다. 두 사람은 취급품목을 정밀 자동차 모델과 팝 문화 기념품 등으로 확대하여 사업규모를 키운 다음 2006년에 매각했다.

두 사람은 1980년대에 감귤 농장, 피스타치오 농장, 아몬드 농장, 석류 농장에도 투자했다. 시간이 지나면서 이 사업은 그들에게 가장 큰 수익을 안겨주었다. 현재 롤인터내셔널은 캘리포니아 최대의 감귤 재배 업체이자, 세계 최대의 견과류 재배 업체다. 2000년대에 롤인터내셔널은 폼 원더풀POM Wonderful 브랜드를 통해 석류 주스를 비롯한 주스류를 판매했다. 또한 피지에서 천연수를 담아 판매하는 피지 워터Fiji Water, 해충을 방지하는 호르몬제 제조업체인 수테라Suterra를 인수했다. 현재 롤 인터내셔널은 미국의 200대 개인기업에 들어간다.

LA 사무지구에 자리잡은 롤인터내셔널의 본부는 회화와 조각 작품으로 가득했다. 자신감과 친근한 태도를 겸비한 스튜어트는 대기업인 롤인터내셔널의 사업을 속속들이 파악하고 있었다. 그는 텔레플로라 인수 초기에 단행한 전략 변화에 대한 이야기를 먼저 들려주었다. 그는 주력 요소를 가격 경쟁에서 서비스 강화로 바꾸었다. 그래서 가맹점에 최대 회원 네트워크, 인터넷 기반 IT 시스템, 고급 용기, 웹 호스팅 서비스, 신용 판매 처리 서비스, POS 시스템 등을 제공했다. 그 결과 한층 경쟁이 격화된 상황에서도 주요 경쟁자인 FTD의 10분의 1이던 규모를 두 배로 키울 수 있었다.

나는 텔레플로라와 피지 워터처럼 동떨어진 사업 부문에서 공통적으로 얻을 수 있는 교훈이 있는지 물었다. 스튜어트는 잠시 생각하다가 "어떤 사업이든 더 많은 가치를 제공하여 고유한 입지를 구축해야 합니다. 생수 시장에는 많은 업체들이 있어요. 하지만 수백 년 동안 자연적으로 정제된 피지의 천연수를 담은 피지 워터는 특별한 가치를 지닙니다. 피지 워터의 수원지는 아무 오염 물질이 없던 산업시대 이전에 형성되었습니다. 과거의 경영자들은 이 점을 제대로 활용하지 못했어요."라고 말했다. 그의 주장은 한마디로 평범한 제품이 되는 것을 피해야 한다는 것이었다. 그렇다면 감귤이나 견과류는 어떻게 차별화해야 할까?

스튜어트는 1978년부터 인플레이션에 대한 대비책으로 농지를 사들이기 시작했다. 그는 농업이 대단히 '흥미롭다'는 사실을 깨달은 후 본격적인 노력을 기울였다. 나는 '흥미롭다'라는 말의 뜻을 물었다. 그는 "어떤 사업이 흥미롭다는 말은 가치를 더할 여지가 있다는 뜻입니다. 대부분의 견과류 재배업체들은 스스로 운명을 결정하지 못했습니다. 단지 작황과 시장가격을 그대로 받아들일 뿐이었죠. 영세 농장은 시장을 개발하거나, 작황을 연구하거나, 효율적으로 가공하는 데 필요한 투자를 하지 못했습니다. 하지만 우리는 대단히 넓은 경작지를 갖고 있었습니다. 그래서 작황과 품질 연구에 들이는 비용을 충분히 회수할 수 있었습니다. 또한 우리는 견과류에 대한 수요를 촉진하면 상당한 혜택을 얻을 수 있다고 생각했습니다. 물론 수요가 증가하면 캘리포니아의 모든 견과류 농장이 혜택을 누릴 수 있습니다. 하지만 그 정도 투자를 할 만한 재배업체는 우리뿐이었습니다. 다행히 마케팅이 성공하면서 소비량이 크게 늘었어요. 우리의 '원더풀' 브랜드는 가격 프리미엄을 누립니다. 아몬드와 피스타치오는 건강에 좋아요. 그래서 아직도 시장을 확대할 잠재력이 있다고 믿습니다"라고 말했다.

나는 견과류에 대한 수요 촉진이 일시적인 혜택밖에 제공하지 못하는 것 아닌지 물었다. 다른 재배업체들이 생산량을 늘려서 소비 증가분을 뺏어갈 수 있기 때문이었다. 스튜어트는 "농업 분야에서는 일이 그렇게 빨리 진행되지 않아요. 새로 심은 나무가 열매를 맺으려면 7년에서 10년이 걸립니다. 그동안 우리는 식목, 홍보, 가공, 판촉에 투자할 수 있습니다. 또한 수요가 늘어남에 따라 가공 설비도 공격적으로 확충합니다. 영세 농장들은 규모의 경제 때문에 자체 가공 설비를 갖출 여건이 안됩니다. 재배, 가공, 포장, 홍보, 유통까지 자체적으로 소화할 수 없다면 경작지를 넓혀도 큰 이득을 누리지 못합니다"라고 설명했다.

견과류 재배사업에 대한 스튜어트의 전략은 10년이 넘는 기간 동안 복잡한 조율을 거쳐 수립되었다. 그는 규모의 이점을 살려 연구, 시장 개발, 광고, 판촉에 따른 혜택을 대부분 취할 수 있었다. 농업의 특성 상 경쟁자들의 대응이 늦을 수밖에 없다는 사실은 대규모 가공 설비를 한발 앞서 갖출 기회를 부여했다. 또한 규모의 경제는 다른 경쟁자들이 가질 수 없는 비용 경쟁력을 제공했다.

그러나 전략이 효과를 발휘하기까지 오랜 시간을 기다린다는 것은 쉬운 일이 아니었다. 나는 "여전히 5년에서 10년 앞을 내다보십니까?"라고 물었다. 그는 "장기적인 전망을 가질 수 있다는 것이 개인기업의 큰 장점이죠. 제가 처음 대형 석유 기업으로부터 이 땅을 사들였을 때 그들은 기껏해야 1년 앞을 내다보고 있었습니다. 그래서 회계장부의 수치를 개선하려고 자산을 처분했던 겁니다. 우리는 상장기업들이 받는 단기적인 성과에 대한 부담으로부터 자유롭습니다"라고 말했다.

우리는 다른 사람의 말을 덜 듣기도 하고, 더 듣기도 한다. 덜 듣는 이유는 상대방이 자기 생각을 온전하게 설명하지 못하기 때문이고, 더 듣는 이유는 상대의 말의 말에 자기 생각을 더할 수 있기 때문이다.

나는 흥미로운 사업에 대한 스튜어트의 설명을 듣다가 한동안 고민하던 경쟁우위의 개념과 만나게 되었다. 머릿속에서 전구가 켜지는 느낌이었다. 사정을 설명하려면 내가 UCLA 동료인 스티븐 리프먼Steven Lippman과 함께 경쟁우위에 대한 사고 실험(가상의 시나리오를 통해 아이디어의 논리적 일관성을 따지는 실험 방법)을 하던 2002년으로 돌아가야 한다.

우리의 사고 실험은 가상의 '은 제조기'에 대한 것이었다. 이 기계는 아무 비용 없이 연간 1천만 달러어치의 은을 생산할 수 있었다. 세금이 없고 이자율이 10퍼센트라고 할 때, 새 주인이 1억 달러를 주고 이 기계를 산다면 여전히 경쟁우위를 누릴 수 있을까? 이 문제는 전략 연구 계통에서 수수께끼로 떠돌았다. 은 제조기는 아무 비용도 초래하지 않는다는 경쟁우위를 지녔다. 그렇다고 해서 새 주인을 더 부자로 만드는 것은 아니었다. 이 기계가 해마다 창출하는 1천만 달러는 투자액의 10퍼센트에 불과했다. 아무 비용 없이 은을 생산함에도 불구하고 주인이 바뀌면서 은 제조기의 경쟁우위가 사라져 버린 것처럼 보였다. 제조기의 경쟁우위가 무효화되었다는 주장의 또 다른 근거는 새 주인이 1억 달러에 기계를 되팔고 그 돈을 저금해도 이자로 1천만 달러를 벌 수 있다는 것이다.

다소 시간이 걸렸지만 나는 이 수수께끼를 풀었다. 은 제조기는 여전히 은 시장에서 경쟁우위를 지녔다. 다른 시장에서는 아무 효용을 지니지 않기 때문에 은 제조기의 기회비용은 엄밀하게 말해서 제로다. 또한 핵심 자원의 최근 시장가치를 반영하지 않는다고 가정할 때 자본이익률은 항상 평균을 상회한다. 경쟁우위와 투자이익을 구분하면 자연스럽게 수수께끼가 사라졌다. 많은 사람들은 두 가지가 같다고 생각하지만 사실은 그렇지 않았다. 스튜어트는 은 제조기와 관련된 보다 중요한 사실을 깨닫게 해주었다. 그 사실은 은 제조기의 경쟁우위가 흥미롭지 않다는 것이었다. 은 제조기의 주인은 가치를 더할 방법이 없었다. 다시 말해서 은 제조기를 보다 효율적으로 만들거나, 은을 차별화하거나, 수요를 촉진할 방법이 없었다. 이러한 점에서 은 제조기는 개인이 가치를 늘릴 수 없는 국채와 비슷했다. 사실상 은 제조기를 보유하는 것은 국채를 보유하는 것과 같았다. 경쟁우위가 흥미롭기 위해서는 가치를 늘릴 수 있는 통찰이 필요했다. 즉, 스스로의 힘으로 가치를 늘릴 수 있는 방법을 알아야 했다.

가치를 늘리지 않는 경쟁우위의 대표적인 사례로 이베이가 있다. 이베이는 인터넷 경매시장에서 확고한 경쟁우위를 지닌다. 이베이는 인터넷 경매시장을 창출하고 부동의 지배력을 확보했다. 이베이의 경쟁우위는 온라인으로 물건을 거래하는 가장 저렴하고 효율적인 방법을 제공하는 데 있다. 방대한 이용자, 간편한 소프트웨어, 페이팔 지불 시스템, 판매자 평가 시스템은 모두 경쟁자들을 따돌릴 수 있는 경쟁우위를 제공한다.

덕분에 이베이는 오랫동안 높은 수익을 기록했다. 2009년 12월 기준으로 현금흐름은 29억 달러, 영업이익률은 26퍼센트, 자산이익률은 13퍼센트에 이르렀다. 그러나 확고한 경쟁우위에도 불구하고 시가총액은 7년 넘게 정체되거나 하락했다. 이베이는 분명히 소비자가 부여하는 가치보다 훨씬 낮은 비용으로 경쟁자들이 모방할 수 없는 효율성을 지닌 서비스를 제공했다. 그럼에도 불구하고 새로운 주주가치를 창출하지 못했다.

이베이는 은 제조기의 경우처럼 경쟁우위의 한계에 부딪혔다. 그러나 이베이는 은 제조기의 경우와 달리 자원과 기술을 활용하는 방법을 바꾸고, 서비스를 개선할 수많은 여지를 가졌다. 따라서 이베이의 경쟁우위는 잠재적으로 흥미롭다고 말할 수 있다. 누군가 가치를 확대할 방법을 찾는다면 이베이의 경쟁우위는 훨씬 흥미로워질 것이다.

가치를 창출하는 변화

 많은 전략 전문가들은 경쟁우위와 높은 수익성을 동일시한다. 그러나 이베이의 사례는 이러한 시각이 항상 옳은 것은 아니라는 점을 말해준다. 비즈니스 전략에서 차지하는 중요성에도 불구하고 단지 경쟁우위를 가지는 것만으로는 돈을 벌 수 없다. 경쟁우위와 수익 사이에는 역동적인 관계가 성립된다. 경쟁우위가 강화되거나 경쟁우위를 뒷받침하는 자원에 대한 수요가 늘어날 때 수익도 늘어난다. 경쟁우위가 창출하는 가치를 늘리려면 다음 네 가지 중 최소한 하나를 이루어야 한다.

- 경쟁우위의 수준 심화
- 경쟁우위의 범위 확대
- 경쟁우위에 바탕을 둔 제품 및 서비스에 대한 수요 촉진
- 경쟁자들의 모방을 막는 격리 기작 강화

경쟁우위의 수준 심화

 경쟁우위는 소비자가 부여하는 가치와 생산자가 투입하는 비용 사이의 차이로 정의할 수 있다. 경쟁우위의 수준을 심화한다는 말은 가치를 늘리거나 비용을 줄여서 이 차이를 넓힌다는 뜻이다. 비용에는 소비자가 상품을 검색하고, 평가하고, 설치하며, 이용법

을 익히는 비용까지 포함된다. 비용과 가치를 개선하는 수많은 방법을 정리하는 것은 불가능하다. 따라서 이러한 진전을 가로막는 두 가지 주요 이유를 살펴보는 것이 더 유용하다.

첫 번째 이유는 시간의 경과나 실적 압박 혹은 인센티브만으로 개선을 이룰 수 있다는 착각 때문이다. 프랭크 길브레스Frank Gilbreth가 1909년에 지적했듯이 미장 기술은 수천 년 동안 거의 개선되지 않았다. 이 아이디어는 너무나 넓게 퍼져서 정확한 기원을 찾기 어렵다. 1951년에 에디스 펜로즈Edith Penrose가 미활용된 기술과 자원을 통해 성장의 여지를 찾을 수 있다는 생각을 처음 소개했다. 나는 1972년에 쓴 논문에서 사업을 뒷받침하는 중요한 지식을 핵심 기술이라고 불렀다. 8년 후 게리 하멜Gary Hamel과 C. K. 프라할라드Prahalad가 핵심 역량이라는 개념을 보편화시켰다. 길브레스는 작업과정을 세심하게 분석하여 작업량을 늘리지 않고도 생산성을 두 배 이상 높일 수 있었다. 가령 벽돌과 회반죽을 가슴 높이에 둠으로써 일일이 들어올리는 동작을 줄일 수 있었다. 또한 이동형 발판을 활용하면 사다리로 벽돌을 다시 나를 필요가 없었다. 그리고 회반죽의 점도를 일정하게 만들면 미장공은 연장으로 벽돌을 계속 두드리지 않고 한 번 손으로 눌러주기만 하면 되었다.

그의 분석이 주는 교훈은 인센티브만으로는 충분하지 않다는 것이다. 경쟁우위를 개선하려면 모든 것을 안다는 가정을 버리고 제품과 공정의 모든 면을 재검토해야 한다. 정보 흐름과 사업 절차에 대한 이러한 접근법을 '리엔지니어링' 또는 '사업 절차 혁신'으로 부른다. 어떤 명칭으로 부르든 간에 근본적인 원칙은 일이 이루어지는 방식을 세심하게 재검토하는 것이다.

제품 혁신 역시 사업 절차의 혁신과 비슷하다. 다만 내부 시스템이 아니라 소비자를 관찰하는 일이 더 어렵다는 점이 다르다. 제품 개발과 개선에 능한 기업들은 소비자의 태도와 감정을 깊이 연구한다. 그들은 소비자들과 공감하고 사전에 문제를 예측할 줄 안다.

두 번째 이유는 중요한 방법론에 대한 격리 기작이 약하기 때문이다. 그러면 기업들은 경쟁자가 이룬 혁신에 무임승차하려고 든다. 이 문제를 방지하려면 혁신의 내용이 특허와 같은 방식으로 보호받거나 고유한 속성으로 조직에 내재되어 경쟁자들이 쉽게 모방할 수 없어야 한다.

경쟁우위의 범위 확대

경쟁우위의 범위를 확대하면 새로운 영역으로 진출할 문이 열린다. 가령 이베이는 인터넷 지불 시스템으로 확보한 경쟁우위를 휴대폰 지불 시장으로 확대할 수 있다. 경쟁우위의 범위를 확대하려면 제품과 소비자 그리고 경쟁자로부터 눈을 돌려서 고유한 기술과 자원을 살펴야 한다. 다시 말해서 고유한 역량을 활용할 방법을 찾아야 한다.

기존 자원을 다른 제품이나 시장에서 활용하는 것은 가장 기본적인 전략이다. 이 아이디어는 대단히 유용하면서도 위험한 측면을 지닌다. 많은 기업들이 경쟁우위의 모호한 일반성을 믿고 잘 알지도 못하는 시장으로 뛰어드는 잘못을 저지른다.

경쟁우위의 범위를 생산적으로 확대하려면 복잡한 지식과 노하우가 필요하다. 가령 듀퐁은 화약업체로 출발했지만 화학에 대한 전문성을 살려서 셀룰로즈, 합성 고무, 페인트를 생산했다. 또한 합성수지 생산을 통해 고분자화학 관련 기술이 축적되면서 투명 합성수지와 테프론을 거쳐 나일론, 폴리에스테르 필름, 기능성 섬유까지 개발하게 되었다. GE, IBM, 3M을 비롯하여 많은 제약 기업과 전자기업도 비슷한 기술적 자원의 축적과 확장 과정을 거쳤다.

독점적 노하우를 활용하여 사업을 확장하면 축적한 지식을 소모하는 것이 아니라 개선할 수 있다. 반면 브랜드나 명성만 믿고 무모하게 사업을 확장하면 오히려 축적한 자원을 갉아먹을 수 있다. 또한 사업 확장이 실패로 돌아가면 핵심 역량까지 손상될 수 있다.

월트 디즈니는 경쟁우위의 확장에 신중을 기하여 성공을 거둔 사례다. 디즈니는 가족 친화적인 이미지에 힘입어 엔터테인먼트 산업에서 오랫동안 강력한 경쟁우위를 유지해왔다. 브랜드만으로 가족들을 극장으로 끌어들일 수 있는 영화사는 디즈니뿐이었다. 부모들은 내용을 크게 신경쓰지 않고 아이들과 함께 디즈니 영화를 보러 갈 수 있었다. 반면 소니나 파라마운트가 제작한 영화라는 이유로 극장에 가는 사람은 없었다. 이 브랜드들은 소비자 사이에서 별다른 영향력을 발휘하지 못했다.

브랜드의 가치는 제품의 일정한 특성을 보장하는 데서 나온다. 이러한 특성을 정의하기는 쉽지 않다. 디즈니 영화의 특성은 무엇일까? 디즈니가 가치를 잃지 않고 브랜드를 확장할 수 있는 한계는 어디까지일까?

나는 2008년에 월트 디즈니 영화사의 대표인 마크 조라디Mark Zoradi와 브랜드 확장 전략을 논의했다. 그는 디즈니가 가진 가장 가치있는 자산이 브랜드라고 말했다. 전임 사장인 딕 쿡Dick Cook은 몇 년 전에 브랜드를 손상시키지 않고 확장할 수 있는 전략을 수립하라는 과제를 냈다. 어떤 사람들은 어린이 영화에 집중해야 한다고 주장했다. 그러나 그들은 디즈니가 〈해저 2만리〉 같은 영화도 만들었다는 사실을 잊고 있었다. 디즈니는 〈ET〉, 〈수퍼맨〉, 〈인디아나 존스〉처럼 영화사에 남을 성공작들을 다수 배급했다.

디즈니는 브랜드 확장 전략을 위해 '욕설 금지', '불편한 성적 묘사 금지', '과도한 폭력 금지'라는 세 가지 지침을 마련했다. 이처럼 확장된 표현 영역을 통해 〈캐러비언의 해적들〉과 〈내셔널 트레저〉, 〈나니아 연대기〉 같은 영화들을 디즈니 브랜드로 배급할 수 있었다. 결과적으로 세 가지 지침은 디즈니가 브랜드의 가치를 손상하지 않고 모험 활극 장르로 진입할 수 있도록 도와주었다.

수요 촉진

수요가 증가하면 경쟁우위의 가치가 더욱 높아진다. 보다 정확하게 말하자면 경쟁우위를 뒷받침하는 자원의 가치가 더욱 높아진다. 가령 소형 항공기 시장이 커지면 엠브라에르Embraer의 브랜드와 전문 기술이 가진 가치가 상승할 것이다. 수요가 증가해도 안정적인 경쟁우위를 창출할 자원을 확보하지 못한 기업은 장기적으로 이익을 늘릴 수 없다.

지속 가능한 경쟁우위를 확보하는 일이 전략의 전부라고 생각하는 사람들은 수요 증가를 위한 노력의 필요성을 간과한다. 그러나 수요 촉진은 사업 전략의 가장 기본적인 내용에 해당된다.

스튜어트 레스닉과 린다 레스닉이 일군 석류 주스 사업은 적극적인 수요 창출의 중요성을 말해준다. 그들은 1987년에 프루덴셜 생명보험으로부터 1만 8천 에이커에 이르는 농장을 사들였다. 주요 재배 품목은 피스타치오와 아몬드였다. 석류를 재배하는 면적은 120에이커에 불과했다. 레스닉 부부는 처음에 석류 재배지를 전부 견과류 재배지로 바꾸려고 했다. 그러나 작목별 손익을 따져보니 견과류보다 석류를 통해 얻는 면적당 이익이 더 많았다.

1990년대에 석류는 미국에서 인기있는 과일이 아니었다. 중동에서 전파된 석류는 건강에 도움이 되는 요소들이 많았다. 레스닉 부부는 1998년부터 석류의 효능에 대한 연구를 지원했다. 그 결과 석류 주스가 레드 와인보다 더 많은 항산화제를 함유하고 있으며, 혈압을 낮춰주고 전립선암을 예방해 준다는 사실이 밝혀졌다.

레스닉 부부는 이러한 연구결과를 바탕으로 본격적인 수요 촉진에 나섰다. 견과류의 경우와 마찬가지로 석류 사업에서도 압도적인 생산량을 확보하는 것이 관건이었다. 그래서 레스닉 부부는 더 많은 재배지를 사들여서 총 면적을 6천 에이커로 늘렸다.

그들은 석류 주스를 제조하고 홍보하는 방법도 연구했다. 일반적으로 과일 주스는 원액을 희석하는 방식으로 만들었다. 린다는 100퍼센트 원액을 그대로 담는 새로운 제품 컨셉트를 제안했다. 그러면 기존의 음료와 다른 건강하고 몸에 좋은 음료로 마케팅할 수 있었다. 폼POM이라는 브랜드 명의 가운데 글자인 O도 심장 모양으로 디자인되었다.

과감한 선행 투자를 한 상황에서 수요 촉진 전략이 제대로 먹히지 않으면 엄청난 재고를 떠안아야 했다. 그래서 레스닉 부부는 제품 개발, 포장, 마케팅에 만전을 기하는 한편 인맥을 총동원하는 홍보전에 나섰다. 그들의 노력은 수요 급증이라는 결실을 맺었다. 덕분에 폼 원더풀은 급성장하는 석류 음료 시장을 석권할 수 있었다.

격리 기작 강화

격리 기작은 경쟁자가 경쟁우위를 뒷받침하는 자원을 복제하지 못하도록 막는다. 기존 격리 기작을 강화하거나 새로운 격리 기작을 창출하면 사업의 가치를 높일 수 있다. 격리 기작을 강화하는 가장 명백한 방법은 특허와 지적 재산권을 확보하는 것이다. 강력한 브랜드는 신제품을 출시할 때 보호막의 역할을 해준다. 혹은 격리 기작이 집단적 노하우라면 이직률을 줄임으로써 강화할 수 있다.

미국 석유 산업의 역사는 재산권을 강화하기 위한 집단적 행동의 사례를 보여준다. 1859년에 펜실베이니아에서 처음 석유를 채취할 때부터 소유권 문제가 대두되었다. 석탄 같은 광물의 경우에는 명확한 기준이 있었다. 토지 소유자가 지하에 묻힌 광물에 대한 소유권도 함께 가졌다. 그러나 석유는 흘러 다니는 것이어서 누구도 정확히 어디서 나왔는지 밝힐 수 없었다. 그래서 오랜 '포획의 원칙rule of capture'에 따라 땅에서 뽑아올리는 사람에게 소유권이 있다는 기준이 정해졌다. 그 결과 유전은 사실상 재산권의 영역을 넘어선 공동 소유가 되었다. 따라서 채굴업자들은 최대한 빨리 석유를 뽑아올려야 했다. 어차피 다른 채굴업자들이 유전을 바닥낼 것이 뻔했기 때문에 채굴량을 조절할 의미가 없었다. 이러한 상황은 과도한 채굴 경쟁을 부추겼다. 가령 1930년에 텍사스 동부에서 유전이 발견되자 한 구역에 무려 44대의 굴착기가 설치되었다. 그 결과 18개월 만에 유가가 배럴당 1달러에서 13센트로 폭락했고, 유전의 압력이 약화되면서 지하수가 유입되고 말았다. 채굴업자들은 과도한 경쟁을 자제할 방법을 찾았지만 법원이 가격 담합이라는 이유로 채굴량 관리를 막았다. 결국 상황이 악화되자 1931년 말에 텍사스 주지사가 유전에 계엄령을 내리고 주 방위군을 투입하여 채굴을 중단시켰다.

석유 기업, 주정부, 연방정부는 오랜 조정을 거쳐 채굴량을 관리하고 이익을 나누는 규칙을 확립했다. 이 일은 석유 기업마다 이해관계와 정보 수준이 다르기 때문에 결코 쉽지 않았다. 대형 석유 기업들은 원전의 매장량에 대하여 더 나은 정보를 갖고 있었다. 그럼에도 불구하고 이해관계자들은 합의를 이끌어냈다. 법적 격리 기작을 변경하는 일에는 집단적인 노력이 필요했다.

격리 기작을 강화하는 다른 방법은 모방의 목표를 계속 이동시키는 것이다. 목표가 고정되어 있으면 경쟁자들이 곧 노하우와 자원을 모방하는 방법을 알게 된다. 그러나 제품이나 방법론을 지속적으로 개선하면 모방하기가 훨씬 어려워진다. 마이크로소프트의 윈도우 운영체제가 그러한 예다. 윈도우가 오랫동안 별다른 변화를 보이지 않는다면 분명히 다른 업체들이 유사한 대체품을 개발할 것이다. 그러나 마이크로소프트는 계속 윈도우를 발전시킴으로써 쉽게 모방하지 못하게 만들었다. 말하자면 윈도우는 움직이는 표적인 셈이었다.

고유한 지식에 기반을 두고 제품과 방법론을 지속적으로 혁신하면 더욱 모방하기 어렵다. 그래서 과학적 지식을 활용하는 혁신의 격리 기작은 과학적 지식과 시장 및 운영에 대한 고유한 정보를 결합하는 혁신의 격리 기작보다 훨씬 약하다.

제 13 장

변화의 흐름이 아닌
내용을 읽어라

GOOD STRATEGY BAD STRATEGY

고전적인 군사 전략은 고지를 중시한다. 고지는 공격을 어렵게, 방어를 쉽게 만들어준다. 다시 말해서 경쟁우위의 기반이 되는 비대칭성을 형성한다.

전략 이론은 경제적 고지가 중요한 이유를 자세하게 설명한다. 그러나 이러한 논의는 보다 중요한 질문을 간과한다. 그것은 경제적 고지를 차지하는 방법에 대한 질문이다. 문제는 유리한 입지의 가치가 높을수록 확보 비용도 많이 소요된다는 것이다. 반면 쉽게 확보할 수 있는 입지는 공격당하기도 쉽다.

방어 진지가 없는 고지를 확보하는 대표적인 방법은 두 가지다. 하나는 혁신을 이루는 것이다. 고어텍스 같은 기술의 혁신이나 페덱스의 익일 배송 같은 사업모델의 혁신은 오랫동안 방어할 수 있는 새로운 고지를 만들어낸다.

다른 하나는 변화의 파도에 올라타는 것이다. 이러한 파도는 대개 거시적인 차원에서 발생한다. 그래서 한 개인이나 조직이 인위적으로 일으킬 수 없다. 변화의 파도는 다양한 분야에서 일어나는 수많은 전환과 발전의 결과로서 지진처럼 시장의 지형을 바꿔놓는다. 이러한 변화는 기존의 경쟁 구도를 뒤흔들어서 오랜 경쟁우위를 무력화하고 새로운 경쟁우위를 생성한다. 그에 따라 완전히 새로운 전략을 구사할 환경이 조성된다.

변화의 파도는 통제하기 어려운 강력한 힘을 지닌다. 리더의 역할은 이 힘을 활용할 수 있는 통찰과 기술 그리고 창의력을 제공하는 것이다. 그러기 위해서는 변화의 역학을 이해하고 중요한 입지를 구축할 수 있는 분야에 역량을 집중해야 한다.

변화의 파도를 보려면 장기적인 전망을 가져야 한다. 많은 사람들이 현대에 들어 변화의 속도가 빨라졌으며, 안정성은 구시대의 유물이라고 이야기한다. 그러나 이 말은 사실이 아니다. 대부분의 산업은 대부분의 기간 동안 안정된 상태를 유지한다. 물론 변화는 언제나 일어난다. 그러나 현대의 변화가 과거의 변화에 비해 더 거대하다는 생각은 역사에 대한 무지를 드러낸다.

가령 1875년에서 1925년 사이에 일어난 변화와 현대의 변화를 비교해 보라. 이 50년 동안 전기가 처음 밤을 밝혔고, 공장과 가정에서 근본적인 변화를 일으켰다. 1880년에 보스턴에서 케임브리지까지 가려면 말을 타고 반나절을 달려야 했다. 그러나 5년 뒤에는 20분 만에 전차를 타고 갈 수 있었다. 전차와 함께 통근문화와 교외 주택지가 생겨났다. 공장들은 증기엔진이나 수차 대신 전기 모터로 기계를 돌리기 시작했다. 방적기는 모든 사람이 좋은 옷을 입을 수 있게 만들었다. 전기는 전신, 전화, 라디오를 통해 로마의 길 이후 처음으로 의사소통의 중대한 혁신을 일으켰다. 철도와 고속도로는 전국을 같은 생활권으로 엮어나갔다. 자동차가 흔한 교통수단이 되면서 생활방식을 변화시켰다. 항공기와 농업이 상업화되었다. 1906년에는 IBM의 첫 자동 연산기계가 개발되었다. 이민 인구가 대거 유입되면서 도시의 모습이 바뀌었다. 현대적인 광고, 유통, 마케팅이 태동하면서 켈로그, 허쉬, 코닥, 코카콜라, GE, 포드 같은 유명 브랜드들이 성장하기 시작했다. 이처럼 근대적인 요소의 대부분이 1875년과 1925년 사이에 형성되었다.

그러면 보다 후대의 50년 동안 일어난 변화들을 살펴보자. 내가 태어난 1942년 이후 텔레비전이 대중문화를 전파했고, 제트 여객기가 해외여행을 가능하게 만들었으며, 장거리 운송 비용이 낮아지면서 무역이 활발해졌다. 또한 축구장만한 유통점들이 생겨났고, 컴퓨터와 휴대전화가 흔해졌으며, 인터넷으로 집에서 일과 쇼핑을 할 수 있게 되었다. 이러한 모든 변화가 일상생활과 기업활동에 미친 영향은 과거의 변화에 비해 작았다. 이처럼 역사적 전망은 진정으로 중요한 의미를 지니는 변화가 무엇인지 판단하는데 도움을 준다.

변화의 파도가 지나간 후에는 영향력을 쉽게 확인할 수 있다. 그러나 그때는 이미 위험을 피하고 기회를 활용하기에는 늦다. 변화의 파도가 형성되는 초기에 대응하지 않으면 안 된다. 중요한 것은 미래를 예측하는 것이 아니라 과거와 현재를 이해하는 것이다. 해마다 일어나는 수많은 전환과 조정 속에 거대한 변화의 단서가 숨어있다. 이 단서의 파편들을 모아 패턴을 만들면 근본적인 힘을 파악할 수 있다. 모든 단서는 눈앞에 놓여있다. 다만 거기서 깊은 의미를 읽어내려는 노력이 필요할 뿐이다.

변화가 일어날 때 대부분의 사람들은 겉으로 드러나는 1차적인 영향에 주목한다. 그러나 한 걸음 더 나아가 이면의 힘을 이해하고 2차적인 영향을 보는 관점을 기르는 것이 중요하다. 가령 1950년대에 텔레비전이 등장했을 때 대부분의 사람들은 영화가 위기를 맞을 것이라고 예측했다. 흔한 서부영화로는 집에서 공짜로 볼 수 있는 텔레비전 프로그램과 경쟁하기 어려웠다. 전통적인 할리우드 영화사들은 B급 오락영화를 양산하는 데 주력하고 있었다. 결국 1960년대 초반부터 영화관람객 수가 급감하기 시작했다. 침체에 빠진 할리우드를 살린 것은 독립 제작 체제로의 전환이었다. 새로운 체제에서 영화사들은 자금 지원과 배급의 역할을 맡았다. 거대 영화사의 관료주의에서 벗어난 영화제작자들은 관람객을 끌어모으기에 충분할 만큼 흥미로운 영화들을 만들었다. 결과적으로 텔레비전의 등장에 따른 2차적인 영향은 영화산업의 재편이었다.

변화는 깨달음을 필요로 한다

1996년의 어느 겨울날, 나는 마트라 커뮤니케이션즈Matra Communications의 경영진을 만나기 위해 파리로 차를 몰았다. 원래 마트라 커뮤니케이션즈는 군수, 항공, 전기, 통신 설비사업을 거느린 거대한 국영기업인 마트라 그룹에 속해있었다. 그러다가 몇 년 전에 프랑스 정부가 실시한 민영화에 따라 캐나다의 노던 텔레콤Northern Telecom에 인수되었다.

마트라 커뮤니케이션즈의 CEO인 쟝-버나드 레비Jean-Bernard Lévy는 반갑게 나를 맞아주었다. 40세인 그는 미국 기준으로는 젊은 나이에 CEO에 오른 편이었다. 그러나 프랑스의 기준은 달랐다. 프랑스의 인재들은 그랑제콜에서 무료로 세계적인 수준의 교육을 받은 후 정부나 민간에서 엘리트 코스를 밟을 수 있었다. 레비는 행정부와 프랑스 텔레콤을 거쳐 마트라의 위성 사업을 맡았다. 그는 2002년에는 유니버셜 뮤직, 카날 플러스, 액티비전 블리자드를 거느린 미디어 재벌인 비방디의 CEO에 오른 데 이어 2005

년에는 이사회 의장이 되었다.

나는 레비와 빠르게 변하는 통신 설비 산업에서 마트라 커뮤니케이션즈가 직면한 문제들을 논의했다. 레비는 통신 설비 산업이 규모의 경제 효과에 결정적인 영향을 받는다고 설명했다. 일본, 유럽, 북미 시장 가운데 최소한 두 군데에서 상당한 지분을 확보하지 못한 통신 설비 기업은 틈새시장에 특수 설비를 제공하는 역할밖에 할 수 없었다. 혹은 정부에 의존하여 지역 통신 기업에 납품하는 길을 찾아야 했다.

마트라는 세계 10대 통신 설비 기업에 들지 못했다. 내가 이 점을 지적하자 레비는 "지금은 그렇지만 향후 휴대전화가 통신업계의 지형을 바꿀 것입니다. 또한 규제 완화로 게임의 규칙이 바뀔 것입니다. 그리고 인터넷은 통신, 데이터, 엔터테인먼트의 경계를 지울 것입니다."라고 말했다.

나는 "그렇다면 네트워크 설비와 무선 통신 설비 부문에서 큰 기회가 생기겠군요?"라고 물었다. 그는 "그것은 조만간 닥칠 변화이고 장기적으로 더 많은 변화가 일어날 겁니다"라고 대답했다.

변화는 새로운 기회를 열어준다. 그러나 최근의 변화는 마트라에게 특별히 유리한 것은 아니었다. 나는 다음과 같은 다소 공격적인 질문을 던졌다. "저는 통신 설비 업계의 구조를 바꾸는 힘을 이해하고 싶습니다. 가령 시스코의 놀라운 성공을 보십시오. 시스코는 다들 AT&T와 IBM의 전쟁터가 될 것이라고 예상했던 정보

통신과 컴퓨터 사이의 접점을 차지했습니다. 두 대기업을 제치고 신생기업이 새로운 시장을 장악한 것이죠.

아까 통신 설비 업계에서 중요한 위치에 올라서려면 규모의 경제 효과를 얻어야 한다고 말씀하셨습니다만, 2명의 대학생이 창업한 시스코는 이 장벽을 가볍게 뛰어넘었습니다. 그것도 AT&T, IBM, NEC, 지멘스, 마트라 같은 대기업들이 버티고 있는 상황에서 말이죠. 이 점은 어떻게 생각하십니까?"

동석한 CFO는 시스코가 대기업들이 제공할 수 없는 스톡옵션을 통해 최고의 인재들을 끌어모았기 때문이라고 대답했다. 그러나 레비는 생각이 다르다는 듯 고개를 저었다. 그는 "마트라에도 네트워크 설비를 개발하는 엔지니어들이 있습니다. 그들도 기술적인 내용을 충분히 알고 있어요. 하지만 시스코가 개발한 네트워크 라우터의 성능을 따라잡는 제품을 개발하지 못했습니다."라고 말했다.

나는 시스코가 확보한 특허 때문인지 물었다. 그는 "특허는 결정적인 이유가 아닙니다. 시스코 라우터의 핵심은 펌웨어입니다. 이 펌웨어는 소규모 팀이 만든 약 10만 줄의 대단히 효율적인 코드를 담고 있습니다. 거기에 시스코의 강점이 있습니다"라고 대답했다.

그날 저녁 사무실로 돌아온 나는 인터뷰 내용을 글로 옮기면서 내용을 검토했다. 라우터는 마이크로프로세서, 메모리, 입출력 포트를 갖추고 데이터의 흐름을 관리하는 일종의 소형 컴퓨터였다. 라우터의 성능을 좌우하는 것은 모든 업체가 확보할 수 있는 부품이 아니었다. 경쟁자들이 모방할 수 없는 것은 시스코의 소프트웨어, 보다 정확하게는 소프트웨어에 내재된 기술이었다.

그제서야 나는 중요한 사실을 깨달았다. 시스코는 기술이 규모를 이긴 유일한 사례가 아니었다. 시스코가 활용한 힘은 기술의 차원을 뛰어넘는 훨씬 광범위한 것이었다. 과거 통신 설비 부문에서 성공을 좌우하는 것은 능력있는 엔지니어들의 작업을 조율하여 대규모 개발 프로젝트를 진행하고, 복잡한 전자 설비의 제조 공정을 관리하는 역량이었다. AT&T와 IBM은 이러한 역량을 토대로 성공을 거둘 수 있었다. 그러나 1996년 무렵에는 성공의 토대가 소규모 팀이 제작하는 소프트웨어로 바뀌고 있었다. 즉, 규모의 경제에서 기술과 노하우로 무게 중심이 이동하고 있었다. 이러한 변화는 전투의 양상이 돌격전에서 게릴라전으로 바뀐 것과 같았다. 나는 산업의 지형을 바꾸는 숨겨진 힘의 거대한 작용을 느꼈다.

3년 전에 나는 도쿄에서 몇 달 동안 일한 적이 있었다. 당시에는 일본이 21세기에 경제적 초강대국이 될 것이라고 예측하는 사람들이 많았다. 그러나 혁신의 무대가 기업가정신으로 무장한 실리콘 밸리로 이동하고 있었다. 나는 이러한 변화의 파도가 다양한 분야로 밀려갈 것임을 예감했다. 이 힘은 기업뿐만 아니라 국가의 운명까지 바꿀 수 있었다.

근본적인 역량의 발견

　중대한 변화를 깊이 있게 인식하려면 면밀한 분석이 필요하다. 충분한 전문성을 갖춰야 변화의 파도가 어떤 식으로 펼쳐질지 예측할 수 있다. 변화가 시작되면 피상적인 진단들이 쏟아져 나온다. 그러나 중요한 일은 변화의 이면에 존재하는 근본적인 힘을 발견하는 것이다. 안정된 시기에는 세부적인 면을 신경쓰지 않아도 리더의 역할을 잘 해낼 수 있다. 그러나 변화의 파도에 올라타려면 그 기원과 역학을 자세하게 파악해야 한다.

　오랫동안 정보통신 산업은 대단히 안정되어 있었다. 그러나 내가 레비와 함께 시스코에 대한 이야기를 나누던 1996년에는 갑작스런 변화의 파도가 밀어닥쳤다. PC와 데이터 네트워크의 확산이라는 표면적인 추세는 누구나 인지하고 있었다. 규제 완화와 디지털 기술로의 이행도 오래 전부터 예측되던 일이었다.

　쉽게 예측할 수 없었던 변화는 소프트웨어가 경쟁우위의 원천으로 부상한 것과 전통적인 컴퓨터 산업의 해체였다. 지나고 보면 이러한 변화는 마이크로프로세서를 공통분모로 삼은 당연한 수순이었다. 그러나 처음에는 상관관계가 명백하지 않았다. 첨단기술 부문에 종사하는 사람들은 누구나 마이크로프로세서와 관련된 기술적 내용을 알았다. 그러나 그 영향력을 이해하는 일은 훨씬 어려웠다.

소프트웨어의 이점

소프트웨어는 어떻게 경쟁우위의 원천이 되었을까? 그 답은 PC에서 순항 미사일까지 모든 기계에 들어간 마이크로프로세서에 있다. 이러한 기계의 성능을 좌우하는 것은 프로그래밍이었다.

내가 UC 버클리 대학에서 공부하던 1963년에 전기공학 부문의 주요 관심사는 집적회로와 컴퓨터였다. 1958년에 처음 선보인 집적회로는 수백 개의 트랜지스터를 하나의 칩에 담아냈다. 또한 컴퓨터의 중앙처리장치에 대한 지식도 1950년대부터 널리 알려져 있었다. 만약 수백 개가 아니라 수천 개의 트랜지스터를 집적한다면 단일 칩으로 컴퓨터 프로세서를 만들 수 있었다. 단일 칩에 프로세서의 모든 기능을 구현한다는 아이디어는 집적회로의 탄생 초기부터 보편적으로 퍼져 있었다. 1971년에 인텔이 처음 선보인 4비트 4004 마이크로프로세서는 2,300개의 트랜지스터를 담고 있었다. 당시 칩 시장은 대규모로 생산되는 표준 칩과 소규모로 생산되는 특수 칩으로 나누어져 있었다. 특수 칩의 소유권은 때로 설계까지 직접 담당했던 고객사에 있었다.

중요한 결정들은 대부분 의식하지 않은 채 이루어진다. 경영인들은 무심결에 일반적인 관행을 따르고 만다. 인텔 내부에서 4004 마이크로프로세서는 특수 칩으로 분류되었다. 그래서 소유권이 고객사인 비지콤Busicom에게 주어졌다. 그러나 이익 압박에 시달리던 비지콤은 인텔에게 가격인하를 요구했고, 인텔은 소유권 반환을 조건으로 내걸었다. 차세대 마이크로프로세서인 8008의 경우에도 같은 상황이 반복되었다. 원래 8008은 컴퓨터 터미널 생산업체인 CTC의 독점적 사용을 위해 개발된 것이었다. 그러나 사정이 어려웠던 CTC는 명령어 집합까지 설계해 놓고도 소유권을 반환해 버렸다. 이 명령어 집합은 최신형 x86 프로세서까지 이어졌다.

인텔의 경영진이 소프트웨어를 통해 특별한 용도에 응용할 수 있는 범용 칩의 영향력을 완전히 이해하기까지 오랜 시간이 걸렸다. 이러한 방식을 따르면 개별 고객사를 위한 전용 칩을 개발할 필요가 없었다. 특별히 필요한 기능은 소프트웨어로 보완하면 되기 때문이었다. 그 결과 마이크로프로세서의 대량 판매가 가능해졌다. 덕분에 인텔은 주문형 칩을 제조하는 하청 기업에서 독자적인 제품을 생산하는 기술 기업으로 탈바꿈할 수 있었다. 당시 회장인 앤디 그로브는 "이러한 변화가 인텔의 미래를 열어주었습니다. 우리는 15년 동안 이 사실을 깨닫지 못했습니다. 약 10년 동안은 미래의 핵심사업을 부가사업으로 치부하기도 했습니다"라고 말했다.

인텔의 공동 설립자인 고든 무어는 집적회로의 발전 속도를 예측하는 법칙으로 유명해졌다. 그보다 덜 알려진 예측은 특수 칩을 설계하는 비용이 제조하는 비용보다 훨씬 커진다는 것이었다. 그는 "마이크로프로세서의 개발과 반도체 메모리 장치의 발전이 반도체 부품 제조업체에게 기회를 열어주었다."라고 썼다. 그가 보기에 마이크로프로세서와 반도체 메모리 장치의 장점은 대량 판매가 가능하다는 것이었다.

나는 휴대전화용 칩 제조업체인 퀄컴Qualcomm의 간부들과 전략을 논의하는 자리에서 특수 칩을 설계하는 비용이 급증할 것이라는 무어의 예측을 언급했다. 그러자 한 간부가 전용 소프트웨어를 제작하는 비용도 높지 않냐고 물었다. 좋은 질문이었다. 실제로 소프트웨어 엔지니어의 임금은 하드웨어 엔지니어의 임금과 큰 차이가 없었다. 누구도 바로 대답을 제시하지 못했다. 나는 직접 경험한 관련 사례에 대한 이야기를 들려주었다. 롤스로이스는 제트 엔진의 효율성을 높이기 위해 연료 분사 조절 장치를 개발하는 일에 착수했다. 거기에는 전용 칩을 만들거나, 범용 칩과 전용 소프트웨어를 결합하는 두 가지 방법이 있었다. 어느 쪽이든 수천 개의 장치를 제조하기 위해 상당한 자원을 투자해야 했다. 그렇다면 소프트웨어를 선호할 이유가 무엇일까?

여느 때처럼 일반적인 성격의 질문을 구체적인 사례로 바꾼 것이 도움을 주었다. 우리는 금세 답을 구할 수 있었다. 소프트웨어와 하드웨어의 개발비용은 거의 비슷했다. 다른 것은 시제품 제작, 업그레이드, 오류 수정에 필요한 비용이었다. 설계에는 언제나 시행착오가 따르기 마련이었다. 다만 하드웨어의 시행착오는 소프트웨어의 시행착오보다 훨씬 많은 비용을 초래했다. 하드웨어의 설계가 잘못되면 몇 달 동안 재설계를 해야 했다. 반면 소프트웨어의 설계가 잘못되면 며칠 동안 코드만 수정하면 되었다. 또한 소프트웨어의 경우 제품을 출시한 후에도 쉽게 버그 수정과 업그레이드가 가능했다. 소프트웨어의 이점은 콘셉트에서 시제품을 거쳐 오류 수정에 이르는 개발 주기가 신속하게 진행된다는 것이었다. 시행착오를 저지르지 않는다면 하드웨어 설계비용과 소프트웨어 설계비용 사이에 큰 차이가 없었다. 그러나 시행착오를 피할 수 없기 때문에 소프트웨어가 선호의 대상이 되었다.

컴퓨터 산업의 구조 변화

1996년에 내가 레비와 대화를 나눈 직후 앤디 그로브가 쓴 『승자의 법칙』이 출간되었다. 그로브는 경영과 기술에 대한 전문성을 살려서 '변곡점inflection point'이 산업 전반을 뒤흔들 수 있다는 사실을 설득력있게 설명했다. 그의 설명에 따르면 변곡점이 컴퓨터 산업을 수직구조에서 수평구조로 전환시켰다.

과거의 수직구조에서 컴퓨터 제조업체는 자체 프로세서, 메모리, 하드 드라이브, 키보드, 모니터뿐만 아니라 시스템 소프트웨어와 응용 소프트웨어까지 만들었다. 구매자는 한 제조업체로부터 컴퓨터와 관련된 모든 제품을 사야 했다. DEC 컴퓨터에 HP 디스크 드라이버를 쓰는 것은 불가능했다. 반면 새로운 수평구조에서는 구성요소에 따라 별개의 시장이 형성되었다. 그래서 인텔은 프로세서를, 마이크로소프트는 운영체제를, 다른 기업들은 메모리나 하드 드라이브를 만들었다. 이러한 부품들을 조합하여 컴퓨터가 구성되었다.

그로브는 "컴퓨터뿐만 아니라 경쟁의 토대도 바뀌었다"라고 지적했다. 나는 전략 전문가로서 보다 깊은 내용을 알고 싶었다. 컴퓨터 산업이 수직구조로 재편된 이유는 무엇일까? 그로브도 이유를 제시하지 못했다. 그는 "지금도 컴퓨터 산업의 변곡점이 언제 형성되었는지 정확하게 지적하기 어렵다. PC가 부상하기 시작한 80년대 초반일까? 네트워크가 확산되기 시작한 80년대 후반일까? 어느 쪽인지 확실하게 말하기는 어렵다"라고 썼다.

그 이유를 파악한 것은 약 1년 후였다. 내가 인터뷰를 하던 고객사의 기술 간부들 중에 IBM의 시스템 엔지니어 출신이 있었다. 그는 시스템 엔지니어링의 필요성이 줄어들면서 일자리를 잃었다고 말했다. 내가 이유를 묻자 그는 "개별 구성요소들이 모두 똑똑해졌으니까요"라고 대답했다. 그제서야 나는 컴퓨터 산업이 재편된 이유를 깨달았다.

그로브가 말한 변곡점의 기원은 인텔이 개발한 마이크로프로세서였다. 주요 부품들이 자체 마이크로프로세서를 갖추면서 컴퓨터 산업의 모듈화가 진행되었다. 초기 PC에서는 CPU가 거의 모든 일을 했다. 키보드, 테입 드라이브, 프린터를 제어하는 일은 모두 CPU의 몫이었다. 주변장치들을 통합하는 복잡하고 어려운 일은 상당한 시스템 엔지니어링 부문의 노력을 요구했다.

그러나 저렴한 마이크로프로세서가 등장한 후 모든 것이 바뀌었다. 키보드와 하드 드라이브에도 마이크로프로세서가 장착되어 CPU가 일일이 통제할 필요가 없어졌다. CPU는 간단한 명령만 내리면 모든 주변장치들이 필요한 기능을 수행하게 되었다. 그 결과 시스템 통합 작업이 대단히 단순해졌다. IBM과 DEC가 오랫동안 축적한 기술이 쓸모없게 되어버린 것이다.

고유한 시스템 엔지니어링 기술이 더 이상 중요하지 않게 되면서 컴퓨터 산업의 구조가 재편되었다. 주요 부품들은 모듈화되어 맞춤식 설계를 할 필요가 없어졌다. 그에 따라 부품별 전문 업체들이 생겨났다.

현재 컴퓨터 산업을 협력기업들의 관계망으로 파악하는 연구자들이 많다. 관계망이라는 개념은 정량화하기 어려운 이면의 내용과 의미를 간과한 채 표면적인 관계만을 보게 만든다. 관계망에 집착하면 배경과 전경을 혼동하게 된다. 현대 컴퓨터 산업에서 진

정으로 놀라운 사실은 협력기업들의 관계망이 아니라 모든 구성
요소를 자체적으로 조율하는 거대 기업이 없다는 것이다. 현재의
관계망은 과거의 IBM을 구성했던 신경, 근육, 뼈의 잔재다.

변화의 파도에 올라탄 시스코

내가 레비와 전략을 논의하던 1996년에 시스코는 대기업들의
눈앞에서 네트워크 장비 시장을 차지한 신생기업이었다. 시스코
의 성장 과정은 변화의 파도에 올라타는 일이 얼마나 강력한 이점
을 제공하는지 생생하게 보여주었다. 시스코가 올라탄 변화의 파
도는 소프트웨어의 부상, 기업 네트워크의 확산, IP 네트워크로의
전환, 인터넷의 보편화였다.

1980년대 초에 스탠퍼드대 컴퓨터 설비실장인 랠프 고린Ralph
Gorin은 애플, 알토Alto, DEC 컴퓨터로 나눠진 네트워크를 한데 묶
고 싶어했다. 각 네트워크는 다른 장비와 프로토콜로 분리되어 있
었다. 직원인 앤디 벡톨샤임Andy Bechtolsheim과 윌리엄 이거William Yeager
는 '블루 박스Blue Box'라는 솔루션을 개발했다. 벡톨샤임은 하드웨
어, 이거는 소프트웨어를 담당했다. 벡톨샤임은 스탠퍼드대 재직
시 선워크스테이션을 개발한 후 선마이크로시스템즈를 공동 설
립했다. 이거도 나중에 합류했다. 렌 보색Len Bosack과 샌디 러너Sandy

Lerner는 블루 박스를 개량한 후 신생기업인 시스코로 자리를 옮겼다. 시스코는 1987년에 스탠퍼드대와 소유권 분쟁을 벌인 끝에 결별했다. 합의 조건은 시스코가 스탠퍼드대에 16만 7천 달러를 지불하고 가격을 할인해 주는 조건으로 소프트웨어에 대한 소유권을 인정받는 것이었다. 당시만 해도 시스코가 개발한 라우터의 판로는 대학에 국한된 것으로 생각되었다. 누구도 시스코가 2000년에 최고의 시가총액을 자랑하는 기업이 될 것이라고 예상치 못했다.

1988년에 벤처 캐피털로부터 첫 자금을 제공받은 후 시스코의 경영진은 전문가들로 교체되었다. 존 모그릿지John Morgridge와 존 챔버스John Chambers는 정보통신 산업에 작용하는 강력한 변화의 힘을 효과적으로 활용했다. 그들의 지휘 아래 시스코는 1988년부터 93년까지 3개의 파도를 타고 승승장구했다.

첫 번째 파도는 소프트웨어의 부상이었다. 시스코는 하드웨어 제작을 외주로 돌리고 소프트웨어, 판매, 서비스에 집중했다. 랠프 코린은 "시스코는 하드웨어에 담긴 소프트웨어를 팝니다"라고 말했다.

두 번째 파도는 기업 네트워크의 확산이었다. 기업들은 다른 프로토콜을 쓰는 네트워크들을 통합하고 싶어했다. 그에 따라 다중 프로토콜 처리 기능을 갖춘 시스코의 라우터에 대한 수요가 늘어났다.

세 번째 파도는 IP 네트워크로의 전환이었다. 1990년에 대부분의 네트워크 프로토콜은 기업이 소유하고 있었다. 예를 들어 IBM은 SNS, DEC는 DECnet, 마이크로소프트는 넷바이오스NetBIOS, 애플은 애플톡AppleTalk, 제록스는 에더넷Ethernet을 갖고 있었다. 반면 IP는 1970년대 말에 아르파넷ARPANET의 트래픽을 관리하기 위하여 만들어진 것이었다. 기업의 소유가 아닌 IP는 무료로 제공되었으며, 특정 하드웨어에 귀속되지 않았다. 기업들은 다양한 컴퓨터들로 네트워크를 구성하면서 중립적인 프로토콜의 가치를 깨달았다. 그래서 IP를 채택하는 기업들이 늘어났다. 시스코도 IP를 기본 프로토콜로 삼았다. 주요 기업들은 누구도 네트워크 프로토콜을 점령하려고 나서지 않았다. 자체 네트워크 프로토콜을 포기하고 경쟁자의 설비를 활용할 수 있는 여지를 제공하는 것이 싫었기 때문이었다.

시스코의 폭발적인 성장을 이끈 것은 인터넷의 보편화라는 네 번째 파도였다. 1993년에 밀어닥친 이 파도의 영향으로 기업 내에서 인터넷 접속 수요가 크게 늘었다. 기업들이 모뎀을 통하지 않는 상시 접속 체계를 구축하면서 IP는 표준으로 자리잡았고, 시스코 라우터는 기업 네트워크 시장의 3분의 2를 장악했다. 인터넷 트래픽이 폭증함에 따라 시스코의 고속 라우터는 더욱 각광받았다. 시스코는 IP가 아닌 다른 프로토콜까지 수용하는 방식으로 영역을 확장해 나갔다.

시스코의 성공담은 변화의 파도가 얼마나 강력한 영향을 미치는지 생생하게 보여준다. 변화의 파도에 올라타지 못했다면 시스코는 작은 틈새시장에 만족해야 했을 것이다. 시스코의 경영진들은 변화의 파도를 파악하고 활용하는 능력이 뛰어났다. 또한 치명적인 실수를 저지르지도 않았다. 주요 경쟁자인 IBM은 13년에 걸친 정부와의 독점 방지 소송에 지쳐서 제대로 대응을 하지 못했다. 다른 주요 기업들도 내부의 관성에 발목이 잡혀서 변화의 속도를 따라잡지 못했다. 또한 시스코가 상승세를 탈 무렵 때마침 인터넷이 등장하여 가속도를 붙여주었다.

변화의 단서

바람이 불지 않으면 항해기술을 발휘하기 어렵다. 마찬가지로 전략적인 능력은 전환기에 가장 빛을 발한다. 산업의 안정기에는 후발주자들이 역전을 이루거나, 경쟁구도가 무너지는 일이 드물다. 그러나 전환기에는 과거의 위계질서가 흔들리고 새로운 위계질서가 형성된다.

변화의 파도를 간단하게 분석하는 방법은 없다. UC 버클리대 물리학 교수인 루이스 알바레즈Luis Alvarez는 "고등 물리학은 우리가 잘 이해하지 못하는 영역을 다룹니다. 현상을 설명하는 명확하고 일관된 이론이 있다면 기초 물리학으로 불리게 되겠죠"라고 말했다.

산업 전반 혹은 경제 전반의 변화를 다루는 일은 입자 물리학보다 더 고차원적인 문제다. 다행히 리더가 반드시 이 문제에 통달할 필요는 없다. 단지 경쟁자의 전략보다 더 올바른 방향으로 나아가는 전략을 수립하기만 하면 된다. 변화의 안개 속에서 경쟁자보다 더 밝은 시야를 얻는다면 경쟁우위를 누릴 수 있다.

방향감각을 잃은 채 안개 속에서 길을 찾는 일은 사람을 불안하게 만든다. 그러다가 눈에 익은 대상이 나타나면 큰 안도감을 느끼게 된다. 이러한 대상들이 바로 길잡이다. 나는 변화의 안개 속에서 시야를 밝히기 위해 몇 가지 길잡이를 활용한다. 각 길잡이는 방향을 정하는 데 도움이 되는 단서를 제공한다.

첫 번째 길잡이는 고정 비용 상승, 두 번째 길잡이는 규제 완화, 세 번째 길잡이는 예측의 편향, 네 번째 길잡이는 기존 강자의 대응, 다섯 번째 길잡이는 끌개 상태_{attractor state}다.

길잡이 1 - 고정 비용 상승

가장 단순한 형태의 전환은 고정비용, 특히 개발비용의 상승에 의해 촉발된다. 고정비용의 상승은 업계의 구조조정을 불러온다. 대형업체만이 늘어난 비용을 감당할 수 있기 때문이다. 가령 필름 산업의 경우 1960년대에 흑백 필름에서 컬러 필름으로 넘어오는 과정에서 대형업체들의 입지가 더욱 강화되었다. 흑백 필름 시장이 성숙기에 이르렀을 때 품질 수준이 대부분의 고객들에게 필요한 정도를 넘어서게 되었다. 그래서 연구개발에 크게 투자할 이유가 없었다. 그러나 컬러 필름이 개발되면서 사정이 달라졌다. 컬러 필름의 품질을 개선하고 현상을 쉽게 만드는 기술에 투자하면 커다란 보상을 얻을 수 있었다. 이러한 기술을 개발하는 데 필요한 비용이 급등하면서 많은 업체들은 시장에서 밀려날 수밖에 없었다. 변화의 파도가 지나간 후 살아남은 것은 코닥과 후지 같은 강자들뿐이었다.

1960년대 말에 IBM이 컴퓨터 시장의 강자로 부상할 때도 비슷한 역학이 작용했다. 또한 피스톤 엔진에서 제트 엔진으로 넘어가는 과도기는 GE, 프랫 앤 휘트니Pratt & Whitney, 롤스로이스만을 남겼다.

길잡이 2 - 규제 완화

규제 완화로 인해 중대한 변화가 일어나는 경우가 많다. 지난 30년 동안 연방정부는 항공, 금융, 방송, 운송, 정보통신 분야에 적용하는 규정을 크게 바꾸었다. 그때마다 해당 업계에서 지각변동이 일어났다.

이러한 변화는 몇 가지 공통적인 속성을 지닌다. 첫째, 가격 규제는 대개 다른 소비자들의 비용으로 일부 소비자들을 보조한다.

가령 항공요금을 규제하면 해외여행자들의 비용으로 국내여행자들을 보조하게 된다. 또한 통신요금을 규제하면 도시와 기업 소비자들의 비용으로 농촌과 교외 소비자들을 보조하게 된다. 정상적인 가격 경쟁이 벌어지면 이러한 보조금은 금세 사라진다. 그러나 규제 완화가 이루어진 후에도 많은 기업들은 이전에 보다 수익성이 좋았던 분야에 집착한다. 그 이유는 기업 운영의 관성과 부실한 비용 분석 때문이다. 사실 심하게 규제를 받는 기업들은 비용이 얼마나 발생하는지 정확하게 모른다. 가격을 합리화하려고 실제 비용을 복잡한 절차로 숨기기 때문이다. 이러한 기업들이 과도한 비용을 줄이고 회계 관행을 바로잡으려면 몇 년의 시간이 걸린다. 그 과정에서 심리적, 회계적 오류로 인해 수익성 있는 제품을 버리고 수익성 없는 제품에 투자하는 일이 벌어지기도 한다.

길잡이 3 - 예측의 편향

변화의 양상을 정확하게 파악하기 위해서는 편향된 예측을 할 위험에 주의해야 한다. 가령 시장이나 경제의 추세가 고점을 찍고 하락할 것이라고 예측하는 사람은 드물다. 또한 제품의 판매량이 급증하면 대개 증가율이 정상적인 수준으로 조금씩 내려가는 가운데 판매량은 지속적으로 늘어나는 것으로 예측한다. 이러한 예측은 소비재에는 맞을 수 있지만 내구재에는 전혀 맞지 않을 수 있다. 내구재는 출시 초기에 많이 팔리다가 관심을 가졌던 사람들이 다 사고 나면 판매량이 급감하기도 한다. 이후에는 인구 성장과 교체 수요에 따라 판매량이 결정된다.

판매량이 고점을 찍을 것이라는 사실은 어렵지 않게 예측할 수 있지만 증가율이 느려지기 전까지는 타이밍을 예측할 수 없다. 내구재의 초기 판매량이 빠르게 늘어날수록 시장이 빨리 포화된다는 논리는 언뜻 맞지 않는 것처럼 보인다. 많은 경영인들은 이러한 예측을 불편하게 받아들인다. 그래서 어떤 경영인들은 예측 내용을 바꾸어 달라고 노골적으로 요구하기도 한다.

또 다른 편향은 변화의 파도에 직면했을 때에도 기존 강자들에게 초점을 맞추는 것이다. 그들이 도전자들을 쉽게 물리치고 지배적인 입지를 굳힐 것이라는 예측은 전환기에 맞지 않을 수도 있다.

가령 전문가들은 컴퓨터 산업과 정보통신 산업이 융합될 것이라고 오랫동안 예측해왔다. 그 대표적인 인물이 NEC 사장으로서 1977년에 'C&C(Computer & Communication)' 비전을 발표한 고바야시 코지다. IBM이 통신설비 업체를, AT&T가 컴퓨터 제조업체를 인수한 것이 단적인 예였다. 두 산업의 융합은 통역 기능을 갖춘 전화기 같은 혁신을 이룰 것으로 기대되었다. 코지는 이러한 융합과 함께 집적회로의 발전이 이루어질 것이라고 예측했다. 그래서 그는 더 작고 빠른 슈퍼컴퓨터를 개발하는 데 역량을 집중했다. 미국 정부도 두 산업의 융합을 예측하고 IBM과 경쟁할 수 있도록 AT&T에 대한 규제를 완화했다.

그러나 융합은 대부분의 사람들이 예상했던 방식대로 이루어지지 않았다. AT&T와 IBM이 스모 대결을 위해 마주섰는데 도장 바닥이 무너져버린 격이었다. 그들이 딛고 선 토대 자체가 마이크로프로세서, 소프트웨어, 컴퓨터 산업 구조의 재편, 인터넷으로 이어지는 변화의 파도에 휩쓸려 버렸다.

마찬가지로 1998년에 많은 전문가들은 세계 통신시장을 지배할 거대 통신사가 등장할 것이라고 예측했다. AT&T와 브리티시 텔레콤이 함께 세운 콘서트 커뮤니케이션 서비스Concert Communications Services같은 기업은 전 세계를 포괄하는 균일한 서비스를 제공할 것으로 기대되었다. 그러나 UPS가 전 세계에 걸쳐 도로를 소유할 필요가 없듯이 통신사가 전 세계에 걸쳐 통신망을 소유할 필요도 없었다.

세 번째 편향은 전환기에도 가장 크고, 가장 돈을 많이 벌며, 가장 주가상승률이 높은 기업의 전략을 따라야 한다고 믿는 것이다. 이러한 편향에 빠진 사람들은 현재의 승자가 전환기를 거친 후에도 승자로 남을 것이라고 예측한다. 다음에 나오는 사례들은 그에 따른 문제들을 보여준다.

- 항공업계의 규제가 풀리자 컨설턴트들은 항공사들에게 델타의 거점 중심 전략을 모방하라고 조언했다. 그러나 델타의 이익은 대개

지방 도시로 가는 단기 항로에 대한 요금 보조에서 나오는 것이었다. 규제 완화로 인해 이 이익은 모두 사라졌다.

- 월드콤의 주가가 고공행진을 펼칠 무렵 컨설턴트들은 통신사들에게 광섬유 통신망에 집중 투자하라고 조언했다. 한 보고서에 따르면 월드콤은 네트워크 단위 당 비용 면에서 AT&T를 앞지르고 있었다. 그러나 거대 통신사들이 가격 경쟁을 벌이자 월드콤은 맥없이 무너지고 말았다.

- 1999년에 컨설턴트들은 신생 인터넷 기업들에게 야후나 AOL 같은 포털을 만들라고 조언했다. 초기 포털은 특정한 웹페이지들을 모아놓고 이용자들에게 일종의 '놀이터'를 제공하는 역할을 했다. 그러나 인터넷의 규모가 기하급수적으로 성장하면서 이러한 전략은 의미를 잃어버렸다.

길잡이 4 - 기존 강자의 대응

기존 강자들이 변화의 파도에 어떻게 대응하는지 이해하는 것이 중요하다. 그들은 대개 오랜 기간에 걸쳐 확보한 기술과 입지를 위협하는 변화에 저항한다. 이 문제에 대해서는 14장에서 보다 자세하게 다룰 것이다.

길잡이 5 - 끌개 상태

끌개 상태라는 개념은 변화의 방향을 가늠하는 데 대단히 유용하다. 어떤 산업에서 끌개 상태는 수요와 기술의 변화에 따라 최대한의 효율성을 기하는 방향으로 이루어지는 진화의 기준을 말한다. 끌개 상태를 명확하게 파악하면 변화의 파도에 수월하게 올라탈 수 있다.

정보통신 산업이 혼란에 빠진 1995년에서 2000년 사이에 시스코는 IP의 보편화라는 전략적 비전을 통해 끌개 상태를 향해 나아갔다. 이 끌개 상태에서 모든 데이터는 IP 네트워크를 통해 이동했으며, 모든 정보는 IP 패킷으로 코드화되었다. 다른 기업들은 통신사들이 별도의 프로토콜과 하드웨어 그리고 소프트웨어로 동영상 회의 같은 서비스를 지원할 것이라고 보았다. 그러나 IP가 기준이 되는 끌개 상태에서는 네트워크 자체가 표준화된 데이터 파이프라인 역할을 했다.

끌개 상태는 산업의 진화 방향에 대한 단서를 제공한다. 물론 끌개 상태가 현실화된다는 보장은 없지만 유력한 지침은 될 수 있다. 끌개 상태는 일반적인 비전과 달리 효율성을 지향한다. IP의 보편화라는 비전은 효율성을 추구하기 때문에 끌개 상태에 부합한다.

끌개 상태 분석을 보완하는 두 가지 요소는 촉진제와 장애물을 파악하는 것이다. 촉진제의 사례로는 소비자에게 직접 근거를 제시하여 영향력을 미치는 '전시 효과'가 있다. 가령 냅스터는 노래와 동영상도 결국은 데이터라는 사실을 대중들에게 인식시켰다.

장애물의 사례로는 전력산업이 직면한 문제들이 있다. 대기 오염을 감안하면 명백한 끌개 상태는 원자력 발전이다. 이 끌개 상태로 가는 과정에서 화력 발전소는 원자력 발전소로 대체될 것이다. 그러나 시정부, 주정부, 연방정부뿐만 아니라 법원까지 개입하는 복잡하고 불확실한 허가 절차가 변화를 가로막고 있다. 프랑스에서는 허가부터 완공까지 5년이 걸리는데 반해 미국에서는 보일러를 교체하는 데만 10년이 걸린다.

신문산업의 끌개 상태는 흥미로운 분석거리다. 신문, 텔레비전, 웹사이트 같은 미디어 산업은 광고를 통한 간접적인 수익구조를 지닌다. 〈뉴욕타임즈〉 같은 대표적인 미디어들은 중대한 도전에 직면해 있다. 〈뉴욕타임즈〉의 주중 배포부수는 약 100만 부이며, 2008년에 6억 6,800만 달러의 매출을 올렸다. 〈뉴욕타임즈〉는 구독료 수입의 약 두세 배에 이르는 인쇄비와 유통비를 광고수입으로 메웠다. 문제는 2009년부터 광고수입이 급감하기 시작했다는 것이었다.

거기에는 두 가지 원인이 있었다. 하나는 인터넷으로 대부분의 뉴스를 접하게 되면서 독자들이 줄어든다는 것이었다. 대도시의 중저가 백화점들이 교외의 쇼핑몰과 할인점에 밀려났듯이 신문들은 인터넷에 밀려날 위기에 처하게 되었다. 다른 하나는 광고주들이 보다 표적화된 광고를 추구한다는 것이었다. 검색 결과를 광고와 연계시키는 구글의 힘 앞에 신문 광고는 매력을 잃었다.

뉴스 미디어는 영역, 발행빈도, 깊이라는 세 가지 차원에서 차별화된다. 나는 뉴스 산업의 끌개 상태가 각 차원에 따른 전문화에 있다고 본다. 인터넷으로 두루 정보를 접할 수 있는 상황에서 국제 뉴스, 스포츠 뉴스, 날씨, 만화, 퍼즐, 의견, 상담을 한데 모아 제공하는 것은 큰 의미가 없다. 따라서 모듬식 편집체제를 따르는 일간 신문의 영역은 갈수록 줄어들 것이다. 대신 지역화, 전문화된 뉴스를 제공하는 미디어는 살아남을 것이다. 〈뉴욕타임즈〉에게 주어진 전략적 과제는 온라인 진출이 아니라 전문화다.

물론 일간 신문이 전하는 지역 뉴스, 날씨, 스포츠 뉴스에 대한 수요는 계속 존재할 것이다. 그러나 일간 신문은 과거의 영광을 잃은 채 비용을 줄이려는 노력을 해야 할 것이다. 분석 기사와 탐사 보도에 적합한 미디어는 인터넷으로 발행되는 주간 잡지가 될 가능성이 높다. 또한 헤드라인 뉴스는 휴대전화를 통해 전파되는 비중이 높아질 것이다. 케이블 뉴스 채널은 보완적인 역할을 할 수 있다. 다만 신문이나 저널리스트들과 협력관계를 맺어서 비용을 줄여야 한다. 기업, 정치, 예술, 과학 분야에 특화된 인터넷 미디어도 일정한 지분을 확보할 것이다.

종이 신문들은 온라인으로 진출할 때 내부 기사보다 외부 컨텐츠에 역점을 두어야 한다. 성공적인 온라인 미디어는 신중하게 선정된 컨텐츠를 제공한다. 지금까지는 광고 외에 다른 수익 기반이 마련되지 않았다. 따라서 이용자의 관심에 맞는 표적화를 통해 광고수익을 높이는 데 주력할 필요가 있다.

제 14 장

—

관성과 엔트로피

GOOD STRATEGY BAD STRATEGY

대형 유조선을 정지시키려면 엔진을 역회전시켜도 1마일 정도는 더 가야 한다. 이처럼 변화에 저항하는 힘을 관성이라고 부른다. 기업의 관성은 환경 변화에 대한 대응을 가로막는다. 그래서 변화를 위한 프로그램을 추진해도 기본적인 사업 관행을 바꾸는데 오랜 시간이 걸리게 된다.

관성이 유일한 문제라면 환경 변화가 없는 한 효율적인 기업은 계속 성공을 이어가야 한다. 그러나 관성뿐만 아니라 엔트로피도 부정적인 영향을 미친다. 엔트로피는 물리적 시스템에 존재하는 무질서의 정도를 가리킨다. 열역학 제 2법칙에 따르면 엔트로피는 격리된 물리적 시스템 속에서 언제나 증가한다. 조직에도 열역학 제 2법칙이 작용한다. 그래서 제대로 관리하지 않으면 갈수록 조직력이 악화된다. 이러한 문제를 방지하려면 전략이나 경쟁 환경의 변화가 없더라도 지속적으로 조직을 관리해야 한다.

경쟁자의 관성은 종종 효과적인 전략을 수립할 기회를 제공한다. 가령 넷플릭스Netflix는 블록버스터Blockbuster가 소매 유통에 초점을 맞춘 전략을 고수한 덕분에 경쟁에서 이길 수 있었다. 또한 마이크로소프트는 휴대전화 운영체제에서 일찌감치 앞서갔음에도 불구하고 개선 작업을 게을리하는 바람에 애플과 구글이 약진할 기회를 허용하고 말았다. 이처럼 경쟁자의 관성을 파악하는 일은 자신의 강점을 파악하는 일만큼 중요하다.

관성과 엔트로피의 영향은 외부의 위협만큼 중대한 도전이다. 이러한 도전에 직면하면 조직 개편을 최우선순위에 두어야 한다. 복잡한 조직을 바꾸는 일은 대단히 어렵다. 리더는 관성과 엔트로피의 인과관계를 진단하고, 변화를 유도하는 타당한 추진 방침을 만들며, 운영 관행, 조직 문화, 조직 구조를 바꾸기 위한 일관된 행동을 설계해야 한다.

관성은 어떻게 작동하는가

조직의 관성은 대개 운영 관행, 문화적 관성, 대리적 관성이라는 세 가지 범주에 속한다. 각 범주는 다른 전략적 접근법을 요구한다.

운영 관행

기업은 대개 매입, 가공, 판매로 이어지는 일반적인 절차를 통해 운영된다. 이러한 절차는 기업의 맥박처럼 주기적으로 반복된다. 이처럼 지식과 경험이 쌓이는 과정에서 운영 관행이 형성된다. 지나치게 굳어진 운영 관행은 익숙한 절차로 행동을 구속하고, 사안을 보는 시야를 제한한다. 그 결과 정보를 범주화하고 처리하는 낡은 방식이 계속 유지된다.

갑작스럽게 외부에서 충격이 가해졌을 때 운영 관행의 취약점이 드러난다. 유가 급등이나 신기술 개발 혹은 규제 완화 같은 충격은 경쟁구도를 변화시키고, 낡은 운영 관행과 새로운 운영 방식의 간극을 벌린다.

가령 1978년에 연방정부는 항공업계에 대한 규제를 완화했다. 그때까지 수십 년에 걸친 엄격한 규제에 따라 항공사의 운영 관행과 경쟁 구도는 단단하게 굳어져 있었다. 과거에는 정부가 항공요금과 취항지까지 정해주었기 때문에 경쟁 분야가 이미지, 기내식, 서비스에 국한되었다. 규제 완화로 인해 행동의 제약이 풀렸지만 많은 항공사들은 여전히 과거의 운영 관행에서 벗어나지 못했다.

규제 완화가 단행된 지 2년 후 나는 컨티넨털 항공의 전략 수립을 도왔다. DC-10이 주력기이던 컨티넨털 항공은 4억 달러를 들여서 새로운 기종을 도입하는 문제를 고민하고 있었다. 당시 컨티넨털 항공의 CEO는 프런티어 항공에서 막 옮겨온 알 펠드먼이었다.

항공산업에서 쓰는 생산성의 기준은 ASM(Available-Seat-Mile: 가용 좌석 마일)이었다. 운항거리가 길어지면 고정비의 비중이 크기 때문에 ASM 당 운영비가 내려갔다. 항공기의 유지 보수와 기내식에 들어가는 비용은 운항거리와 큰 상관이 없었다. 그래서 LA에서 디트로이트까지 2,000마일을 가는 데 드는 비용이 ASM 당 0.09달러라면 LA에서 피닉스까지 367마일을 가는 데 드는 비용은 ASM 당 0.22달러 정도였다.

의회는 중소 도시에도 항공 여행의 혜택을 제공하고 싶었다. 그래서 민간 항공 위원회를 통해 단거리 노선에 비용보다 낮은 가격을 책정하고 취항을 강요했다. 여기서 발생하는 손실은 장거리 노선에서 나오는 이익으로 상쇄되었다. 말하자면 장거리 승객들이 단거리 승객들을 보조하는 셈이었다.

나는 향후 업계에서 일어날 변화를 예측했다. 우선 항공요금이 비용에 근접하는 수준으로 조정될 가능성이 높았다. 다시 말해서 단거리 요금은 오르고, 장거리 요금은 내릴 가능성이 높았다. 이 경우 수익을 창출하는 방법은 운영비를 낮추거나 경쟁이 덜한 단거리 노선을 장악하는 것이었다.

당시 항공업계의 지배적인 인식은 요금을 낮추면 일반 승객은 늘어나겠지만 비지니스 승객은 여전히 다른 경쟁요인을 중시한다는 것이었다. 나의 생각은 달랐다. 물론 비지니스 승객은 편안한 여행을 선호했다. 그러나 항공요금을 지불하는 것은 비용에 민감한 회사였다. 그래서 가격 경쟁 때문에 좌석이용률이 높아져도 마진은 줄어들 가능성이 높았다. 이러한 분석은 업계의 인식과 상반되는 것이었다. 장거리 노선은 언제나 수익성이 좋았다. 그래서 몇 달 전에 유나이티드 항공의 CEO인 딕 페리스Dick Ferris는 장거리 노선에 집중하겠다는 전략을 발표하기도 했다. 유나이티드 항공은 이 전략에 따라 30억 달러를 투자할 예정이었다. 브래니프 인터내셔널Braniff International도 장거리 노선을 추가하는 일에 나섰다.

컨티넨털 항공의 경영진은 업계의 일반적인 대응과 다른 나의 전략을 거부했다. 그들은 장거리 요금이 오히려 인상될 것이며, 성공의 관건은 기종 선택이라고 반박했다. 나는 일주일 동안 장거리 요금이 인상될 것이라는 예측의 근거를 확인했다. 그것은 보잉에서 항공사의 구매 결정을 돕기 위해 개발한 컴퓨터 프로그램이었다. 나는 회계 담당으로부터 사용법에 대한 설명을 들었다. 이 프로그램에 노선과 시장점유율 그리고 기종을 입력하면 비용을 구할 수 있었다. 여기에 일정한 마진을 더하는 식으로 요금이 결정되었다. 그러나 이 요금은 경영진의 말처럼 예측한 것이 아니라 단지 비용에 마진을 더한 것일 뿐이었다. 내가 이 점을 지적하자 회계 담당은 "이 프로그램을 오랫동안 썼는데 믿을 만해요"라고 대꾸했다. 컨티넨털 항공은 그때까지 이 수치를 민간 항공 위원회에 제출하여 승인을 받는 식으로 요금을 결정했다.

그러나 이제는 규제 완화에 따라 새 시대가 열리고 있었다. 과거의 요금 결정 방식은 경쟁과 수급에 따른 시장의 역학을 고려하지 않았다. 컨티넨털 항공이 예측한 것은 시장이 아니라 민간 항공 위원회가 수용할 만한 요금 수준이었다. 보잉의 프로그램은 유용한 도구였지만 좌석 점유율과 상관없이 일정한 마진을 보장해 주는 제도적 장치가 없으면 큰 도움이 되지 않았다. 규제 완화로 환경이 바뀌었음에도 불구하고 펠드먼은 경쟁에 대비하는 자세를 강조할 뿐 기존의 운영 관행을 바꾸지 않았다.

규제 시대의 또 다른 잔재는 부적절한 투자였다. 민간 항공 위원회는 투자 자본에 대한 일정한 이익을 보장해줌으로써 사실상 항공사가 끌어오는 부채를 보증하는 셈이 되었다. 은행 입장에서 항공사는 좋은 신용을 갖춘 우량 고객이었다. 항공사는 단지 업계의 움직임에 보조를 맞추기만 하면 되었다. 이러한 여건은 신기종에 대한 무리한 투자를 부추겼다. 항공업계는 프로펠러기에서 제트기, 소형기에서 대형기로 주기종이 바뀔 때마다 수십 억 달러를 쏟아부었다. 그에 따라 업계 전체의 수송 용량이 크게 늘었다. 정상적인 산업 구도에서 이처럼 새로운 설비가 대거 도입되었다면 가격이 폭락하고 대형 손실이 발생했을 것이다. 애초에 수요가 급증하지 않는 한 동시에 대규모 설비 투자를 할 수가 없었다. 그러나 항공업계는 과도한 수송 용량을 걱정하지 않아도 되었다. 민간 항공 위원회가 요금을 보장해 주기 때문에 전략적 고민 없이 다른 항공사들의 투자 대열에 동참하기만 하면 되었다.

규제 완화는 안일한 운영 관행의 종말을 불러왔다. 마진이 보장된 장거리 노선으로 비용을 충당하고 업계의 설비 투자를 무조건 따라하는 방식은 더 이상 통하지 않게 되었다. 그럼에도 불구하고 1979년부터 83년까지 주요 항공사들은 낡은 운영 관행을 고수했다. 그 결과 1981년에 유나이티드 항공, 아메리칸 항공, 이스턴 항공은 총 2억 4,000만 달러의 손실을 냈다. 반면 단거리 노선 사업자인 델타, 프런티어, 유에스에어 등은 이익을 냈다. 이후 20년 동안 꾸준하게 이익을 낸 항공사는 사우스웨스트뿐이었다. 또한 1984년과 85년에 장거리 노선의 요금이 27퍼센트 떨어진 반면 단거리 노선의 요금은 40퍼센트나 올랐다. 이 인상 폭은 비용을 충당하고도 남았다. 결론적으로 오랜 통념에 어긋났던 나의 분석은 옳았다.

옳은 분석을 한다고 해서 의사결정자에게 항상 도움이 되는 것은 아니다. 컨티넨털의 경우 심한 노사분규 때문에 경영진이 시장의 역학에 주의를 집중할 수 없었다. 또한 요금이 오르지 않고 손실이 쌓이면서 신기종 구매 계획도 틀어져 버렸다. 게다가 컨티넨털의 사정이 어렵다는 사실을 알고 텍사스 항공의 CEO인 프랭크 로렌조Frank Lorenzo가 적대적인 인수합병을 시도했다. 컨티넨털 항공의 경영진은 중소 항공사인 텍사스 항공이 대형 항공사를 집어삼키려 한다는 사실을 믿을 수 없었다. 적대적인 인수합병은

1980년대 말까지 기업계에서 익숙한 개념이 아니었다. 회사 안팎에서 밀려오는 어려움에 시달리던 펠드먼은 결국 1981년 8월에 사무실에서 권총 자살로 생을 마감했다.

프랭크 로렌조는 1982년에 컨티넨털 항공을 합병한 후 1년 만에 기존의 노사 계약을 무효화시키기 위한 전술의 일환으로 파산 신청을 했다. 컨티넨털 항공은 1986년에 새로 문을 열고 곧 프런티어, 피플익스프레스, 뉴욕 항공과 합병되었다. 로렌조는 1990년에 지분을 팔아넘겼다.

낡은 운영 관행은 충분히 고칠 수 있다. 유일한 장애물은 경영진의 인식이다. 경영진이 새로운 운영 관행의 필요성을 수긍하면 빠른 변화가 일어날 수 있다. 일반적인 혁신 방식은 더 나은 방법론을 가진 경영자를 영입하거나, 기업을 인수하거나, 컨설팅 업체를 고용하거나, 내부적으로 운영 관행을 재설계하는 것이다. 이 모든 경우에 과거의 방법론에 오랫동안 관여한 사람들을 교체하고, 새로운 정보 흐름 패턴에 따라 조직을 재편할 필요가 있다.

문화적 관성

1984년에 나는 AT&T에서 문화적 관성의 대표적인 사례를 직접 확인할 기회를 가졌다. 당시 AT&T는 기업 분할을 거친 상태로 벨 연구소 개발 부문, 웨스턴 일렉트릭 제조 부문, 소비자 제품 부문, 컴퓨터 제품 부문, 네트워크 시스템 및 서비스 부문, 장거리 전화 서비스 부문으로 구성되어 있었다. 지금의 AT&T는 장거리 전화 서비스, 전국 무선 전화 서비스, 지역 전화 서비스를 제공한다. 벨 연구소와 웨스턴 일렉트릭은 알카텔-루슨트Alcatel-Lucent에게 넘어갔고, 기업 통신 및 네트워크 서비스 부문은 분사하여 어바이어Avaya가 되었다. 리눅스와 애플 OS X의 토대가 되는 유닉스를 개발한 AT&T는 컴퓨터 통신 분야에서 충분히 강자가 될 수 있었다. 나는 전략 컨설턴트로서 AT&T의 컴퓨터와 통신 분야에 대한 전략 개발을 도왔다.

우리가 수립한 전략 계획에는 핵심 소프트웨어 패키지를 개발하여 AT&T의 브랜드로 내놓는 방안이 포함되어 있었다. 이 패키지와 확장 모듈은 AT&T의 '통신 컴퓨터'를 통해 판매될 예정이었다. 또한 PC 플랫폼을 위해 그래픽 사용자 인터페이스를 갖춘 보다 단순화된 유닉스 버전도 개발할 계획이었다.

전략 수립 작업을 함께 진행하는 동안 일부 간부는 내게 회사가 안고 있는 문제를 털어놓았다. 그 문제는 제품 개발 역량을 제대로 갖추지 못했다는 것이었다. AT&T는 트랜지스터와 C 프로그래밍 언어 그리고 유닉스를 개발한 벨 연구소를 거느리고 있었다. 그러나 AT&T 내에는 소비자 제품을 개발할 역량이 존재하지 않았다. 휴대전화도 그 중 하나였다. 벨 연구소는 1947년부터 이동 통신에 대한 기본적인 아이디어들을 개발하기 시작했다. 그러나

1977년에 첫 시장 테스트를 할 때 모토롤라의 장비를 이용해야 했다.

또 다른 사례로는 비디오텍스가 있었다. 1983년에 AT&T는 미디어 기업인 나이트 리더KnightRidder와 비디오텍스 시스템을 상업화하기 위한 합자회사를 세웠다. 이 시스템은 텔레비전 화면에 뉴스, 날씨, 경기 결과 등을 텍스트로 내보내기 위한 것이었다. 그러나 벨 연구소는 수요를 감당할 만한 소프트웨어를 개발하지 못했다. 결국 개발 작업은 나이트 리더의 하청업체에서 진행하게 되었다.

나는 통신 컴퓨터와 관련된 일로 이러한 문제를 접하게 되었다. 통신 컴퓨터는 모뎀을 통해 네트워크 서비스를 제공하는 컴퓨터였다. 당시는 인터넷이 보편화되기 10년 전이었다. 1985년까지 인터넷은 아직 학문적 호기심의 대상이었다. 전국적 인터넷 백본backbone은 1986년에 국가 과학 재단National Science Foundation이 자금을 지원하면서 구축되기 시작했다. 나는 경영진에게 컴퓨터로 소프트웨어를 판매하는 사업의 잠재력을 보여주고 싶었다. 내가 선택한 소개 방법은 인터페이스를 엘리베이터에 비유하는 것이었다. 가령 1층에는 게임, 2층에는 유틸리티, 3층에는 계산기 등을 제공하는 식이었다. 나는 벨 연구소에 이러한 인터페이스를 구현하는 프로그램을 만들어 달라고 요청했다. 담당자가 요구한 것은 300만 달러와 2년이라는 시간이었다. 나는 보다 간단한 접근법을 제시했다. 그러나 설계 문제에 간섭하지 말라는 핀잔만 들어야 했다. 결국 나는 시범을 위한 간단한 코드를 3주 만에 직접 작성했다.

AT&T의 문제는 개별 구성원의 역량이 아니라 문화에 있었다. 벨 연구소는 과학 연구에 집중하고 제품 개발을 경시했다. 그래서 시범용 프로그램을 만들어 달라는 요구를 사실상 묵살한 것이었다. 대부분의 구성원은 소수 인재들이 개발한 뛰어난 발명품의 후광 속에서 안일하게 시간을 보냈다. 이러한 문화는 AT&T가 정부의 규제 덕분에 시장을 독점하던 시기에 형성되었다. 문화적 관성은 규제가 풀리고 컴퓨터와 데이터 통신 시장에서 엄청난 기회가 열리는 상황에서 거대한 장애물로 작용했다. 대부분의 고위 임원들은 문제를 제대로 인식하지 못했다. 그리고 문제를 인식한 소수의 고위 임원들은 벨 연구소를 바꾸지 못했다.

결국 내가 1984년과 85년에 AT&T와 수립한 전략은 무용지물이 되고 말았다. 이 일은 문화가 뒷받침하는 역량을 갖추지 못하면 좋은 전략도 쓸모가 없다는 교훈을 주었다. 내가 설정한 목표들은 AT&T의 내부 사정을 감안하면 전혀 타당하지 않았다. AT&T가 조직의 몸집을 줄이고 경쟁전략을 뒷받침하는 역량을 갖추려면 적어도 10년이 필요했다.

웨스턴 일렉트릭과 벨 연구소의 다수 부문은 1996년에 루슨트 테크놀로지Lucent Technologies로 분사해 나갔다. 루슨트는 월가의 기대를 한 몸에 받았다. 그래서 8달러이던 주가가 80달러까지 치솟았다. 그러나 부진한 실적이 드러나자 주가는 2002년에 1달러 밑으로 떨어져 버렸다. 루슨트는 2006년에 프랑스의 정보통신 설비 제조업체인 알카텔에 합병되었다. 그 뒤로도 알카텔-루슨트의 주가는 루슨트의 적자 때문에 70퍼센트나 하락했다.

문화는 사회적 행동의 경향을 의미하며, 변화에 강하게 저항하는 양상을 보인다. 가령 크메르 루주Khmer Rouge의 리더인 폴 포트는 거의 모든 지식인을 포함하여 인구의 5분의 1을 살해했고, 거의 모든 책을 불태웠으며, 종교와 사유재산을 금지했지만 캄보디아의 문화를 크게 바꾸지는 못했다. 조직의 문화는 국가, 종교, 인종의 문화만큼 지속성이 강하지 않다. 그래도 조직 문화를 쉽게 바꿀 수 있다고 생각하는 것은 위험하다.

문화적 관성을 깨는 첫 번째 단계는 단순화다. 단순화는 낭비와 비효율성을 초래하는 복잡한 관행과 절차 그리고 숨겨진 흥정을 제거한다. 리더는 매각, 폐지, 분사, 외주를 통해 중요하지 않은 활동을 중단하고 중복되는 관리체제를 정리해야 한다. 쓸데없는 위원회나 프로그램도 없애야 한다. 단순화된 조직 구조는 복잡한 절차로 가려졌던 비효율성을 드러낸다.

단순화 작업을 끝낸 후에는 긴밀한 조율이 필요하지 않은 운영 부문들을 나누어야 한다. 이러한 조직 개편은 정치적 결탁과 교차 보조로 맺어진 안일한 관계를 끊고 보다 세밀한 경영을 가능하게 만들어준다.

그 다음 단계는 폐지하거나 보완할 운영부문들을 선별하는 것이다. 우수한 일부 운영부문들은 새로운 조직 구조의 핵심이 될 것이다. 선별 작업은 성과와 문화를 기준으로 이루어져야 한다. 아무리 성과가 좋다고 하더라도 다른 운영부문에 악영향을 끼치는 문화를 가졌다면 과감한 조치를 취해야 한다. 보완할 운영부문은 개별적인 변화와 갱신 과정을 거쳐야 한다.

운영부문의 문화를 바꾼다는 것은 구성원의 업무 관행과 업무 자세를 고친다는 뜻이다. 업무 관행은 조직의 분위기에 따라 소수의 구성원들에 의해 일상적으로 유지된다. 업무 관행을 바꾸려면 조직의 분위기를 주도하는 사람을 바꿔야 한다. 어려운 목표를 정하면 이러한 과정에 속도를 붙일 수 있다. 목표를 정하는 이유는 성과 자체가 아니라 새로운 업무 관행과 업무 자세를 심어주기 위해서이다. 이러한 과정을 거쳐 대다수 운영부문이 효율적으로 돌아가기 시작하면 조율을 맡을 새로운 조직을 배치하여 분산화 과정을 되돌려야 한다.

대리적 관성

변화에 대응하지 않는 이유가 잘못된 운영 관행이나 문화적 관성 때문만은 아니다. 기업은 기존의 수익 구조를 유지하기 위하여 대응을 하지 않기로 선택할 수도 있다. 변화가 일어난 후에도 소비자들이 가진 관성 때문에 수익 구조가 유지되는 경우가 많다. 이처럼 소비자들의 관성에 따라 유지되는 기업의 관성이 대리적 관성이다.

가령 1980년에 우대 금리가 20퍼센트까지 올랐다. 당시 단기 금융시장 예금계정에 대한 규제가 풀린 상황에서 은행들은 어떻게 대응했을까? 작은 은행들은 고금리 예금상품을 내세워 적극적인 영업활동에 나섰다. 그러나 안정된 고객 기반을 갖춘 큰 은행들은 신상품을 홍보하지 않았다. 금리가 높은 상품으로 신속하게 갈아타는 고객들이 적었기 때문이다.

당시 나는 필라델피아 저축 기금 조합에 컨설팅을 하고 있었다. 부사장은 내게 "우리의 주 예금 고객은 은퇴자들이어서 금융시장의 사정에 밝지 않습니다. 이 사람들의 예금은 이자를 5퍼센트만 줘도 되는 마지막 자금입니다"라고 설명했다. 은퇴자들의 관성 덕분에 필라델피아 저축 기금 조합은 12퍼센트의 대출 이자를 받고, 5퍼센트의 예금 이자를 주는 수월한 영업을 할 수 있었다. 물론 일부 예금자들은 고금리 상품으로 갈아탈 것이지만 대부분의 예금자들은 그렇게 하지 않았다. 그래서 경쟁은행들이 고객을 뺏아가더라도 필라델피아 저축 기금 조합은 별다른 대응에 나서지 않았을 것이다.

대리적 관성의 또 다른 예는 정보통신 분야에서 찾을 수 있다.

과거 벨의 기업 고객은 인터넷 서비스를 받기 위해 매월 약 4,000 달러를 내고 1.5mbps의 속도를 내는 T1 라인을 썼다. 1990년대 말에 등장한 DSL은 T1에 비해 속도는 3분의 1, 요금은 30분의 1이었다. 따라서 3개의 DSL 회선을 쓰면 T1 회선에 맞먹는 데이터 전송량을 확보하면서 비용은 10분의 1로 줄일 수 있었다. 대도시에서 수익성 높은 T1 라인을 제공하던 통신사들은 DSL 라인을 아예 제공하지 않았다. 그들은 월드콤이나 인터미디어 커뮤니케이션즈 같은 신생기업들에게 10퍼센트의 고객을 뺏겼지만 T1 라인이 제공하는 수익으로 충분히 감당할 수 있었다. 이러한 상황을 이해하면 유에스 웨스트U. S. West가 가장 먼저 기업 고객에게 DSL 서비스를 제공할 것임을 예측할 수 있었다. 유에스 웨스트는 T1 라인을 임대하는 기업 고객이 가장 적었기 때문이다.

통신사들이 DSL 서비스와 관련하여 보인 관성도 기업 고객들의 관성에서 파생된 대리적 관성이었다. 기업들은 비용을 크게 줄일 수 있는데도 불구하고 좀처럼 인터넷 라인을 바꾸지 않았다. 신생 통신사들은 기존 통신사들의 대리적 관성을 틈타 빠른 성장을 이루었다. 그에 따라 투자가 밀려들고 주가가 급등했다. 그러나 2000년에 마침내 기존 통신사들이 대응에 나서면서 거품이 꺼지고 말았다. 본격적인 경쟁이 시작되자 신생 통신사들은 하나도 살아남지 못했다.

기업이 기존의 수익 흐름을 고수하는 것보다 변화를 수용하는 것이 더 중요하다고 판단할 때 대리적 관성이 사라진다. 이러한 과정은 2000년에 통신산업에서 일어난 것처럼 상당히 빠르게 진행될 수 있다. 잠자던 기업들이 움직이는 순간 대리적 관성을 이용하던 기업들의 이익은 금세 말라버린다. 애초에 신생 기업들로 옮긴 고객들은 더 나은 조건에 대단히 민감하기 때문이다. 그러나 신생 기업들이 그동안 고객 충성도를 확실하게 다졌다면 기존 강자들의 역공을 견뎌낼 수 있을 것이다.

엔트로피는 어떻게 힘을 발휘하는가

엔트로피의 작용은 쉽게 확인할 수 있다. 시간이 지나면 위대한 예술작품도 색이 바래고 금이 가기 마련이다. 또한 사람이 살지 않는 집은 금세 잡초에 파묻혀서 폐가가 되고 만다. 부실하게 관리된 기업도 엔트로피의 영향으로부터 자유롭지 못하다. 이러한 기업은 갈수록 연구개발의 초점이 흐릿해지고, 생산 속도가 느려지며, 이익이 헛되이 낭비된다.

그러나 엔트로피는 경영 컨설턴트들에게는 축복과 같다. 모든 경영 컨설팅은 기본적으로 엔트로피를 제거하는 것이다. 다시 말해서 기업의 정원에 자라난 잡초를 제거하는 것이 경영 컨설턴트들의 일이다.

덴튼스

덴튼스Denton's는 칼 덴튼과 마리아 덴튼 부부가 운영하는 가족 기업이다. 덴튼 부부는 1997년에 전반적인 경영 상태를 점검하기 위하여 나를 고용했다. 덴튼스는 4개 주에서 조경 도구 매장을 운영했다. 1930년대에 설립되어 농촌 지역에서 영업하던 덴튼스는 조금씩 교외 지역으로 진출했다. 28개의 매장은 3개의 다른 브랜드 명으로 운영되었지만 사실상 거의 차이가 없었다. 각 매장은 실내에서 도구를, 실외에서 꽃과 묘목을 팔았다. 28개 매장 가운데 덴튼스가 부지를 소유한 것은 20개였다.

덴튼 부부의 저택은 카탈로그에 실어도 될 정도로 멋진 정원을 갖추고 있었다. 사방에 꽃 향기가 가득했고, 개울 소리가 기분 좋게 들려왔다. 우리는 오크 나무 그늘에 앉아 회사에 대한 이야기를 나누었다. 두 사람은 자녀들에게 제대로 된 회사를 물려주고 싶어했다. 이야기를 마친 후 그들은 내게 매장 별 실적을 담은 5년 동안의 회계 자료를 건넸다.

나는 이 자료를 분석하면서 복잡한 실타래를 풀기 시작했다. 혼란의 주요 원인은 이익 산출 방식에 있었다. 가령 1950년에 구입한 부지는 에이커 당 5,000달러였지만 1989년에 구입한 부지는 에이커 당 9만 5,000달러였다. 그래서 투자수익률을 따지면 옛 매장들이 새 매장들보다 훨씬 좋은 것처럼 보였다. 이러한 산출 방식은 영업 이익과 부동산 투자이익을 구분하지 못했다.

나는 매장의 성과를 보다 공정하게 비교하기 위하여 운영 이익이라는 새로운 영업이익척도를 개발했다. 널리 쓰이는 경제적 부가가치EVA 척도도 투하 자본을 기준으로 삼기 때문에 비슷한 문제점을 지닌다. 그 결과 최고의 매장은 105만 달러의 운영 이익을 냈고, 최악의 매장은 97만 달러의 운영 손실을 낸 것으로 나타났다. 다시 말해서 최악의 매장을 처분하면 연간 97만 달러의 돈을 벌 수 있었다. 전체 매장의 운영 이익은 32만 달러였다. 이 수치는 회계 장부에 기록된 800만 달러의 순이익과 상당히 달랐다.

아래는 내가 덴튼 부부에게 보여준 차트다. 나는 이 차트를 만들기 위해 운영 이익을 기준으로 전체 매장을 나열한 다음 누적 운영 이익을 반영하는 막대를 그렸다. 이 차트에서 1번 매장은 연

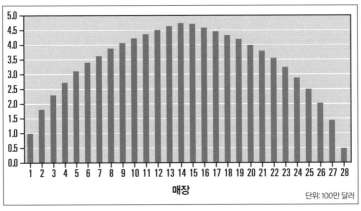

덴튼스 매장의 누적 운영 이익

간 105만 달러의 운영 이익을 기록했다. 여기에 2번 매장의 운영 이익인 63만 달러를 더하면 막대가 가리키는 168만 달러가 되었다. 이러한 식으로 누적 운영 이익은 계속 늘어나다가 운영 손실을 낸 15번 매장부터 줄어들기 시작했다. 15번 매장부터 28번 매장까지 누적 운영 손실은 440만 달러로서 누적 운영 이익을 거의 모두 상쇄시켰다. 그래서 1번 매장의 운영 이익이 전체 매장의 운영 이익보다 많았다.

나는 이 차트를 혹 차트라고 불렀다. 개별 제품이나 매장 혹은 지역에 따라 이익을 집계하면 대개 혹 차트가 형성되었다. 나는 규제 완화가 이루어지기 전에 웨스턴 일렉트릭의 제품군을 분석하다가 처음 혹 차트를 그리게 되었다. 이후 군 기지 폐쇄, 소니 제품군, 통신사 고객집단과 관련된 프로젝트에서 혹 차트를 접했다. 교차 보조가 없다면 막대는 완만하게 계속 상승했다. 그러나 일부 부문의 손실을 다른 부분의 이익으로 보전하는 지점부터 막대가 하강하기 시작했다.

이러한 혹은 엔트로피를 관리하지 않는 부실한 경영에서 비롯된 것이었다. 덴튼스의 경우 교차 보조의 실상이 부적절한 이익 산출 방식에 가려져 있었다. 인센티브도 전체 영업 이익을 기준으로 지급되었기 때문에 성과가 뛰어난 매장이 성과가 부진한 매장을 보조하는 셈이 되었다.

덴튼 부부는 혹 차트에 대한 나의 설명을 듣고 충격을 받았다.

마리아는 "설마 우리더러 매장의 반을 없애라는 건가요?"라고 물었다. 나는 "아닙니다. 하지만 실적이 아주 나쁜 매장들은 정리하는 편이 낫습니다. 그리고 부진한 다른 매장들의 실적을 개선하면 이익을 두 배로 늘릴 수 있습니다"라고 대답했다.

그 후로 데이터에 기반한 경영과 모범사례의 전파를 통해 부진한 매장들의 실적을 개선하는 데 2년이 걸렸다. 덴튼스의 문제를 해결하는 열쇠는 일부 매장의 성과가 뛰어난 이유를 밝히는 것이었다. 분석 결과 면적 당 매출액이 중요한 역할을 하며, 입지가 상당히 큰 비중을 차지한다는 사실이 밝혀졌다. 그밖에 경쟁 매장과의 거리, 어린이 놀이방의 배치, 조경 모델 전시 등이 매출에 영향을 미쳤다. 덴튼스는 성공사례를 참고하여 구역이 분할된 창고가 아니라 실제 정원처럼 매장을 꾸몄다. 조경법에 대한 자세한 설명서와 매력적인 조경 모델은 충동구매를 유도했다. 조경 도구들도 그냥 쌓아놓는 것이 아니라 용도를 쉽게 파악할 수 있도록 전시되었다. 또한 부문별로 전문적인 지식을 갖춘 영업 인력을 배치하여 효율성을 높였다.

2년 후 덴튼스의 운영 이익은 10만 달러에서 500만 달러로 급등했으며, 영업 이익도 두 배로 늘었다. 이러한 실적 개선은 경영진의 통찰이나 혁신 때문이 아니라 5개의 매장을 폐쇄하고 모범사례를 전체 매장에 전파함으로써 이루어졌다. 오랫동안 쌓인 엔트로피를 제거하는 일만으로 엄청난 변화가 일어난 것이다.

나무를 심는 일은 언제나 잡초를 뽑는 일보다 흥미롭다. 그러나 꾸준히 잡초를 뽑아주지 않으면 정원은 곧 사라지고 만다.

GM

알프레드 슬로언Alfred Sloan이 초기 GM에 부여한 질서가 점차 무너지는 과정은 엔트로피의 대표적인 사례다. 이 사례는 대조적인 모습을 통해 뛰어난 경영의 가치를 명확하게 보여준다. 부실하게 경영되는 기업은 대개 초점과 질서를 잃어가고 형태가 흐릿해진다. 형태를 잃어가는 과정을 가리키는 원래 개념은 부패다. 그러나 지금은 부패의 의미가 도덕적인 타락으로 바뀌었다.

1921년에 포드는 모델 T를 앞세워 미국 자동차 시장의 62퍼센트를 장악했다. 포드는 세계적인 수준의 엔지니어링을 통해 모델 T의 가격을 낮춤으로써 큰 성공을 거두었다. GM은 여러 차례의 인수합병을 거쳐 몸집을 불리면서 포드를 따라잡을 기회를 노렸다. 1921년 4월에 피에르 듀퐁Pierre du Pont 회장은 운영 담당 부사장인 알프레드 슬로언에게 제품 정책을 재검토하라고 지시했다. 당시 GM은 10개의 브랜드를 거느리고 있었지만 시장점유율은 12퍼센트에 그쳤다.

273쪽 그림에 나오듯이 쉐보레, 오클랜드, 올즈모빌, 쉐리던Sheridan, 스크립스-부스Scripps-Booth, 뷰익은 모두 1,800달러에서 2,200달러 사이에 해당하는 가격대의 차량을 판매했다. 그래서

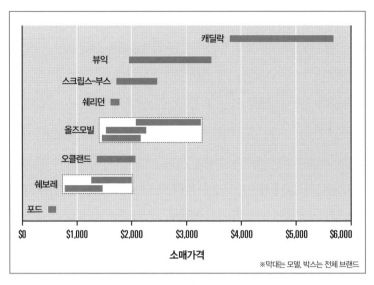

GM의 산하 브랜드별 가격대(1921년 4월 기준)

495달러인 모델 T에 대항할 제품이 없었다. 게다가 쉐보레, 오클랜드, 올즈모빌은 모두 적자에 허덕이고 있었다.

두 달 후 슬로언은 집행위원회에 새로운 제품 정책을 제시했다. 그는 산하 브랜드들이 명확한 개성을 가져야 한다고 주장했다. 구체적으로 그는 "더 싼 차와는 가격 경쟁을, 더 비싼 차와는 품질 경쟁을"하기를 원했다. 이 계획에 따르면 각 브랜드는 고유한 가격대를 형성하게 되어 있었다. 그러면 가격대 중복으로 인한 브랜드 간 내부 경쟁을 크게 줄일 수 있었다. 274쪽 그림은 슬로언의 제품 정책에 따라 조정된 브랜드별 가격대를 보여준다.

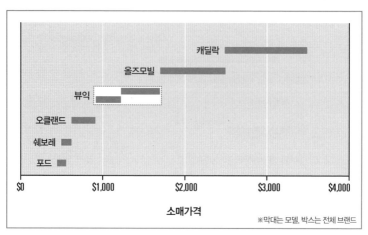

캐딜락
올즈모빌
뷰익
오클랜드
쉐보레
포드

$0 $1,000 $2,000 $3,000 $4,000

소매가격

※막대는 모델, 박스는 전체 브랜드

슬로언의 조정에 따른 브랜드별 가격대(1921년)

집행위원회는 슬로언의 계획을 수용하여 쉐리던을 매각하고 스크립스-부스를 해체했다. 오클랜드는 몇 년 후 폰티액으로 간판을 바꾸었다. 1923년에 회장 자리에 오른 슬로언은 일관된 제품 정책을 추진하여 1931년에 GM을 세계 최대의 자동차 제조업체로 만들었다. 1940년대와 50년대에 걸쳐 슬로언이 정립한 개념은 미국 문화의 일부가 되었다. 그래서 차를 보면 그 사람의 성향을 대충 파악할 수 있었다.

슬로언의 제품 정책은 신중한 설계를 통해 혼돈에 질서를 부여했다. 이러한 정책을 추진하려면 단기적인 노력으로는 부족하다. 리더는 꾸준히 정책의 일관성을 점검하고 관리해야 한다. 지속적으로 주의를 기울이지 않으면 정책의 토대가 무너지고 만다. GM

의 경우 일관성을 유지하지 않으면 제품 사이의 경계가 흐릿해지기 쉬웠다. 분권화된 기업에서는 이러한 일이 발생하기 마련이었다. 그래서 브랜드 사이의 가격대를 나누는 경계가 신제품의 등장으로 지워지기 일쑤였다. 가령 쉐보레에서 더 높은 가격대의 모델을 출시하면 매출과 이익을 늘릴 수 있었다. 그러나 이 경우 폰티액 및 올즈모빌과 가격대가 중복될 수밖에 없었다. 폰티액에서 더 낮은 가격대의 모델을 출시하는 경우도 비슷한 문제가 발생했다. 이러한 상황에서 정책의 원칙을 유지하는 것이 경영진이 할 일이었다. 또한 과거의 정책 설계가 낡았다면 경쟁력이 내부가 아닌 외부로 발휘되도록 조율할 새로운 방법을 찾아야 했다.

1980년 무렵 슬로언의 정책은 빛이 바래기 시작했다. GM은 브랜드의 경계를 흐리게 하는 수준에서 그치지 않고 사실상 같은 차를 다른 모델로 팔았다. 이후 이러한 중복 문제를 해결하려는 조치가 취해졌다. 2001년에 스타일과 가격 면에서 어떤 특징도 갖추지 못한 올즈모빌이 폐기되었다. GM은 그 과정에서 딜러들과의 소송으로 상당한 비용을 치러야 했다.

276쪽 그림은 2008년을 기준으로 GM 제품 라인업과 토요타 제품 라인업의 가격대를 비교한 것이다. 당시 GM의 제품 라인업은 1921년보다 훨씬 복잡해졌기 때문에 세단과 쿠페만 비교 대상으로 삼았다. SUV, 밴, 하이브리드 차량, 트럭은 모두 제외되었다. 또한 2000년식 올즈모빌 모델들의 가격대도 8년 동안의 물가

상승분을 감안하여 포함시켰다.

　보다시피 GM은 대중 시장이 형성된 2만 달러에서 3만 달러 사이에 상당수 제품군이 밀집되어 있다. 가령 25,500달러에 해당하는 모델이 9가지(쉐보레 2종, 새턴 1종, 폰티액 4종, 뷰익 2종)나 되었다. 반면 토요타는 해당 가격대에 2종의 차만 판매했다.

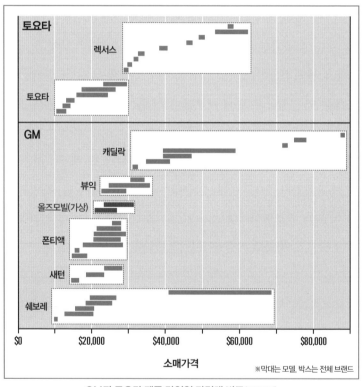

GM과 토요타 제품 라인업 가격대 비교(2008년)

이러한 중복 문제는 내부 경쟁을 격화시켰다. 경영인들은 내부 경쟁을 무조건 긍정적으로만 본다. 그러나 세상은 그렇게 단순하지 않다. 외부 경쟁을 위한 투자는 회사의 파이를 키워준다. 그러나 내부 경쟁을 위한 투자는 회사의 파이를 줄일 수 있다. 제품 개발과 광고를 위한 투자가 낭비될 뿐만 아니라 가격까지 끌어내리기 때문이다.

결국 2009년 6월에 GM은 파산 신청을 하기에 이르렀다. 정부는 공적 자금을 동원하여 구제에 나섰다. 그 결과 재무부가 대주주가 되었다. 정부는 구제 절차를 통해 새턴, 폰티액, 허머 브랜드를 폐기했다.

덴튼스의 엔트로피를 제거하는 작업은 관성이 심하지 않았기 때문에 성공할 수 있었다. 덴튼스의 경영진은 문제를 인식한 후 적극적으로 해결에 나섰다. 반면 2008년에 GM을 위기에 빠트린 문제는 수십 년에 걸쳐 강화된 관성에 의해 만들어진 것이었다. 그래서 파산 위기에 몰려도 쉽게 해결되지 않았다. GM이 다시 일어서려면 향후 10년 동안 살을 깎는 노력을 기울여야 할 것이다.

제 15 장

엔비디아 사례에서
무엇을 배울 것인가

GOOD STRATEGY BAD STRATEGY

엔비디아는 단기간에 인텔을 비롯한 강자들을 제치고 고성능 3D 그래픽 칩 시장을 장악했다. 〈포브스〉는 2007년에 엔비디아를 '올해의 기업'으로 선정했다. 1999년에 상장된 이후 엔비디아의 주가는 21배나 상승했다. 이는 애플의 주가 상승 폭을 근소한 차이로 앞서는 것이었다. '비디아Vidia'는 라틴어로 '보는 것'을 뜻하는 'Video'와 '길'을 뜻하는 'via'를 결합한 것이다. 또한 'N'은 '생기다'를 뜻하는 'natus'에서 따온 것이다.

엔비디아의 급격한 부상은 거의 전적으로 뛰어난 전략 덕분이다. 엔비디아의 성공담을 살펴보면 진단, 추진 방침, 일관된 행동이라는 전략의 중핵을 명확하게 파악할 수 있다. 또한 정확한 예측, 복잡성을 줄이는 추진 방침, 설계의 힘, 초점, 경쟁우위의 활

용, 변화의 파도 활용 같은 뛰어난 전략의 구성요소들도 확인할
수 있다.

이 장에서는 중요한 논평과 분석을 따로 실을 것이다. 이 논평
과 분석은 엔비디아의 성공담에 담긴 전략적 고려사항을 자세히
밝혀줄 것이다.

3D 그래픽, 유타, SGI

엔비디아가 자랑하는 3D 그래픽은 특수안경을 끼고 스크린에
서 보는 입체 이미지와 다르다. 여기서 말하는 3D 그래픽 기술은
컴퓨터로 3차원의 이미지를 구현하는 것이다. 그래서 3D 그래픽
환경 안에서 가상의 카메라를 움직이면 3차원의 세계를 경험할
수 있다. 이러한 일은 컴퓨터가 전체 공간의 3차원적 구조를 알고
있기 때문에 가능하다.

3D 그래픽 기술의 근본적인 요소들은 대부분 유타대의 이반 서
덜랜드Ivan Sutherland와 데이빗 에반스David Evans 교수가 1960년대 말
에 개발한 것이다. 유타대는 이론에 치중하는 다른 대학들과 달리
3D 이미지를 렌더링하고 비행 시뮬레이터를 만드는 실용적인 문
제에 초점을 맞추었다. 이 프로그램을 통해 어도비의 창립자인 존
워녹John Warnock, 아타리의 창립자인 놀란 부쉬넬Nolan Bushnell, 픽사의

공동 창립자인 에드윈 캣멀_{Edwin Catmull}, 실리콘 그래픽스의 창립자인 짐 클락_{Jim Clark} 같은 컴퓨터 그래픽 업계의 기라성 같은 인물들이 배출되었다.

짐 클락은 스탠퍼드대에 재학 중이던 1982년에 실리콘 그래픽스를 창업했다. 가장 빠른 고해상도 그래픽 워크스테이션을 개발한다는 목표 하에 창립된 실리콘 그래픽스는 컴퓨터 그래픽 산업에 커다란 영향을 미쳤다. 실리콘 그래픽스는 고성능 그래픽 하드웨어를 제공했을 뿐만 아니라 업계의 표준이 된 특수 그래픽 언어를 개발했다. 이 두 가지는 3D 그래픽을 만드는 기본적인 접근법을 뒷받침했다. '그래픽 파이프라인'으로 불리는 이 접근법은 이미지를 삼각형으로 분할하여 별도로 처리한 다음 재조립을 거쳐 최종 이미지를 형성했다. 〈쥬라기 공원〉에 등장하는 공룡들도 이 기법으로 만들어졌다. 1992년에 실리콘 그래픽스는 마침내 전체 파이프라인을 처리하는 고성능 하드웨어를 개발했다. '리얼리티 엔진'으로 불리는 이 시스템은 10만 달러가 넘는 가격에 팔렸다.

컴퓨터 게임의 필수품 그래픽 카드

1990년대 초에 PC로 뛰어난 3D 그래픽을 구현할 만큼 칩의 성능이 향상되었다. 문제는 3D 그래픽에 대한 수요가 존재하는지 여부였다. 전문가들은 가상현실을 통해 여행을 하거나 주택 모델을 전시하는 용도로 3D 그래픽이 사용될 것이라고 예측했다. 그러나 정작 본격적인 시장이 형성된 것은 3D 액션 게임이었다.

나는 1994년에 친구의 10대 아들인 폴이 컴퓨터로 '미스트Myst'라는 게임을 하는 모습을 보았다. 화면에는 정지된 풍경이 나와있었다. 폴이 다리를 누르자 음악이 흐르면서 시점이 바뀌었다. 새로운 풍경이 뜰 때마다 몇 초가 걸렸지만 미스트는 청소년들 사이에서 인기를 끌었다.

2주 후 나는 다시 친구의 집을 찾았다. 폴은 이번에는 '둠Doom'이라는 게임을 하고 있었다. 화면에는 폴을 향해 붉은 덩어리를 쏘는 괴물들이 보였다. 폴은 마우스와 키보드를 조작하여 괴물의 공격을 피했다. 움직임은 거의 끊어지지 않고 자연스럽게 이어졌다. 마우스를 움직일 때마다 3차원 공간의 다른 면들이 펼쳐졌다. 폴은 총을 쏘고 숨는 동작을 반복하면서 뒤따라오던 괴물을 죽였다. 대단히 사실적으로 구현된 가상공간은 흥분을 자아내기에 충분했다.

친구는 프랑스의 명문대인 에콜 데 민Ecole des Mines을 졸업한 컴퓨터 공학자였다. 그는 둠에 대해 PC로 3D 그래픽을 이렇게 빨리 구현할 수 있을 것이라고 생각하지 못했다고 말했다. 그의 설명에 따르면 기존의 다른 3D 그래픽 프로그램으로 하나의 장면을 구성하려면 몇 분씩 걸리는 것이 보통이었다.

둠을 개발한 사람들은 1991년에 이드 소프트웨어id Software를 설립한 존 카맥John Carmack과 존 로메로John Romero였다. 그들이 개발한 둠과 퀘이크Quake는 액션 게임의 신기원을 열었다. 덕분에 PC가 게임기만큼 중요한 플랫폼으로 자리잡았다. 이드 소프트웨어는 새롭게 등장한 인터넷을 재빨리 활용했다. 그들은 9단계로 구성된 둠의 일반판을 온라인으로 무료 배포하는 대신 추가 단계는 유료로 플레이하게 만들었다. 이러한 보급 방식으로 둠은 순식간에 커다란 센세이션을 일으켰다.

1996년에 이드 소프트웨어는 온라인 멀티 플레이 기능을 갖춘 퀘이크라는 신작을 발표했다. 온라인 멀티 플레이는 이용자들이 인터넷을 통해 함께 게임을 공유하는 것이었다. 그러면 실시간으로 이용자들끼리 상호작용을 할 수 있었다. 이후 온라인 멀티 플레이 기능은 거의 모든 PC 액션 게임의 기본 사양이 되었다.

온라인 멀티 플레이로 인해 3D 그래픽의 성능은 이용자들에게 상당히 중요한 의미를 지니게 되었다. 이러한 사실은 그래픽 산업에 대한 보고서나 칩 판매에 대한 통계로는 잘 드러나지 않았다. 그러나 실제로 플레이해 보면 빠른 화면 전환이 게임에서 이기는 데 결정적인 역할을 한다는 것을 알 수 있었다. 다시 말해서 3D 그래픽의 성능은 게임 내에서의 생사가 달린 문제였다. 그에 따라 고성능 3D 그래픽 칩에 대한 수요가 형성되었다.

이 시장을 처음 공략한 기업은 1994년에 설립된 3dfx 인터랙

티브였다. 실리콘 그래픽스 출신의 엔지니어 3명이 설립한 이 회사는 '부두Voodoo'라는 그래픽 카드를 판매했다. 부두는 GL 언어를 단순화한 글라이드Glide라는 고유 언어를 통해 CPU의 지원 없이 독립적으로 구동되었다. 글라이드를 활용한 최초의 게임은 〈툼 레이더〉였다. 부두가 구현한 라라 크로프트Lara Croft의 3D 이미지는 1996년 게임 엑스포에서 큰 인기를 끌었다.

소비자에게 경쟁우위를 제공하는 제품은 대단히 빠르게 수용된다. 그래서 1979년에 등장한 최초의 스프레드시트 프로그램인 비지캘크는 개인용 컴퓨터를 취미 시장에서 대중 시장으로 진출시켰다. 마찬가지로 고성능 3D 그래픽 제품은 게임 플레이에 경쟁우위를 제공함으로써 빠르게 기반을 마련했다. 3dfx는 1991년에 제프리 무어Geoffrey Moore가 『캐즘 마케팅』에서 제시한 전략을 추구했다. 무어는 이 책을 통해 '네트워크 외부성network externality'과 '표준 고정standard lock-in'이라는 개념을 널리 퍼트렸다. 글라이드 언어를 쓰는 게임 제작사들이 늘어나면 3dfx는 시장의 표준을 선도하는 유리한 고지에 오를 수 있었다.

엔비디아는 어떤 전략이었는가

엔비디아는 1993년에 젠슨 황Jen-Hsun Huang, 커티스 프리엠Curtis

Priem, 크리스 말라쵸우스키Chris Malachowsky에 의해 설립되었다. 황은 LSI 로직의 엔지니어링 책임자였고, 프리엠과 말라쵸우스키는 선 마이크로시스템즈의 하드웨어 부문 선임 엔지니어와 부사장이었다.

당시 컴퓨터 업계에서는 곧 다가올 멀티미디어 혁명에 대한 논의가 활발하게 진행되었다. 그러나 호환성이 뒤떨어지는 오디오 카드만 개발되었을 뿐 동영상을 압축하고 구현하는 방식에 대한 표준은 정해져 있지 않았다. 인터넷의 대중화도 아직 몇 년 후의 일이었다.

엔비디아는 멀티미디어의 사운드 블래스트Sound Blaster가 된다는 목표 하에 1995년에 첫 제품인 NV1을 발표했다. 그러나 멀티미디어의 표준을 세워줄 것으로 기대했던 이 제품은 뒤떨어지는 화질과 음질 때문에 실패로 끝나고 말았다.

첫 제품이 실패한 가운데 3dfx가 약진하자 황은 전략을 수정했다. 회사 내외부 인사로 구성된 기술 자문단이 전략 수정에 중요한 역할을 했다. 새로운 전략은 급격하게 방향을 선회하여 멀티미디어 대신 PC용 3D 그래픽에 초점을 맞추었다. 또한 자체 개발한 접근법을 버리고 실리콘 그래픽스의 접근법을 차용하기로 했다. 유일하게 변하지 않은 내용은 설계에 중점을 두고 제조는 외주로 돌린다는 것이었다.

반도체 산업의 발전은 트랜지스터의 소형화에 기반을 두었다. 소형화가 진척될수록 칩에 넣을 수 있는 트랜지스터가 늘어났다. 동시에 속도는 더 빨라지고 전력소모량은 더 줄었다. 반도체 산업은 18개월마다 반도체 집적회로의 성능을 두 배로 개선했다. 이러한 발전 양상은 무어의 법칙으로 불렸다. 광식각 기술photolithography, 광학 설계, 금속 증착metal deposition, 테스트 등 전반적인 기술이 긴밀하게 나아가야 했기 때문에 무어의 법칙을 넘어서기는 힘들었다. 반도체 업계는 이러한 진전의 예상 경로를 로드맵이라고 불렀다.

엔비디아는 3D 그래픽의 성능 개선을 위해 무어의 법칙보다 훨씬 빠른 로드맵을 설정했다. 이 로드맵을 달성하려면 단일 칩에 더 많은 그래픽 파이프라인을 넣을 수 있어야 했다. 또한 인텔을 비롯한 대부분의 칩 제조업체가 비용 절감을 위해 남겨두는 성능의 여지를 아낌없이 활용해야 했다.

엔비디아의 경영진은 고성능 그래픽 카드에 대한 수요가 충분하다고 판단했다. 워드 프로세서나 스프레드시트와 달리 게임 분야에서는 속도와 성능 향상에 대한 소비자들의 욕구가 강했다. PC의 구조를 감안할 때 보다 강력한 CPU로 할 수 있는 일에는 한계가 있었다. 그러나 향상된 그래픽 성능은 충분히 활용할 수 있었다. 따라서 그래픽 프로세서인 GPU는 상당한 부가가치를 창출할 수 있었다

한편 그래픽 언어로 경쟁사인 3dfx의 글라이드를 쓰는 것은 곧

란했다. 그래서 경영진은 아직 증명되지 않았지만 마이크로소프트의 다이렉트X를 채택하기로 결정했다. 이 결정에는 다이렉트X 개발팀이 보여준 열의가 큰 영향을 미쳤다.

황은 업계의 18개월 개발 주기를 앞당김으로써 경쟁우위를 누릴 수 있다고 판단했다. GPU의 성능을 CPU보다 3배 빠르게 향상시키는 것이 가능하다면 개발 주기를 6개월로 줄일 수 있었다. 경영진은 이러한 추진 방침에 따라 일관된 정책들을 설계했다.

추진 방침을 실행에 옮기는 첫 번째 단계는 3개의 개발팀을 만드는 것이었다. 각 팀은 18개월 개발 주기에 따라 제품을 개발했다. 3팀의 개발 일정을 조정하면 6개월마다 신제품을 출시할 수 있었다.

개발 주기가 짧아짐에 따라 지연을 줄이기 위한 대책이 필요했다. 지연의 주요 원인은 설계 오류였다. 칩을 설계한 후 제조사에 넘기면 약 한 달 후 샘플을 받을 수 있었다. 이때 샘플에서 버그가 발견되면 설계를 변경해야 하기 때문에 출시 일정이 지연될 수밖에 없었다. 이 문제를 해결하기 위하여 엔비디아는 시뮬레이션과 에뮬레이션 기술에 집중적으로 투자했다. 이렇게 개발된 도구들은 칩의 설계를 미리 검증하는 데 활용되었다. 또한 논리적 설계에 오류가 없더라도 물리적 기능에 문제가 있을 수 있었다. 그래서 칩의 전기적 속성까지 시뮬레이션을 통해 검증하는 절차를 도입했다.

구동 소프트웨어인 드라이버를 만드는 일도 일정을 지연시킬 수 있었다. 원래 드라이버는 보드 제조사에서 만들었다. 그러나 칩을 넘겨받은 후부터 작업을 시작하기 때문에 일정이 늘어지기 쉬웠다. 게다가 새로운 방법론은 훨씬 정교하게 작성된 드라이버를 요구했다. 또한 두 군데의 보드 제조사에 일을 맡길 경우 문제가 발견되어도 칩 제조사에 알리지 않는 경우가 많았다. 혼자만 문제를 고치면 경쟁에서 앞서나갈 수 있기 때문이었다. 같은 칩인데도 보드마다 다른 드라이버를 만드는 것도 사후 관리에 지장을 초래했다.

엔비디아는 이러한 문제를 해결하기 위하여 드라이버를 직접 개발하고 관리했다. 드라이버는 칩에 관계없이 통일된 구조로 제작되었으며 인터넷으로 쉽게 다운로드할 수 있었다. 덕분에 이용자들은 일일이 칩에 맞는 드라이버를 찾을 필요가 없었다.

엔비디아는 드라이버 개발 속도를 높이기 위해 에뮬레이션 설비에 대대적인 투자를 했다. 시뮬레이션은 범용 컴퓨터에서 돌아가는 프로그램을 통해 이루어지는 반면 에뮬레이션은 개발 칩과 같은 방식으로 작동하는 특수 칩을 통해 이루어졌다. 에뮬레이션 설비를 이용하면 실제 칩이 생산되기 4~6개월 전부터 드라이버 개발에 들어갈 수 있었다.

개발 주기가 빨라지면 경쟁사보다 한 발 앞서서 성능이 향상된 신제품을 출시할 수 있다. 또한 신제품을 둘러싼 흥분은 상당한 광고효과를 발휘한다. 그리고 엔지니어들이 더 많은 경험을 쌓으면서 학습효과를 누릴 수 있다.

새로운 전략 하에 1997년 8월에 출시된 리바RIVA 128은 속도와 해상도는 뛰어나지만 3dfx의 부두보다 이미지가 부드럽지 못하다는 평가를 받았다. 그래도 시장에서 어느 정도 성공을 거두면서 후속 제품을 개발하기 위한 자금을 만들어 주었다.

1998년에 출시된 리바 TNT부터 엔비디아는 본격적인 비상을 시작했다. 마이크로소프트의 다이렉트X 6와 최초의 통합 드라이버 구조를 사용하는 TNT는 대부분의 지표에서 경쟁제품을 앞질렀다. TNT 2가 출시된 지 7개월 후 엔비디아는 지포스GeForce 256을 출시하여 3D 그래픽 산업을 새로운 영역으로 끌어들였다. 지포스 256은 펜티엄 Ⅱ CPU보다 두 배나 많은 2,300만 개의 트랜지스터를 담고 있었다. 그래서 크레이Cray T3D 슈퍼컴퓨터에 맞먹는 50기가플롭gigaflop의 연산능력을 갖추었다. 또한 실리콘 그래픽스의 모든 그래픽 파이프라인을 100달러짜리 칩에 구현하여 10만 달러짜리 리얼리티 엔진보다 빠른 성능을 자랑했다.

엔비디아는 성능 우위를 확보한 다음 수익성 개선을 위해 보드 제조사와의 협상에 나섰다. 그러나 기존 거래업체인 다이아몬드 멀티미디어는 마진을 줄일 수 없다는 이유로 계약 갱신을 거부했다. 경영진은 델을 찾아가 통합 드라이버 구조의 장점과 새로운 칩의 경쟁력을 설명했다. 델은 긍정적인 반응을 보이면서 엔비디아 칩을 사용하는 보드를 만들기로 합의했다. 이후 엔비디아는 보드를 제조하고 유통할 협력업체를 늘렸다. 협력업체들은 자체 브랜드를 사용하면서도 엔비디아의 이름을 같이 내세웠다.

엔비디아는 1997년부터 2001년까지 성능 개선 경쟁을 주도하면서 빠른 출시 패턴을 유지했다. 이 기간 동안 초당 픽셀 처리수를 기준으로 평균 성능 개선율은 연간 157퍼센트에 달했다. 성능 개선율은 2002년에서 2007년 사이에 62퍼센트로 떨어졌지만 반도체 기술의 일반적인 진전을 감안하면 거의 최대치에 해당했다. 인텔의 CPU는 같은 기간 비슷한 성능 개선율을 기록했다. 다만 CPU의 성능 개선은 인텔이 관리할 수 없는 하드웨어와 소프트웨어의 한계 때문에 크게 잠식당할 수밖에 없었다. 반면 GPU의 성능 개선은 이용자들의 체험으로 직결되었다. 그래서 이용자들은 신제품 출시를 손꼽아 기다렸다.

기술의 변화는 대개 산업 구조의 변화를 수반한다. 엔비디아의 경우 칩 제조사와 보드 제조사와의 관계가 바뀌었다. 흥미롭게도 이러한 변화의 중요성을 내다본 사람은 거의 없었다. 과거 방식대로라면 보드 제조사가 개발 초기부터 엔비디아와 직접 협력했을 것이다. 그러나 이러한 방식은 보드 제조사의 협상력을 높이고 고유한 지식이 누출될 위험성을 초래했다.

엔비디아의 경영진은 2D에서 3D로 넘어가면 다이아몬드 멀티미디어가 지녔던 가치 창출 역량이 대부분 사라질 것으로 판단했다. 그러나 다이아몬드는 여전히 25퍼센트에 이르는 높은 마진율을 고집했다.

일반적으로 델과 손잡는 것은 엔비디아에게 부정적인 영향을 미칠 것으로 예상되었다. 그러나 델처럼 강력한 유통능력을 가진 업체와 협력하지 않으면 다이아몬드의 유통망을 대체할 수 없었다. 모방 제품이 아니라 고유한 경쟁력을 지닌 제품을 만든다면 강력한 협력업체가 도움을 줄 수 있었다.

경쟁자들이 따라잡을 수 없는 속도

엔비디아의 전략이 성공하려면 경쟁자들과 기술 격차를 벌려야 했다. 엔비디아는 경쟁자들이 빠른 개발 주기를 따라잡지 못할 것이라고 자신했다. 실제로 상황은 엔비디아의 예상대로 전개되었다. 한 기업의 성공은 다른 기업들의 실패를 수반하기 마련이었다. 경쟁자들은 특허 같은 장애물에 부딪히기도 했지만 대개 성공하는 기업의 정책을 따르지 못해서 좌초되었다.

엔비디아의 주요 경쟁자인 3dfx는 대중 시장을 추구하라는 월가의 잘못된 조언을 따랐다. 그래서 보급형 제품을 개발하는 데 집중했고, '인텔 인사이드'를 모방한 대대적인 광고를 집행했으며, 보드 제조사인 STB 시스템즈를 인수했다. 이처럼 자원을 분산시키는 와중에 개발 역량을 초과한 고성능 칩까지 만든다는 무리한 목표를 세웠다. 결국 2000년 말에 3dfx는 엔비디아에 자산과 인력을 넘기고 문을 닫았다.

겉으로는 3dfx가 무리한 방향 전환으로 자멸한 것처럼 보인다. 그러나 사실은 엔비디아가 빠른 개발 주기 전략을 내세워 3dfx의 악수를 유도한 것이다. 이러한 측면에서 엔비디아의 전략은 칸나이 전투에서 로마군이 과도하게 전진하도록 함정을 판 한니발의 전략과 유사하다.

잠재적 경쟁자인 인텔은 고성능 3D 그래픽 시장에서 엔비디아에 대적할 수 없었다. 기술력에서는 어느 기업에게도 뒤지지 않지만 조직의 유연성에 한계가 있기 때문이었다. 존 페디 리서치Jon Peddie Research의 보고서에 따르면 "인텔은 i740을 다른 CPU와 같은 프로세스를 통해 만들었다. 이러한 방식은 경쟁이 치열한 3D 그래픽 시장에서 통하지 않았다. 인텔의 개발 주기는 18개월에서 24개월 사이였지만 3D 그래픽 시장의 개발 주기는 6개월에서 12개월 사이였다. 인텔은 이처럼 빠른 개발 주기를 따라잡지 못했다. 부가적인 사업을 위해 전체 개발 공정을 재설계할 수는 없었기 때문이다."

인텔은 원래 그래픽 칩을 마더보드에 통합하는 방식으로 2D 그래픽 시장을 장악했다. 2007년에는 3D 그래픽 칩까지 통합하겠다는 계획을 발표했으나 2009년 12월에 프로젝트를 취소해 버렸다.

또 다른 경쟁자인 실리콘 그래픽스도 잘못된 전략을 추구하다가 3dfx와 같은 길을 걸어갔다. 설립자인 짐 클락이 회사를 떠난 후 1994년에 CEO에 오른 에드 맥크래켄Ed McCracken은 워크스테이션과 서버를 기업 고객에게 판매한다는 방향을 정했다. 그는 50퍼센트라는 무리한 성장 목표를 세우고 인수합병을 통해 몸집을 키우려고 했다.

문제는 실리콘 그래픽스의 자체 프로세서와 운영체제로는 시장을 확대하고 있는 윈도우-인텔 체제를 당해낼 수 없다는 것이었다. 3D 그래픽의 선구자였던 실리콘 그래픽스는 결국 PC 시장에 진출하지도 못하고 2006년에 파산하고 말았다.

맥크래켄이 추구한 '50퍼센트 성장'은 전형적인 나쁜 전략이다. 이 전략은 회사가 직면한 문제에 대응하는 방법을 설계하는 것이 아니라 목표를 설정하는 데 그친다. 성장은 좋은 전략의 결과이지 원인이 아니다. 내실 없는 성장은 금세 무너지기 마련이다. 실리콘 그래픽스는 이미 실효성을 잃은 전략을 추구하던 다른 워크스테이션 기업을 인수함으로써 억지로 덩치를 키웠을 뿐이다.

엔비디아의 진정한 경쟁자는 ATI 테크놀로지였다. 처음에는 ATI도 엔비디아의 빠른 개발 주기 전략에 밀려나는 것처럼 보였다. 그러나 2000년에 실리콘 그래픽스 출신의 엔지니어들이 세운 아트X를 인수한 후 한층 경쟁력을 강화시켰다. 개발 주기를 6개월로 당긴 ATI는 엔비디아에 필적하는 성능을 갖춘 칩들을 출시하기 시작했다. ATI는 2006년에 인텔의 경쟁자인 AMD와 합병했다.

아트X를 인수하지 않은 것은 엔비디아의 실수였다. 3D 그래픽 업계는 고급 인력이 드물었다. 추가 인력이 필요하지 않다고 해도 경쟁자에게 넘어가지 않도록 막을 필요가 있었다.

엔비디아 전략의 교훈

3D 그래픽은 가장 변화 속도가 빠르고 경쟁이 심한 시장이다. 따라서 지금까지 통했던 전략이 미래의 성공을 보장하지는 못한다. 2009년에 엔비디아가 올라탔던 변화의 파도가 이제는 잦아들고 있다. 실리콘 그래픽스의 그래픽 파이프라인은 완전하게 구현되었고, 대부분의 게이머들은 더 이상 신제품을 손꼽아 기다리지 않으며, 다이렉트X는 너무 복잡해서 모든 속성을 파악한 게임 회사가 드물다.

현재 엔비디아는 두 갈래의 양면 협공 전략을 펼치고 있다. 하나는 그래픽 칩의 연산능력을 활용하는 것이다. 텔사Telsa라는 신제품은 수백 개의 프로세서로 구성되어 슈퍼컴퓨터급 성능을 자랑한다. 실제로 2010년 11월에 중국의 연구자들은 텔사 칩을 이용하여 세계에서 가장 빠른 슈퍼컴퓨터를 제작했다.

다른 하나는 통합 칩을 개발하는 것이다. 이 전략은 인텔-AMD-윈도우가 장악한 헤게모니를 '밑에서부터 뒤흔드는 것'이 목표다. 이 전략에 따라 개발된 것이 스마트폰, 넷북, 게임기 같은 소형기기를 겨냥한 테크라Tegra라는 통합 칩이다. 엔비디아는 테크라를 이용하여 10시간 동안 충전 없이 고해상도 영화를 볼 수 있는 기기를 선보였다.

이러한 두 갈래 전략은 경쟁자들을 양면에서 협공하는 효과를 거둘 수 있다. 그러나 두 갈래길 모두 수많은 난제를 안고 있어서 성공을 장담할 수 없다.

전략가처럼 생각하기

STRATEGY

전략을 수립할 때는 경쟁자나 고객의 시각을 고려하는 것이 중요하다. 그러나 그전에 자신의 생각을 먼저 돌아보아야 한다. 원하는 대로 생각을 통제하는 것은 불가능하다. 그래서 가끔 부정적인 생각이 머릿속에서 떠나지 않을 때도 있다. 많은 생각들은 의도와 상관없이 그냥 떠오른다. 문제는 내부의 검증 절차를 거치지 않고 아무 생각이나 마구 전술에 반영하는 경우가 많다는 것이다.

3부에서는 더 나은 전략을 세우는 데 도움이 되는 생각의 검증 방식을 다룰 것이다. 16장은 전략과 과학적 가설 사이의 유사성을 살필 것이다. 전략과 과학적 가설은 모두 타당성을 확정하기 전에 논리적, 경험적 검증을 거쳐야 한다. 17장에서는 전략에 대한 생각의 범위를 넓히는 데 도움이 되는 구체적인 방법들을 제시할 것이다. 18장은 글로벌 크로싱Global Crossing과 2008년 금융위기의 사례를 통해 핵심 사안에 대한 독립적인 판단의 중요성을 일깨워줄 것이다.

제 16 장

전략, 과학을 만나다

GOOD STRATEGY BAD STRATEGY

　좋은 전략은 통하는 것과 통하지 않는 것 그리고 그 이유에 대한 기능적 지식에 기반을 둔다. 널리 알려진 지식은 결정적인 이점으로 작용하지 않는다. 중요한 것은 고유한 지식이다. 조직은 경험을 통해 고유한 지식을 축적한다. 좋은 전략은 어렵게 쌓은 지식의 토대 위에 수립된다.

　새로운 전략은 지식의 토대를 다질 기회를 만든다. 과학적 개념으로 보면 전략은 가설, 집행은 실험에 해당한다. 뛰어난 리더는 실험 결과를 보고 통하는 것과 통하지 않는 것을 배우며, 그에 따라 전략을 조정한다.

전략은 가설이다

나는 휴즈 전자Hughes Electronics에 전략 컨설팅을 할 때 통신위성을 직접 볼 기회를 얻었다. 격납고만한 제작소에 놓인 약 8톤 무게의 거대한 통신위성은 보석처럼 눈부시게 반짝거렸다. 거기에는 수십 년 동안 정지 궤도에서 임무를 수행하는 데 필요한 첨단 기술이 집약되어 있었다.

휴즈 전자는 통신위성, 스파이 위성, 미사일 등을 제작하는 기업으로서 엔지니어 출신의 경영진이 이끌고 있었다. 나는 그들에게 다양한 경쟁 전략의 사례들을 먼저 소개했다. 그리고 한 달 후 전략 수립과 관련된 문제들을 본격적으로 파고들었다. 그러나 논의가 진행될수록 분위기가 경직되어갔다. 마침내 배리Barry라는 고참 이사가 일어나 "모두 쓸데없는 이야기예요. 전혀 이론적 바탕이 없잖아요. 우리에게 필요한 것은 이런 저런 대안을 선택하면 어떤 일이 일어나는지 아는 방법이예요. 그래야 최선의 전략을 파악할 수 있지 않겠어요? 하지만 이 전략론은 실속이 없는 것 같군요"라고 말했다.

배리의 문제 제기는 일리가 있었다. 나도 한때 엔지니어였기 때문에 확실한 하중 계산 없이 다리를 설계하지 못한다는 사실을 잘 알았다. 원래 엔지니어가 하는 일이 복잡성에서 명확성을 이끌어내는 것이었다. 시스템이 원활하게 작동하도록 만들려면 수많은 사항들을 고려해야 했다. 엄격한 엔지니어링 세계의 규칙을 버리고 육감에 따라 의사결정이 이루어지기도 하는 비지니스 세계의 규칙을 받아들이기는 쉽지 않았다.

나는 대답을 궁리하다가 비즈니스 전략과 과학적 절차 사이의 연관성을 설명했다.

"과학적 지식을 어떻게 얻는지 그 과정을 잘 아실 겁니다. 뛰어난 과학자는 미지의 영역에 대한 추론을 통해 지식의 한계를 넓힙니다. 이미 알려진 지식에 안주한다면 어떠한 성과도 올리지 못합니다. 비지니스 전략을 수립하는 경우도 크게 다르지 않습니다. 경쟁에서 이기려면 기존 지식의 한계를 넘어야 합니다. 이러한 과제를 피하는 길은 없습니다. 그 과정에는 모호성에 따른 불안이 뒤따릅니다. 그러나 동시에 기회도 공존합니다.

과학자들은 먼저 법칙과 경험에 비추어 추론을 검증합니다. 이 검증을 통과하면 본격적인 테스트에 들어가지요. 전략적 통찰도 원칙과 경험을 통해 먼저 검증 절차를 거칩니다. 이 검증을 통과하면 시장에서 테스트를 하게 됩니다.

성공이 보장되는 전략을 요구하는 것은 무조건 참으로 증명될 가설을 요구하는 것과 같습니다. 뛰어난 전략을 세우는 문제는 뛰어난 가설을 세우는 문제와 동일한 논리적 구조를 가집니다. 다만 대부분의 과학적 지식은 폭넓게 알려진 반면 기업에 축적된 지식은 개별적인 경우가 많다는 점이 다를 뿐입니다.

좋은 전략은 결국 시장에서 무엇이 통할지에 대한 가설입니다. 단순한 추측이 아니라 정보에 토대를 둔 판단이지요. 여러분은 필요한 정보를 갖춘 적임자로서 이 회사의 미래를 준비하는 전략적 판단을 내리기 위해 여기에 모인 것입니다."

다행히 나의 설득은 효과를 발휘했다. 경영진은 전략을 하나의 가설로 보는 접근법을 통해 적극적으로 의견을 개진했다.

엔지니어들은 명확한 연역적 체계를 통해 문제를 해결할 때 '크랭크를 돌린다winding the crank'라고 표현한다. 이 표현은 해결책의 특성과 수준이 크랭크를 돌리는 기술에 관계없이 연역적 체계에 좌우된다는 뜻이다.

돌이켜보면 휴즈 전자의 경영진은 크랭크만 돌리면 사업계획을 도출해내는 논리적 기계를 원했던 것 같다. 그러나 전략 수립은 단순하게 크랭크를 돌리는 일과 다르다.

계몽과 과학

새로운 통찰이나 아이디어나 필요하지 않다면 연역만으로 충분하다. 때로 성과가 양호하고 기회나 리스크에 변화가 없는 시기가 있다. 그럴 때는 같은 일을 더 많이 하는 것이 논리적인 전략이다. 그러나 변화가 끊이지 않는 세상에서 이러한 전략이 옳은 경우는 드물다. 좋은 전략은 기업가적 요소를 내포해야 한다. 다시 말해서 새로운 기회나 리스크에 대응하기 위하여 새로운 방식으로 자원을 조합하는 통찰이나 아이디어를 담아야 한다.

아무리 크랭크를 열심히 돌려도 단순한 연역으로는 새로운 아이디어를 창출할 수 없다. 궁극적인 연역 체계인 수학에서도 새로운 정리를 증명하는 일은 대단히 창조적인 작업이다. 전략을 연역적 문제로 대하는 태도는 알아야 할 모든 내용이 알려졌으며, 필요한 것은 계산뿐이라는 전제를 안고 있다. 연역은 정해진 논리적 규칙을 알려진 사실에 적용한다. 가령 뉴턴의 중력 법칙을 알면 화성의 궤도 주기를 계산할 수 있다. 혹은 수송선, 파이프라인, 정유소의 비용과 용량을 알면 원유와 정제품의 흐름을 최적화할 수 있다. 알아야 할 모든 내용이 알려졌다면 할 일은 크랭크를 돌리는 것뿐이다.

이러한 가정은 혁신을 저해한다. 지금 가는 길이 최선의 길이라는 믿음은 조직과 사회의 발전을 가로막는다. 전략을 수립하려면 연역을 통하는 편한 길을 버리고 귀납, 유추, 판단, 통찰을 거치는 힘든 길을 걸어야 한다.

서구 세계는 한때 천 년이 넘는 암흑기를 보냈다. 로마가 멸망한 후 모든 중요한 사실이 이미 밝혀졌다는 가정 때문에 지식의 탐구가 가로막혔다. 지적 에너지는 종교, 예술, 전쟁으로 흘러들어갔다.

그러다가 17세기에 놀라운 변화가 일어났다. 도처에서 시끌벅적한 논쟁들이 벌어지면서 과학, 정치, 철학의 근본적인 원칙들을 찾는 작업이 이루어졌다. 1630년에서 1789년에 이르는 이 시기는 계몽기로 불린다. 데카르트, 홉스, 흄, 제퍼슨, 라이프니츠, 로크, 뉴턴, 스미스, 볼테르 같은 인물들이 계몽기를 이끌었다. 그들은 플라톤과 아리스토텔레스 시대에 구축된 이성적 탐구의 한계를 넘어섰다.

계몽기를 촉발한 계기는 갈릴레오에 대한 이단 재판이었다. 이탈리아 피사에서 태어난 갈릴레오는 베니스에서 수학 교수로 일하던 1609년에 네덜란드에서 망원경이 발명되었다는 소식을 듣고 직접 더 나은 망원경을 제작했다. 그는 이 망원경으로 밤하늘을 바라보면서 몇 주 만에 놀라운 사실들을 발견했다. 그는 최초로 달의 고지와 금성의 위상 그리고 목성의 위성들을 관측했다.

당시 두 가지 상반된 천문이론이 주도권 다툼을 벌이고 있었다. 하나는 지구가 우주의 중심이고 천체가 그 주위를 돈다는 천동설이었고, 다른 하나는 태양이 우주의 중심이고 지구와 다른 별들이 그 주위를 돈다는 지동설이었다. 대부분의 천문학자들은 정확한 예측을 뒷받침하는 지동설을 따랐다. 지동설은 성서의 많은 구절과 맞지 않았다. 그래도 교회는 지동설을 세계관이 아닌 학문적 방법론으로 용인해 주었다.

그러나 갈릴레오가 발견한 내용들이 알려지자 지동설에 대한 관심이 증폭되었다. 갈릴레오는 금성의 운동과 위상을 통해 금성이 지구가 아니라 태양 주위를 돌고 있으며, 목성의 위성들의 주기를 통해 지구 역시 태양 주위를 돌고 있다고 밝혔다. 그는 1616년에 〈크리스티나 대공비에게 보내는 편지〉를 통해 천동설을 공격했다. 종교재판관들은 갈릴레오의 주장이 종교법에 저촉된다고 지적했지만 구체적인 행동을 취하지는 않았다. 그러나 1630년에 갈릴레오가 다시 비슷한 내용의 글을 쓰자 체포하여 무기징역형을 내렸다.

갈릴레오의 이야기는 유럽 전역에 알려졌다. 교회와 정부가 지성에 씌운 족쇄를 끊고자 하는 사람들은 갈릴레오의 이름을 앞세워 항의했다. 갈릴레오는 가택연금 중이던 1642년에 사망했다.

당시 훗날 계몽철학의 거두가 될 존 로크는 열 살이었고, 1년이 채 지나기 전에 뉴턴이 태어났다. 뉴턴은 미적분학을 발명했고, 행성의 궤도가 철저하게 자연법칙을 따른다는 사실을 증명했다. 로크는 자연법칙의 개념을 사회로 확장하여 "천부인권은 모든 권력으로부터 자유롭고, 어떠한 권위에 억눌려서도 안되며, 오직 자연법을 따를 뿐이다"라고 주장했다. 1세기 후 제퍼슨은 로크의 천부인권론을 계승하여 독립선언문에 "모든 인간은 동등하게 창조

되었으며, 생명의 보전과 자유 그리고 행복 추구에 대하여 양도할 수 없는 권리를 지닌다"라고 썼다.

종교의 속박으로부터 벗어난 인간의 지성은 무엇을 믿어야 할까? 계몽철학은 과학적 경험론을 그 답으로 제시했다. 과학자들은 실험이나 분석을 통해 가설을 검증했다. 검증 과정에서 잘못된 믿음을 걸러내면 오직 진실만 남게 될 것이었다. 이러한 반증이 과학적 사고의 핵심이었다. 관찰된 사실을 통해 거짓임을 증명할 수 없는 것은 과학의 대상이 아니었다. 그래서 영적 통찰이나 자각은 과학의 영역에서 배제되었다.

과학에서 새로운 생각이나 이론은 가설로 불린다. 가설은 현상에 대한 잠정적인 설명이다. 새로운 이론은 기존 지식으로부터 연역할 수 없다. 기존 지식에서 연역 가능한 것은 이미 새로울 수 없기 때문이다. 새로운 이론은 창의적 통찰에서 나온다. 과학적 방법론의 미덕은 오직 물리적 세계에서 얻은 경험적 데이터로 가설의 가치를 결정한다는 것이다. 이 점은 계몽운동이 일으킨 혁명적인 변화다.

전략은 가설처럼 세상이 작동하는 방식을 예측한다. 다만 전략의 궁극적인 가치는 사실 여부가 아니라 성공 여부로 판가름난다. 좋은 전략은 반드시 경험적이고 실용적이어야 한다. 시장의 수요와 인간의 행동 그리고 조직 관리에 대하여 아무리 거창한 개념을 늘어놓는다고 해도 실질적인 효과를 내지 못하는 전략은 오래 살아남지 못한다.

　과학은 보편적인 현상에 대한 설명을 추구하고 비즈니스는 구체적인 상황에 대한 대응을 추구한다. 그러나 보편성이 결여되었다고 해서 비즈니스가 과학적이지 않은 것은 아니다. 뛰어난 기업가는 데이터를 철저하게 분석하여 판단의 토대로 삼는다.

이례적인 것은 기회를 준다

　이례異例는 통념에 어긋나는 사실들을 말한다. 그래서 어떤 사람들은 이례를 짜증 나는 오점으로 받아들이기도 한다. 그러나 이례는 가치있는 것을 배울 수 있는 기회를 제공하기도 한다. 과학에서 이례는 진전을 이루는 계기가 된다.

　대학원생 시절에 내 방에는 안드로메다 은하의 사진이 걸려 있었다. 안드로메다 은하는 밝은 중심부를 가진 접시 모양의 거대한 소용돌이를 이루고 있으며, 오른쪽으로 약 30도 정도 기울어져 있다. 일반적인 은하는 수십억 개의 항성을 갖고 있으며, 지금까지 밝혀진 바에 따르면 우주에는 약 1억 2,500만 개의 은하가 있다.

　멀리서 보면 은하수도 안드로메다 은하처럼 보인다. 태양은 은하수 중심에서 약 3분의 1 정도 벗어난 오리온 팔Orion Arm에 자리 잡고 있다. 태양계는 초당 약 220킬로미터의 속도와 2억 4천만 년 주기로 은하수의 중심을 공전한다. 은하수 중심에서 멀어질수록 공전 주기가 길어진다.

은하의 질량은 대부분 중심부에 존재한다. 따라서 중력 법칙에 따르면 중심부에서 먼 별들은 가까운 별들보다 더 느린 속도로 더 오래 공전해야 한다. 구체적으로 공전 속도는 중심부와의 거리의 역제곱근에 비례해야 한다. 따라서 중심부와의 거리가 태양의 절반인 별은 네 배 속도로 공전해야 한다.

그러나 1980년대 초반부터 많은 은하를 관측한 결과 중심부와의 거리에 상관없이 나선형 궤도를 도는 거의 모든 별이 비슷한 속도로 공전한다는 사실이 밝혀졌다. 은하의 '회전 곡선rotation curve'은 편평했다. 이는 기본적인 물리 법칙에 어긋나는 대단히 이례적인 현상이었다.

천문학자들은 이 문제를 풀기 위하여 엄청난 노력을 기울였다. 현재 두 가지 가설이 검증되고 있다. 그 중 우세한 가설은 별의 질량이 우주에서 차지하는 비중은 10퍼센트에 불과하고, 나머지는 보이지 않는 암흑 물질이 차지한다는 것이다. 이 숨겨진 암흑 물질의 중력을 반영하면 평평한 회전 곡선이라는 이례적인 현상을 설명할 수 있다. 다른 가설은 뉴턴과 아인슈타인이 정립한 중력 법칙이 틀렸다는 것이다. 결국 편평한 회전 곡선이라는 사실에서 우주의 대부분이 암흑 물질로 채워져 있든지 아니면 중력 이론이 틀렸다는 엄청난 결론의 가능성이 제기된 셈이다.

이례는 비교를 통해 드러난다. 하나의 은하만 보면 이례를 파악할 수 없다. 홈즈는 왓슨이 보기만 할 뿐 관찰하지 않는다고 말했다. 이례는 자연계가 아니라 관찰자의 지성 속에 존재한다. 뛰어난 관찰자는 사실과 예측을 비교하여 이례를 파악한다.

통념을 넘어선 에스프레소 바

1983년에 하워드 슐츠Howard Schultz는 하나의 이례를 발견했다. 그는 이 통찰을 기반으로 놀라운 기업을 탄생시켰다. 당시 스타벅스라는 시애틀의 작은 커피 원두 유통체인에서 마케팅 및 소매 운영 매니저로 일하던 슐츠는 이탈리아를 방문하여 에스프레소 문화를 체험했다. 그는 밀란에 있는 에스프레소 바에 처음 들렀던 날을 다음과 같이 회고했다.

"키가 크고 마른 바리스타가 나를 보고 "본 쥬르노Buon Giorno!"라고 인사했다. 그가 금속 손잡이를 누르자 에스프레소 추출기에서 증기가 빠져나왔다. 그는 자기로 된 작은 에스프레소 잔을 카운터에 나란히 선 세 명 중 한 명에게 건넸다. 그 다음에는 하얀 크림이 완벽한 모양으로 얹힌 카푸치노가 나왔다. 바리스타는 원두를 갈고, 에스프레소를 뽑고, 우유 거품을 만드는 일련의 동작을 물 흐르듯 자연스럽게 이어나갔다. 그 와중에도 손님들과 즐겁게 대화를 나누면서 말이다. 대단한 진풍경이었다."

그날 나는 이탈리아 커피 바의 의식과 낭만을 발견했다. 나는 커피 바가 얼마나 활기찬 곳인지 목격했다. 커피 바마다 고유한 개성을 뽐냈지만 한 가지 공통점이 있었다. 그것은 세련된 바리스타와 서로를 잘 아는 손님들이 형성하는 친근한 분위기였다. 당시 이탈리아에는 20만 개의 커피 바가 있었다. 필라델피아 크기인 밀란의 커피 바만 해도 1,500개에 달했다.

슐츠는 소매점 운영자의 관점에서 에스프레소 바의 빠른 고객 회전율과 높은 가격대를 확인했다. 그가 보기에 이러한 현상은 이례적인 것이었다. 시애틀의 커피 원두 시장은 까다로운 취향을 가진 소비자들만 상대하는 틈새시장이었다. 대부분의 소비자들은 값싸고 묽은 커피를 마셨다. 반면 밀란에서 비싼 고급 커피는 틈새상품이 아니라 대중상품이었다.

이례적인 현상은 또 있었다. 미국에서 패스트푸드점은 저렴한 음식을 제공하는 건조한 장소였다. 그러나 이탈리아에서 패스트 커피점은 비싼 커피를 제공하는 친근한 장소였다. 이러한 분위기는 미국의 식당이나 커피점과 너무나 달랐다.

슐츠는 이탈리아인보다 잘 사는 미국인들이 질 나쁜 커피를 마셔야 할 이유가 없다고 생각했다. 그래서 이탈리아 에스프레소 바를 미국에 재현하면 인기를 끌 것이라는 전략적 가설을 세웠다.

그는 시애틀로 돌아와 두 명의 소유주에게 사업 구상을 설명했다. 두 사람은 크게 호응하지는 않았지만 에스프레소를 만들 작은 공간을 내주었다. 그들은 고급 커피 원두를 판매하는 것이 회사의 핵심 역량이며, 에스프레소 커피점은 소수의 특이한 사람들만 찾는 틈새 사업이라고 생각했다.

커피의 색다른 반란과 혁명

하워드 슐츠가 스타벅스의 소유주들에게 사업 구상을 설명했을 때 커피숍은 전혀 새로운 아이디어가 아니었다. 아랍인들은 600년 전부터 커피를 마셨고, 뉴턴이 10살이던 1652년에 옥스퍼드에 유럽 최초의 커피숍이 생겼다. 커피는 계몽운동의 일상적인 연료이기도 했다.

영국에서 커피숍은 술집과 다른 고유한 문화를 형성했다. 커피숍에서는 1페니로 종일 앉아서 책과 신문을 읽을 수 있었고, 주정 대신 대화가 오갔다. 커피숍에서 우편물을 받는 사람들도 많았다. 학자와 작가들은 저마다 단골로 다니는 커피숍이 있었다. 애덤 스미스는 스코틀랜드 출신 학자들이 모이는 브리티시 커피 하우스에서 『국부론』을 완성했다. 또한 조셉 애디슨Joseph Addison, 알렉산더 포프Alexander Pope, 조너선 스위프트Jonathan Swift는 버튼스Buttons에서 담소를 나누었다.

시간이 흐르면서 커피는 영국에서 차를 대신하는 음료로 자리 잡았다. 런던의 커피숍들은 점차 클럽과 레스토랑에 자리를 내주었다. 조너선 스위프트가 다니던 커피숍 자리에는 증권거래소가 들어섰다.

미국에서 커피의 역사는 영국과 다른 길을 걸었다. 1812년에 독립전쟁으로 차의 공급이 끊기자 커피에 대한 관심이 늘어났다. 미국인들은 저렴한 차의 대용품으로 커피를 즐겼다. 1820년 무렵 미국은 세계 최대의 커피 시장이 되었다.

20세기 초에 콩고에서 새로운 종의 커피가 발견되었다. 로부스타 종은 기존의 아라비카 종보다 빨리 자랐고, 내병성이 강했으며, 카페인 함량이 높았지만 맛이 떨어졌다. 그러나 로부스타종을 아라비카종과 섞으면 거친 맛을 줄일 수 있었다. 거기에 설탕과 크림까지 추가하면 한결 맛이 좋아졌다. 저렴한 로부스타 종은 미국에서 커피가 일상적인 음료로 자리 잡는 결정적인 계기가 되었다. 나중에 인스턴트커피까지 개발되면서 미국의 커피 문화는 원래의 모습과 많이 달라졌다.

미국인들이 인스턴트커피를 개발하는 동안 이탈리아인들은 에스프레소 머신을 개발했다. 1901년에 루이지 베제라Luigi Bezzera가 발명한 이 기계는 증기압을 이용하여 거의 시럽에 가까운 진한 커피를 추출했다. 이러한 방식은 쓴 맛과 카페인 함량을 줄여주었다. 또한 표면에 형성되는 갈색의 거품은 풍미가 날아가지 않도록 막아주었다. 에스프레소는 별도의 장비가 필요하기 때문에 집에서 만들 수 없었다. 그래서 에스프레소 바가 만남의 장소로 인기를 끌게 되었다.

일 지오날레를 통한 가설 검증

슐츠가 직면한 첫 번째 문제는 소비자의 취향이 변해야 비전을 실현할 수 있다는 것이었다. 그가 밀란에서 본 커피 문화는 수백 년 동안 진행된 사회적 분기의 결과였다. 미국에서 커피는 차 대신 집에서 마시는 묽은 음료였다. 반면 남유럽에서 커피는 술 대신 바에서 마시는 진한 음료였다. 슐츠는 단지 커피숍을 여는 것이 아니라 미국인의 취향을 바꾸고 싶어했다.

두 번째 문제는 에스프레소 바가 전혀 새롭지 않다는 것이었다. 이탈리아를 여행한 수많은 미국인들은 이미 에스프레소 바를 경험한 상태였다. 따라서 에스프레소 사업에 대한 지식이 전혀 이점으로 작용하지 않았다. 새로운 사업으로 돈을 벌려면 다른 사람들이 모르는 것을 알아야 했다. 슐츠는 어렴풋한 구상을 품고 있었다. 다른 사람들은 에스프레소 바를 보고도 슐츠와 같은 통찰을 갖지 못했다. 슐츠의 독자적인 통찰은 축복인 동시에 저주였다.

쉽게 공유할 수 있는 통찰이라면 사업의 독창성을 기대할 수 없었다. 반면 쉽게 공유할 수 없기 때문에 사업 구상을 설명하기가 어려웠다. 다행히 그의 가설은 대규모 투자 없이 검증할 수 있었다. 에스프레소 바를 여는 데 다른 벤처 사업처럼 많은 돈을 들일 필요는 없었다.

슐츠는 얼마 후 스타벅스를 떠나 일 지오날레Il Giornale라는 커피숍을 열었다. 이 커피숍은 이탈리아의 에스프레소 바를 그대로 베낀 것이었다. 그는 에스프레소 바의 분위기를 고스란히 재현하고 싶어했다. 그래서 매장을 이탈리아식으로 꾸몄고, 의자를 하나도 놓지 않았으며, 작은 도자기 잔에 진한 에스프레소를 담아 내주었다. 또한 매장에는 오페라 음악이 흘렀고, 직원들은 정장 셔츠에 보타이를 맸으며, 이탈리아어가 많이 들어간 메뉴를 만들었다.

슐츠가 초기 컨셉트에 집착했다면 일 지오날레는 작은 에스프레소 바에 머물렀을 것이다. 그러나 실험 결과를 면밀하게 살피는 뛰어난 과학자처럼 슐츠는 고객의 반응을 면밀하게 살폈다. 그에게 일 지오날레는 일종의 실험실이었다.

다른 사람들이 모르는 가치있는 정보는 기업에게 대단히 중요한 자원이다. 이러한 특권적 정보는 일상적인 운영 과정에서 매일 생성된다. 촉각을 세운 경영인은 고객과 제품에 대해 누구보다 많은 것을 알 수 있다. 슐츠는 매장 운영을 통해 축적한 특권적 정보를 토대로 정책을 바꾸었다. 그는 메뉴의 이탈리아어와 오페라 음악 그리고 바리스타의 정장 셔츠를 버렸다. 또한 매장에 의자를 들였고, 테이크아웃을 위한 종이컵을 만들었으며, 탈지우유를 사용했다.

1987년에 슐츠는 스타벅스의 소매 체인과 브랜드를 사들였다. 새로운 스타벅스는 커피 원두를 판매하는 기존 사업에 에스프레소 바를 운영하는 새로운 사업을 추가하게 되었다. 사업이 순조롭게 진행된 덕분에 1990년부터 흑자로 돌아선 스타벅스는 1992년에 125개의 매장과 2,000명의 직원을 거느리게 되었다.

1992년에 상장된 스타벅스는 2001년에 전 세계에 걸쳐 4,700개의 매장을 두고 26억 달러의 매출을 올리는 미국의 아이콘이 되었다. 매출의 대부분은 커피 판매에서 나왔고, 나머지는 원두를 비롯한 기타 제품 판매와 라이센스 계약에서 나왔다. 과거 미국에서 커피는 플라스틱 컵에 담아 마시는 75센트짜리 음료였다. 그러나 스타벅스가 곳곳에 들어선 이후에는 종이컵에 담아 마시는 3달러짜리 음료가 되었다.

슐츠는 시애틀에 에스프레소 바를 재현한다는 비전을 가졌다. 그는 가설에 대한 실험을 통해 성공 가능성을 확신하게 되었다. 그는 실험 과정에서 얻은 정보를 바탕으로 가설을 수정하고 재실험을 했다. 이러한 과정이 반복되면서 초기의 가설은 새로운 가설로 교체되었다.

이처럼 가설, 데이터, 이례, 새로운 가설, 데이터로 이어지는 학습 과정은 성공한 기업들의 공통적인 요소다.

수직으로 통합하라

스타벅스의 성공에 기여한 요소 중 하나는 많은 사람들이 도심지의 오아시스에서 마시는 '수제' 음료에 프리미엄 가격을 지불할 용의를 가졌다는 것이었다. 그러나 아무리 사업 컨셉트가 뛰어나도 경쟁을 고려하지 않을 수 없었다. 스타벅스는 어떻게 오랫동안 경쟁으로부터 자유로울 수 있었을까?

나는 2001년 봄에 이 의문에 대한 답을 구하기 위해 파리로 가서 조 산토스Joe Santos를 만났다. 이탈리아의 주요 커피 회사인 세가프레도 자네티Segafredo Zanetti CEO를 지낸 그는 인시어드INSEAD 경영대학원에서 전략을 가르치고 있었다.

나는 그에게 유럽의 유명 커피 회사가 아니라 스타벅스가 기회를 잡은 이유가 무엇인지 물었다. 그는 초기에는 스타벅스의 규모가 작았기 때문에 유럽의 커피 회사들이 신경을 쓰지 않았다고 설명했다. 가령 세가프레도는 매주 5만 개가 넘는 카페와 레스토랑에 볶은 원두를 제공했다. 그에 비하면 스타벅스의 원두 로스팅 규모는 상당히 작았다. 또한 크래프트Kraft, 사라 리Sara Lee, P&G 같은 미국의 대형 업체들은 대중시장에 집중했다.

유럽 기업들은 스타벅스를 정확하게 이해하지 못했다. 유럽의 원두 로스팅 업체들은 커피숍을 직접 운영하지 않았다. 스타벅스는 커피 회사로 알려졌지만 사실은 소매 체인에 가까웠다. 반면 맥도날드는 소매 체인이었지만 육가공 회사로 알려지지는 않았다. 그래도 스타벅스는 커피 회사로 알려졌고, 미국인들은 스타벅스의 커피가 특별하다고 생각했다.

유럽인들은 스타벅스를 미국식 커피숍으로 보았지만 미국인들은 스타벅스를 이탈리아식 에스프레소 바로 보았다. 그러나 이탈리아의 에스프레소 바에서는 모든 손님이 서서 작은 도자기 잔으로 에스프레소만 마셨다. 테이블도, 테이크아웃도 없었다. 또한 세가프레도 같은 대형 커피 회사들이 원두를 공급했다. 반면 스타벅스는 유럽인들이 들어보지도 못한 다양한 메뉴를 자사 브랜드로 자체 매장에서 팔았다. 그리고 거의 모든 음료는 우유를 기반으로 만들어졌다. 유럽인들이 보기에 스타벅스는 커피 회사라기보다 우유 회사에 가까웠다. 실제로 스타벅스의 음료는 대부분 커피맛이 나는 우유였다.

끝으로 이탈리아의 에스프레소 바는 대부분 자영업으로 운영되었다. 반면 스타벅스는 커피와 커피숍을 결합했을 뿐만 아니라 상장을 통해 거대한 소매 체인으로 성장했다. 스타벅스의 성장 속도는 유럽 기업들보다 훨씬 빨랐다. 유럽의 커피 회사들이 스타벅스를 제대로 이해하기 시작했을 때는 이미 확고하게 자리가 잡힌 상태였다. 그래도 스타벅스의 사업 규모는 전 세계 커피 시장에서 여전히 작은 편이었다.

산토스의 설명에 따르면 유럽의 커피 회사들은 로스팅, 브랜딩, 서빙까지 수직적으로 통합된 스타벅스의 사업 구조를 제대로 이해하지 못했다. 스타벅스는 단지 경쟁자들에게 혼란을 주려고 수직적 통합을 이룬 것이 아니었다. 그 이유는 다양한 요소들을 긴밀하게 조정하고 각 부문에서 생성된 정보를 축적하기 위해서였다.

수직적 통합이 항상 좋은 전략인 것은 아니다. 공급업체에서 뛰어난 제품과 서비스를 확보할 수 있다면 굳이 새로운 사업 부문을 익히느라 비용을 들일 필요가 없다. 그러나 사업 전략을 추구하기 위해 다양한 요소를 긴밀하게 조정할 필요가 있고, 각 부문의 상호작용을 통해 학습효과를 얻을 수 있다면 수직적 통합을 이루는 것이 중요하다.

제 17 장

자신의 생각과
판단을 검증하라

GOOD STRATEGY BAD STRATEGY

1967년 여름, 하버드 경영대학원에 다니던 나는 사례연구를 위해 현장 인터뷰를 해야 했다. 내가 노트와 볼펜을 들고 사무실에 마주앉은 사람은 팬스틸Fansteel의 특수 소재 부문 사장인 프레드 플레처Fred Fletcher였다. 나는 잔뜩 긴장한 나머지 좀처럼 입을 열지 못했다. 경영인과 전략 관련 인터뷰를 한 것은 그때가 처음이었다. 다행히 그는 내가 경험이 없다는 사실을 눈치채지 못한 것 같았다.

나는 힘겹게 첫 질문을 던졌다. 특수 소재 부문의 목표에 대한 것이었다. 플레처는 최근에 인수한 6개 기업의 사업활동을 통합하는 것이 목표라고 말했다. 이 기업들은 티타늄, 컬럼븀, 텅스텐, 화이버 에폭시 복합재, 특수 세라믹 같은 하이테크 소재를 전문적으로 가공했다. 특수 소재 부문은 이 기능 중심의 기업들에게 과학적 기반을 제공하고 고객사로부터 일감을 받아주는 역할을 맡았다.

제조와 관련된 실질적인 문제들은 대학과 직업학교에서 다루어지지 않았다. 대기업들은 설계 능력을 갖추었지만 특수 소재를 가공하는 일은 잘 몰랐다. 팬스틸이 인수한 기업들은 특수 소재로 고정밀 주물이나 방탄복을 만드는 전문적인 기술을 보유하고 있었다.

나는 전문 기술의 통합 방법, 경쟁 상황, 강점과 약점, 경영상의 난제 등에 대한 질문을 하고 15장 분량의 내용을 받아적었다. 인터뷰는 약 3시간 동안 진행되었다. 인터뷰가 끝나자 플레처는 일어서서 악수를 청하며 "올해 들어 가장 가치 있는 대화를 나눈 것 같네요"라고 말했다. 이 말은 몇 주 동안 계속 마음속에서 메아리쳤다. 사실 실질적인 대화는 거의 오가지 않았다. 내가 한 일이라고는 전략에 대한 뻔한 질문을 하고 답변을 받아적은 것뿐이었다. 그런데 어떻게 가치있는 대화를 나누었다는 것일까? 나는 상사나 부하 혹은 고객이 아닌 외부인이 그저 이야기를 들어준 데 만족한 것인지도 모른다고 짐작했다.

중요한 일 10개를 정하라

플레처의 말을 제대로 이해한 것은 그로부터 15년 후였다. 그날 나는 리퍼블릭 스틸Republic Steel이 영국의 호그 로빈슨Hogg Robinson과 합작으로 진행하는 보험사업에 대한 프레젠테이션을 했다. 프레젠테이션을 마치고 임원식당에서 경영진과 점심을 먹는 자리가 마련되었다. 점심자리에서는 피츠버그의 전성기와 한때 미국 최대의 부호로서 유에스 스틸을 세운 앤드류 카네기에 대한 이야기가 오갔다. 잠시 후 한 이사가 내게 컨설턴트로서 들을 만한 이야기를 해주겠다고 말했다.

"때는 1890년이었다. 피츠버그의 한 저택에서 카네기를 비롯한 유력인사들이 모두 모이는 칵테일 파티가 열렸다. 카네기는 한쪽 구석에서 사람들에게 둘러싸인 채 시가를 피우며 이야기를 했다. 누군가 그에게 프레드릭 테일러Frederick Taylor라는 유명 컨설턴트를 소개해 주었다. 그는 미심쩍은 얼굴로 그를 바라보다가 "이보게 젊은이, 자네가 내게 경영에 대하여 들을 가치가 있는 이야기를 해주면 1만 달러를 주지."라고 말했다.

당시 1만 달러는 상당한 거액이었다. 주위에 있던 사람들은 대화를 멈추고 테일러가 무슨 말을 할지 기다렸다. 테일러는 "카네기 씨, 당신이 할 수 있는 가장 중요한 일 10가지를 작성하세요. 그리고 1번부터 시작하세요."라고 말했다.

일주일 후 테일러는 카네기가 보낸 1만 달러짜리 수표를 받았다."

나는 이 이야기를 듣고 어떻게 반응해야 할지 알 수 없었다. 농담인지 아닌지 분간이 되지 않았기 때문이었다. 왜 카네기는 극히 기본적인 조언에 1만 달러를 지불했을까? 목록을 작성하라는 것은 자기계발서에 흔히 나오는 말이었다. 이처럼 단순한 조언이 어떻게 카네기처럼 경험 많은 기업가에게 도움이 될 수 있었을까?

나는 그날 밤 이 이야기에 숨겨진 깊은 진실을 깨달았다. 카네기에게 도움을 준 것은 목록 자체가 아니라 목록을 작성하는 일이었다. 목표를 정하기만 하면 저절로 추구할 수 있는 것은 아니었다. 인간의 주의력에는 한계가 있었다. 주의력은 조명등처럼 한 곳에 집중하면 다른 곳을 더 어둡게 만들었다. 그래서 하나의 사안에 매달리면 다른 사안들을 간과하기 쉬웠다. 운전에 신경쓰다 보면 우유를 사가는 일을 깜박하는 이유가 거기에 있었다. 문제는 당면한 사안에 정신이 팔려서 더 중요한 목적을 잊게 된다는 것이었다. 가령 경력 관리에 매몰된 사람은 가정을 소홀히 하기 쉬웠다. 우선순위에 대한 감각을 되찾는 것은 언제나 문제가 생기고 난 후였다. 또한 입찰 경쟁을 이기는 데 혈안이 된 기업가는 정작 인수 목적을 잊어버리는 수가 많았다.

중요한 10가지 일을 정하라고 하면 공과금 납부나 지인과의 통화를 꼽는 사람도 있을 것이다. 그러나 1만 달러를 선뜻 지불할 정도라면 카네기의 목록은 훨씬 중요한 일들로 채워졌을 것이다. 사실 테일러의 조언은 단순한 내용이 아니었다. 그의 조언을 충실히

320

따르기 위해서는 할 수 있는 일과 중요한 일 사이의 교차점을 찾아야 했다. 카네기는 그 과정에서 보다 근본적인 목표들을 뒤돌아보고, 진전을 위한 방법을 생각하는 기회를 가질 수 있었기 때문에 거액을 지불한 것이었다.

이 사실을 깨닫고 나자 비로소 15년 전에 플레처가 한 말을 이해할 수 있었다. 경영 목표, 강점과 약점, 당면 과제 등에 대한 나의 질문은 그에게 중요한 사안들을 살펴볼 계기를 제공했다. 그는 인터뷰를 통해 상황을 폭넓게 보고 진전에 필요한 일들을 상기하게 되었다. 다시 말해서 해야 할 일의 목록을 파악하게 되었다.

목록을 작성하는 일은 인지적 한계를 극복하는 기본적인 수단이다. 목록은 건망증을 막아주고, 목록 작성은 사안의 시급성과 중요성을 가늠하도록 도와준다. 또한 '지금 걱정할 일'이 아니라 '지금 해야 할 일'을 상기시킴으로써 고민을 해결하기 위한 행동을 촉구한다.

지금까지 전략 수립과 분석을 돕는 다양한 도구들이 소개되었다. 각 도구는 경쟁우위의 파악, 산업 구조의 이해, 추세 파악, 모방 방지처럼 다른 문제들에 대응한다. 그러나 모든 상황에 공통된 근본적인 문제가 있다. 그것은 인지적 한계와 편향에 따른 근시안을 극복하는 일이다. 근시안은 모든 전략적 상황의 공통적인 장애물이다.

좋은 전략을 세우려면 다른 사람들보다 장기적인 안목을 가지고 다른 사람들이 간과하는 부분을 고려해야 한다. 그렇다고 해서 미래를 점치라는 것은 아니다. 누구도 미래를 볼 수는 없다. 다만 전략을 세울 때는 모호한 추측이 아니라 확고한 사실에 기반을 두는 것이 중요하다. 산업 구조와 추세에 대한 통찰을 얻고, 경쟁자의 행동과 반응을 예측하며, 고유한 역량과 자원을 파악하려면 심사숙고를 통해 근시안을 극복해야 한다.

태도와 방법론

2005년의 어느 비오는 가을 날, 17명의 이사들이 내가 진행하는 전략 워크숍에 참석하기 위해 회의실에 모였다. 좌중을 둘러보니 최고참 이사가 앞줄 가운데 자리에 앉아있었다. 좋은 징조였다. 최고참 이사가 뒷줄에 앉는 것은 열의가 높지 않다는 뜻이었다.

오늘 주제는 이제 다룬 사례보다 훨씬 복잡한 티보였다. 전날 나는 티보를 위한 전략을 한 문단으로 작성하라는 과제를 내주었다. 간부들은 한 사람도 빠짐없이 과제를 제출했다. 나는 강단에 쌓인 과제물을 가리키며 "모두 티보의 문제를 간단하게 풀 수 있는 해결책을 찾으신 모양이군요!"라고 말했다.

사실 티보는 기술, 경쟁, 지적 재산권, 생산 효율, 표준, 케이블 및 위성 텔레비전 사업자와의 협상, 프라이버시, 텔레비전이 마케팅에서 차지하는 역할 등 복잡한 문제에 직면해 있었다. 나는 과제물을 훑어보면서 저마다 판단한 내용이 다르다는 사실을 알게 되었다. 어제 하루 동안 접해본 결과 그들은 모두 솔직하고 개방적인 태도를 갖고 있었다. 그래서 생각과 판단에 대한 직접적인 논의를 하기로 마음먹었다.

나는 "티보 문제를 다루기 전에 예정에 없는 논의를 해보고 싶습니다. 여러분은 어떤 과정을 거쳐 이 해결책들을 얻게 되었습니까?"라고 물었다. 예상 외의 질문이 나오자 한동안 침묵이 흘렀다. 내가 바라보자 최고참 이사가 "사례연구를 읽으면서 여백에 떠오르는 내용들을 적었습니다"라고 말했다.

나는 "사례연구를 읽는 동안 어떤 생각들을 했습니까?"라고 물었다. 그는 "정확하게 기억나지는 않네요. 대체로 뛰어난 제품을 개발했지만 제조 비용 때문에 적자가 났다고 생각한 것 같습니다"라고 대답했다. 그의 판단에 따르면 티보의 핵심 문제는 제조 비용이었다. 자연히 그가 제시한 해결책도 제조 비용을 감당하는 데 초점이 맞춰졌다. 나는 "해결책에 대한 구체적인 논의는 나중에 하기로 합시다. 지금은 판단에 이르는 과정을 살펴보고 싶습니다"라고 말했다.

그는 잠시 사례 연구의 여백에 적힌 내용을 바라본 후 "처음 떠오른 생각은 대부분의 소비자들이 필요 이상의 대용량 메모리 비용을 지불한다는 것이었습니다. 한두 편의 에피소드만 녹화하면 충분한 상황에서 한 시즌 전체를 저장할 수 있는 용량은 필요가 없어요. 그래서 저장 용량을 줄이고 필요한 고객만 업그레이드 비용을 지불하게 하는 것이 좋다고 판단했습니다"라고 설명했다.

그의 설명은 흥미로운 내용을 담고 있었다. 잠시 후 다른 이사가 손을 들었다. 그녀는 "티보가 직면한 문제에 대해 생각하다 보니 해결책이 떠올랐습니다. 저는 다른 업체들이 케이블 텔레비전 부문을 장악하면 위성 텔레비전 부문에 머무는 티보가 싸움에서 질 수밖에 없다고 생각했습니다"라고 말했다.

나는 어떻게 그러한 생각을 하게 되었는지 물었다. 그녀는 잘 기억이 나지 않는다고 대답했다. 나는 "원래 좋은 아이디어들은 그렇게 떠오릅니다. 소위 전략 수립 도구들이 많이 소개되었지만 기계적인 방식으로는 좋은 아이디어를 얻을 수 없습니다. 좋은 아이디어는 그냥 머릿속에 생기는 겁니다. 우리는 그것을 통찰이라고 부르죠"라고 말했다.

뒤이어 다른 이사가 손을 들었다. 그는 "티보의 사례연구를 읽다 보니 텔레비전 산업에 너무 매달린다는 생각이 들었습니다. 티보가 제공하는 혜택은 소비자를 위한 것이지 방송국을 위한 것이 아닙니다. 그런 점에서 티보는 소비자에게는 사랑받고, 업계에서는 미움받는 냅스터와 비슷한 면이 있습니다"라고 말했다. 그도 이러한 생각에 이르게 된 경위는 알지 못했다.

이사들은 모두 문제를 먼저 파악하고 해결책을 제시했다. 최초의 문제 파악을 다시 검토하거나 두 가지 이상의 해결책을 다룬 사람은 아무도 없었다. 나는 다음과 같이 이 사실을 지적했다.

"오늘 워크숍을 진행하기 전에 모두 같은 내용의 사례 연구를 읽었습니다. 하지만 보다시피 저마다 초점을 맞춘 부분이 달랐습니다. 어떤 사람은 생산, 어떤 사람은 소프트웨어, 어떤 사람은 방송국과의 관계에 초점을 맞추었습니다. 또한 모든 사람이 처음 떠오른 해결책을 채택했습니다. 이러한 양상은 일반적인 것입니다. 사람들은 대개 머릿속에 처음 떠오른 해결책을 선택합니다. 대부분의 상황에서는 그렇게 하는 것이 타당합니다. 모든 문제를 철저하게 분석할 시간과 에너지가 부족하기 때문입니다."

그들은 나의 지적을 불편하게 받아들였다. 한 이사는 "『블링크』라는 책을 보면 첫 번째 판단이 최선인 경우가 많다고 나옵니다"라고 반박했다.

말콤 글래드웰이 쓴 『블링크』는 대단히 좋은 책이다. 그는 우리가 구체적인 방법을 몰라도 복잡한 정보를 신속하게 처리하여 판단을 내리는 능력을 갖추었다고 주장한다. 이 주장은 대체로 옳다. 특히 다른 사람이나 사회적 상황 혹은 패턴에 대한 판단을 내리는 경우에는 더욱 그렇다. 이러한 판단은 순식간에 이루어진다. 글래드웰은 눈 깜박할 사이에 이루어지는 판단을 믿으라고 말한다. 실제로 직관은 종종 훌륭한 판단으로 이어진다. 그러나 직관이 항상 옳을 수는 없다. 때로 심사숙고가 필요한 상황들이 있다. 좋은 전략은 대개 깊은 생각을 통해 만들어진다.

불행하게도 많은 연구결과에 따르면 대부분의 사람들은 생각하는 시간이 1초든 한 달이든 간에 판단력이 현저히 뒤떨어진다. 특히 사건의 확률, 상대적인 역량, 인과관계에 대한 판단은 오류를 저지를 가능성이 높다. 사건의 확률을 판단할 때 경험이 많은 사람도 편향된 시각을 쉽게 드러낸다. 그래서 통계적 증거보다 생생한 사례에 더 큰 비중을 두는 경향을 보인다. 이러한 편향을 기저 확률 무시 base rate neglect라고 부른다. 가령 MBA 학생들은 이 사실을 설명한 후에도 모두 자신이 상위 절반에 해당하는 점수를 받을 것이라고 예측한다. 이러한 편향은 경쟁 상황에 대한 오판에서 기인한다. 또한 사람들은 무작위적 데이터에서도 패턴을 보고, 단순한 연관관계를 인과관계로 파악하며, 지지하는 이론과 상반되는 정보를 무시하는 경향을 보인다.

나는 『블링크』를 언급한 이사에게 "대통령이 순간적인 판단으로 전쟁 여부를 결정하기를 원하나요? CEO가 신중한 검토 없이 인수합병을 결정하는 것이 적절하다고 생각합니까?"라고 물었다. 그는 나의 질문을 받고 직관에만 의존하기에는 너무나 중요한 사안들이 있다는 점을 수긍했다.

나는 "전략적 작업에서는 빠른 결론이 문제를 일으킬 수 있습니다. 전략은 원래 어렵고 중요한 사안들을 해결하기 위한 것입니다. 따라서 직관에만 의존해서는 안 됩니다. 누구나 이 사실을 알고 있습니다. 그렇다면 왜 여러분처럼 경험 많은 기업인들이 전략적 상황에 직면했을 때 성급한 결론을 내릴까요?"라고 물었다.

잠시 침묵이 흐른 후 한 이사가 "시간이 충분치 않기 때문입니다"라고 대답했다. 일리 있는 주장이었다. 그래도 나는 계속 답변을 기다렸다. 다른 이사가 "이러한 문제에는 정답이 없습니다. 어떤 판단이든 일정한 타당성을 지닐 수 있습니다. 그러니 어차피 결단을 내릴 수밖에 없습니다"라고 말했다. 날카로운 지적이었다. 결정을 내리기 위한 형식적인 절차는 누구나 알았다. 그 절차는 여러 가지 대안을 마련하고 가치와 비용을 따진 다음 최선을 고르는 것이었다. 그러나 티보가 처한 문제는 너무나 복잡하게 얽혀서 깔끔한 분석이 불가능했다. 경험 많은 기업인들은 전략적 상황이 대부분 현실적으로 분석적 방법론과 맞지 않는다는 사실을 알았다. 중요한 것은 좋은 판단을 내리는 일이었다.

그렇다고 해서 처음 내린 판단을 검증하지 않을 이유는 없었다. 결단의 필요성이 성급한 결론을 합리화하는 근거는 아니었다. 나는 오랜 시간에 걸쳐 얻은 생각을 다음과 같이 설명했다.

"이처럼 복잡한 상황에 일관되게 대처하는 일은 결코 쉽지 않습니다. 이러한 문제는 변수가 너무 많아서 인과관계를 설정하고, 잠재적 대안들을 구하기 어렵습니다. 때로 문제를 명확하게 파악하기 힘든 경우도 있습니다. 그래서 심한 압박감에 시달리다가 어떤 아이디어든 일단 떠오르면 안도감을 느끼게 됩니다. 적어도 더 이상 길을 잃고 헤매지는 않아도 되니까요.

문제는 한 걸음만 나가면 더 나은 길이 있을지도 모른다는 것입니다. 그러나 우리는 처음 찾은 길을 고수합니다. 새로운 통찰을 얻으려면 다시 길을 헤매야 하기 때문이죠. 그러면 영영 길을 잃어버릴지도 모릅니다. 게다가 자신의 생각에 의문을 제기하는 것은 고통스러운 일입니다.

따라서 우리는 한 번 떠오른 아이디어를 검증하기보다 합리화하는 데 더 많은 노력을 기울입니다. 경험 많은 기업인들도 이러한 경향을 드러냅니다. 우리의 지성은 처음 내린 판단을 검증하는 고통스런 일을 회피하려고 합니다. 우리는 이 사실을 깨닫지 못하고 있습니다. 이러한 무의식적 경향에 억매일 필요는 없습니다. 우리는 문제에 대한 접근법을 선택할 수 있습니다."

나는 그들이 문제의 핵심을 깨닫기를 원했다. 자신의 생각과 판단을 검증하는 태도는 어떤 방법론보다 더 중요했다.

어떤 기술적 도구를 쥐어야 할까

전략을 세우려면 구체적인 지식이 많이 요구된다. 현장 경험을 대신할 수 있는 것은 없다. 현장 경험은 상황에 대한 대응력을 높여준다. 의사가 작용 기전을 모르고 두통 환자에게 아스피린을 처방하고, 로마인들이 확률 이론을 모르고 생명보험을 만들었듯이 패턴에 대한 유추를 통해 얼마든지 효과적인 대응을 할 수 있다. 물론 인과관계를 명확하게 파악할 수 있는 상황들도 많다.

전략적 작업에서 지식은 필요조건이지만 충분조건은 아니다. 그래서 충분한 지식을 갖고도 나쁜 전략을 세우는 경우가 많다. 전략적 작업을 할 때 올바른 방향으로 생각을 유도하려면 세 가지 조건이 필요하다. 첫째, 근시안을 극복하는 데 도움이 되는 기술적 도구를 습득해야 한다. 둘째, 자신의 판단에 의문을 제기하는 태도를 가져야 한다. 셋째, 판단 내용을 기록하여 개선을 위한 자료로 삼아야 한다.

다음은 전략의 일관성을 점검하고 판단력을 개선하는 데 도움이 되는 몇 가지 기술적 도구들이다.

중핵

제5장에서 설명한 대로 좋은 전략은 세 가지 근본적인 요소인 중핵을 지닌다. 그것은 진단, 추진 방침, 일관된 행동이다. 중핵은 전략의 논리를 구성한다. 전략을 세울 때 상황에 대한 진단을 토대로 방향을 정해야 한다. 진단이 이루어지지 않으면 추진 방침에 대한 선택이 옳은지 판단할 수 없다. 또한 추진 방침은 상황의 요점에 초점을 맞춘 일관된 행동으로 옮겨져야 한다.

문제에 대한 최초의 통찰은 완전한 전략이 아니라 중핵 중 하나의 형태로 나타난다. 가령 티보를 고객에게 사랑받고 업계에서 미움받는 존재로 보았던 이사의 경우는 진단에 대한 통찰, 케이블 텔레비전 부문으로 초점을 이동하려고 했던 이사의 경우는 추진 방침에 대한 통찰, 티보 셋탑박스의 메모리를 줄이려고 했던 이사의 경우는 행동에 대한 통찰이었다.

이러한 통찰이 잘못된 것은 아니다. 통찰은 원래 통제할 수 없으며, 떠오르는 것만으로도 만족해야 한다. 그러나 전략을 세우려면 중핵의 세 가지 요소가 모두 필요하다. 사실에 근거한 진단과 그에 따른 추진 방침 그리고 그에 따른 일관된 행동이 긴밀하게 이어져야 비로소 전략이 수립된다. 중핵이라는 개념은 이 세 가지 요소를 모두 포함하도록 인식의 지평을 넓혀준다.

행동부터 접근하기를 선호하는 사람들이 있다. 내가 컨설팅하는 고객들은 대개 행동에 대한 조언부터 요구한다. 그러나 나의 통찰은 문제에 대한 분석부터 시작하여 추진 방침과 행동으로 나아간다.

문제 - 해결책

진단 없이 전략적 시도에 나서다가 방향을 잘못 잡는 경우가 많다. 따라서 추진 방침을 정하기 전에 먼저 사실에 근거한 진단을 실시하는 과정을 거쳐야 한다. 사람들은 대개 전략을 행동과 연관

짓는다. 그러나 전략은 문제를 극복하기 위한 방법론이다. 문제를 정확하게 파악하면 가능한 전략에 대하여 훨씬 명확한 그림을 그릴 수 있고, 전략적 요소들을 훨씬 긴밀하게 조율할 수 있다. 이러한 관점을 얻기 위해서는 선택된 방향이 아니라 문제로 주의를 돌려야 한다.

이 방법론을 티보의 상황에 적용하면 먼저 극복하고자 하는 문제를 파악해야 한다. 티보는 광고 없이 원하는 시간에 방송을 볼 수 있게 해준다. VCR, 주문형 동영상 서비스, DVD, 광고 없는 프로그램이 비슷한 해결책을 제공한다.

티보의 문제를 셋탑박스 대여를 통한 컨텐츠 공급업체의 시장 지배로 보면 조금 다른 관점을 얻을 수 있다. 컴캐스트, 타임 워너, 디렉TV, 에코스타EchoStar 같은 기업들은 컨텐츠 서비스와 셋톱박스를 한데 묶어서 정규 및 프리미엄 채널과 주문형 동영상을 비롯한 쌍방향 서비스를 제공한다. 또한 추가 요금을 내면 다양한 디지털 녹화 기능까지 제공한다. 티보 셋탑박스가 경쟁력을 가지려면 정규 채널과 프리미엄 채널을 볼 수 있을 뿐만 아니라 케이블과 위성을 통해 방송시간표를 다운로드할 수 있어야 한다. 그러기 위해서는 케이블 방송이나 위성 방송과 따로 협약을 맺어야 한다. 이러한 상황 때문에 콘텐츠 공급업체들이 티보가 누릴 수 있는 이익을 대부분 가져가고 있다.

번들링을 통해 경쟁을 막는 방식은 IBM과 마이크로소프트 그리고 지역 전화 회사들의 사례를 통해 이미 알려졌다. 지역 독점권을 가진 케이블 방송들이 셋톱박스까지 같이 제공하는 한 외부 기업들이 텔레비전 시청 경험에 가치를 더하기는 아주 어렵다. 이러한 진단에 따르면 티보는 마케팅 비용을 줄이고 독점방지법을 통해 컨텐츠 공급업체들의 시장 지배 체제를 깨는 데 주력해야 한다.

창조 - 파괴

성급한 결단을 방지하는 방법은 간단하다. 새로운 통찰을 더할 수 있는지 살피면 된다. 문제는 대개 최초의 통찰을 살짝 바꾼 부실한 대안을 한두 가지 추가하는 선에서 그친다는 것이다. 새로운 대안은 자료를 재검토하여 기존 대안의 약점을 보완해야 한다. 그러기 위해서는 기존 대안에 모순은 없는지 철저하게 살펴야 한다. 이러한 접근법이 창조-파괴다.

자신의 아이디어를 비판적으로 검토하는 일은 쉽지 않다. 그래서 나는 머릿속에서 가상의 자문단과 토론을 벌인다. 이 자문단은 내가 존중하는 사람들로 구성된다. 구체적으로는 내가 같이 일했던 기업인들, 나를 가르치고 훈련했던 사람들, 책을 통해 명확한 관점을 밝힌 전문가들이 나의 자문역들이다.

나는 아이디어를 얻을 때마다 그들의 의견을 묻는다. 그들은 나의 아이디어가 가진 문제점을 지적하고 새로운 아이디어를 떠올리도록 자극한다. 나는 아이디어를 다른 사람들 앞에 제시하기 전에 항상 그들의 자문을 받는다. 이 방법은 실제로 효과를 발휘한다. 특정한 사람이 이 아이디어에 어떻게 반응할지 생각하는 과정은 추상적인 이론보다 훨씬 풍부한 비판과 조언을 제공한다.

그들은 각자 중시하는 부분이 다르다. 1971년에 나의 박사논문을 심사했던 브루스 스콧Bruce Scott 교수는 아이디어의 가치와 의미를 중시하고, 2007년에 사망한 알프레드 챈들러 Alfred Chandler 교수는 역사적 추세와 규모의 힘을 중시한다.

티보처럼 기술적 문제와 관련된 전략의 경우 데이빗 티스David Teece와 스티브 잡스에게 의견을 구한다. 오랜 친구이자 동료인 티스는 전략, 경제, 법, 비지니스 분야의 전문가다. 나는 그와 티보에 대해 직접 대화를 나눈 적이 없다. 그러나 내 머릿속에서 그는 이렇게 말한다. "티보는 고유한 기술을 확보하지 못했어. 그래서 다른 기업이 비슷한 소프트웨어나 하드웨어를 제공할 수 있어. 또한 위성 방송과 케이블 방송은 번들링을 통해 훨씬 강력한 입지를 구축했어. 그래서 티보는 하드웨어를 포기하고 소프트웨어 라이센스를 파는 일에 주력하는 게 나을지도 몰라. 그들은 광고로 돈을 벌려고 하지만 정말 시장성이 좋다면 위성방송과 케이블 방송이 가로채 버릴 거야"

애플의 공동 창업자이자 넥스트의 설립자, 픽사의 CEO였던 스티브 잡스는 너무나 유명한 기업가다. 잡스는 매킨토시 컴퓨터의 개발을 이끌면서 전설적인 운영 원칙을 정했다. 그 운영 원칙은 첫째, '미치도록 훌륭한' 제품을 상상하고, 둘째, 세계 최고의 엔지니어와 디자이너로 소수 정예의 팀을 만들고, 셋째, 사용자 인터페이스를 혁신하여 보기 좋고 사용하기 쉬운 제품을 개발하고, 넷째, 참신한 광고로 제품이 얼마나 멋진지 알리는 것이었다.

스티브 잡스는 비판을 잘하고 사안의 핵심을 꿰뚫는 능력을 지녔다. 1997년에 UCLA 앤더슨 경영대학원은 애플의 사례를 연구했다. 나를 비롯한 교수진은 애플의 미래 제품에 대한 논의를 나누기 위해 잡스를 만났다. 그는 대뜸 "스탠퍼드는 잘 알지만 UCLA 앤더슨은 전혀 몰라요."라고 말했다. 학장인 잭 맥도너_{Jack McDonough}는 "우리 경영대학원은 기업가들을 양성합니다."라고 소개했다. 잡스는 "내가 알 만한 사람 중에 UCLA 앤더슨을 나온 기업가가 있나요?"라고 물었다. 잭은 살짝 인상을 찌푸리며 없다고 대답했다. 그러자 잡스는 "그럼 UCLA 앤더슨은 실패했군요"라고 잘라 말했다. 그날 이후 그는 내 머릿속의 자문단에 합류했다.

잡스는 티보 사업을 어떻게 생각할까? 자문단은 이론이 아니라 성격과 결합된 관점을 제시한다. 아마 잡스는 티보 사업을 싫어할 것이다. 소비자에게 멋진 경험을 제공하는 데 필요한 주요 변수들을 통제하지 못하기 때문이다. 세계 최고의 디자이너들이 멋진 디자인을 만들어도 위성 방송이나 케이블 방송의 대응에 따라 셋탑박스의 기능성이 제한될 수밖에 없다. 다만 디렉TV나 컴캐스트와 수직적 통합을 이룬다면 흥미로운 가치를 제공할 수 있을지도 모른다. 잡스는 아이팟이나 아이폰처럼 기계와 사용자 경험을 긴밀하게 통합하고 싶어할 것이다.

티스와 잡스의 조언은 좋은 전략이 대개 절충보다 집중을 강조한다는 사실을 상기시킨다. 좋은 전략은 모든 면을 만족시키기보다 특정한 면에 집중한다. 이러한 관점에서 보면 티보는 상충하는 수많은 일들을 시도하면서 콘텐츠 공급업체와 경쟁할 것이 아니라 그들과 손잡고 보다 통합적인 서비스를 제공하는 데 집중해야 한다. 이처럼 가상의 자문단은 훌륭한 학습효과를 발휘한다. 머릿속에서 그들의 반응을 상상하는 과정에서 중요한 교훈을 얻을 수 있기 때문이다.

판단력은 연습에서 나온다

뱃사람은 바람을 판단해야 하고 스키 선수는 설질雪質을 판단해야 한다. 비지니스에서 대부분의 중요한 판단은 사람의 행동과 반응에 대한 것이다. 판단은 자신의 능력과 편향을 파악하는 데서 시작하여 타인에게 확장된다. 정보나 도전에 대한 소규모 집단의 반응은 훨씬 판단하기 어렵다. 그러나 많은 기업인들이 이러한 판단을 내려야 한다.

뛰어난 판단력은 정의하기 어렵고 습득하기 더욱 어렵다. 균형 잡힌 성격과 타인에 대한 이해에서 기인하는 뛰어난 판단력은 어느 정도 타고나는 측면이 있다. 그러나 연습하면 분명히 판단력을 기를 수 있다.

MBA 학생이 과제로 한 기업에 대한 사례 연구를 한다고 가정하자. 그는 자료를 읽으면서 기업이 처한 상황을 바라보는 여러 가지 관점과 그에 따른 대응책들을 떠올린다. 그리고 어느 것이 최선인지 진지하게 고민하여 판단을 내린다. 아마 강의시간에 그가 검토했던 모든 사안들이 거론되고 고려했던 모든 방법들이 평가될 것이다. 그는 분명한 입장을 정했기 때문에 논의 과정에서 판단의 타당성을 검증할 수 있다. 분명한 입장을 정하기 위해서는 사안을 바라보는 관점과 그에 따른 행동을 선택해야 한다. 그러면 다른 학생들의 판단을 통해 더 많은 것을 배울 수 있다.

회의에 참석할 때도 같은 방식으로 연습할 수 있다. 회의 시간에 다룰 사안들에 대하여 누가 어떤 입장을 취할지 예측하라. 그리고 미리 입장을 정하여 논의에 참여하라. 이러한 연습은 판단력을 개선하는 데 큰 도움이 된다.

제 18 장

냉정을 잃지 말라

GOOD STRATEGY BAD STRATEGY

모두가 이성을 잃을 때 평정심을 유지할 수 있다면
－키플링

　좋은 전략은 상황에 대한 독립적이고 신중한 분석을 토대로 얻은 독창적인 통찰에서 나온다. 반면 나쁜 전략은 대세를 좇아 인기 있는 구호만을 내세운다.

　독립적이되 독단적이지 않고, 신중하되 과민하지 않기는 대단히 어렵다. 나도 이 미묘한 균형을 유지하는 방법을 모른다. 다만 대세 추종의 위험을 말해주는 두 가지 이야기를 들려주고자 한다. 첫 번째 이야기는 글로벌 크로싱에 대한 것이다. 이 이야기는 펀더멘털을 평가하는 일의 중요성을 상기시킨다. 두 번째 이야기는

2008년의 금융위기에 대한 것이다. 이 이야기는 군집행동과 내부 관점 편향의 위험성을 상기한다.

판단력 상실이 만든 헛된 꿈

10년에 걸친 노력 끝에 1866에 최초로 대서양 전신선이 가설되었다. 이 사업은 미국의 사이러스 필드Cyrus Field와 영국의 찰스 브라이트Charles Bright 및 브렛Brett 형제가 기업가적인 열정으로 추진한 것이었다. 대서양 양안에서는 성공을 축하하는 환호성이 울려 퍼졌다. 이전에는 영미 간에 메시지를 전달하려면 2, 3주가 걸렸다. 2, 3주면 전쟁의 승패가 결정되고 왕국이 무너질 수도 있는 시간이었다. 그러나 통신선이 가설된 후에는 전기의 마법에 힘입어 신속하게 전신을 주고받을 수 있었다. 덕분에 영국과 미국은 얇은 동선을 통해 훨씬 긴밀하게 연결되었다.

90년 후인 1956년에는 최초의 대서양 전화선이 가설되있다. 2억 5천만 달러가 투입된 이 사업은 30개의 음성 회로를 통해 미국과 영국을 연결했다. 이후 40년 동안 10여 개의 케이블이 추가되었다. 각 프로젝트는 통신사 컨소시엄에 의해 추진되었다. 컨소시엄에 참여한 통신사들은 가설된 전화선의 용량을 나누어 가졌다. 대서양 전화선 사업에서는 아무런 경쟁이 벌어지지 않았다. 모든 요금은 규제나 합의를 통해 정해졌고, 통신사들에게는 다른 대안이 없었다.

1997년에 AT&T 출신의 윌리엄 카터William Carter와 월레스 도슨Wallace Dawson이 애틀랜틱 크로싱Atlantic Crossing이라는 회사를 차렸다. 그들은 AT&T와 계약을 맺고 별도의 대서양 전화선 프로젝트를 추진했다. 자금원은 퍼시픽 캐피털 그룹이었다. 게리 위닉Gary Winnick과 3명의 파트너들은 7,500만 달러의 지분 투자와 6억 6,600만 달러의 대출을 제공했다. 위닉이 회장을 맡은 회사의 새 명칭은 글로벌 크로싱이었다.

글로벌 크로싱은 미국와 영국 그리고 독일을 잇는 1만 4,300킬로미터 전장의 광섬유 케이블인 AC-1을 가설했다. 이 케이블로 인해 대서양을 횡단하는 통신 용량은 두 배로 늘어났다. 통신업계는 STM-1 단위로 데이터 용량을 측정한다. 1STM-1은 2,016개의 음성 회로에 담긴 정보를 처리할 수 있다. AC-1의 초기 용량은 256STM-1이었으며, 곧 512STM-1까지 늘릴 수 있을 것으로 기대되었다. 이는 초당 80기가비트 혹은 100만 개의 음성 회로를 감당할 수 있는 용량이었다.

해저 케이블의 비용은 데이터 용량보다 전장과 수심에 더 많이 좌우되었다. AC-1의 총 가설 비용은 7억 5,000만 달러였다. STM-1 당 150만 달러가 들어간 셈이었다. AC-1은 15개월에 걸친 가설 공사 끝에 1998년 여름부터 가동에 들어갔다.

글로벌 크로싱은 256STM-1을 25년 임대 조건으로 800만 달러에 판매했다. 이 가격은 통신사 컨소시엄이 부과한 1,800만 달러에서 2,000만 달러보다 훨씬 낮았다. 그래서 1998년 말까지 35퍼센트의 용량이 판매되었다. 총 매출은 9억 5,000만 달러로서 7억 5,000만 달러인 가설 비용을 감당하고도 남았다. 글로벌 크로싱은 영업 개시 6개월 만에 주식을 공개했다. 190억 달러로 출발한 시가총액은 6개월 후 포드를 능가하는 380억 달러에 달했다.

글로벌 크로싱에 대한 시장의 열광은 대부분 인터넷 트래픽의 증가에 기인한 것이었다. 해저 케이블은 음성 트래픽처럼 전환 과정을 거치지 않고 데이터 트래픽을 직접 전송할 수 있었다. 해마다 두 배로 늘어나는 인터넷 트래픽의 성장세는 멈출 기미를 보이지 않았다. 하이테크 부문의 전문가인 조지 길더George Gilder 는 글로벌 크로싱의 1998년 연례 보고서에 다음과 같이 썼다.

"국제 인터넷 이용률이 국내 인터넷 이용률을 앞지르면서 해저 트래픽이 육상 트래픽보다 몇 배나 빠르게 증가할 것이다. 장담하건대 향후 5년 동안 해저 트래픽에서 병목 현상이 발생할 것이다. 따라서 글로벌 크로싱은 글로벌 시스템을 완성하는 결정적인 구성요소의 공급자로서 대단히 중요한 입지를 차지하고 있다."

글로벌 크로싱은 미래 수요에 대비하여 AC-2를 가설할 계획을 세웠다. AC-2의 가설 비용은 AC-1과 같은 7억 5,000만 달러였지만 용량이 2,048STM-1로 늘어나면서 단위 비용이 4분의 1로 줄었다. 이러한 비용 절감은 광다중화 기술의 발전으로 회선당 기본 용량이 늘어난 덕분이었다. 문제는 다른 통신사들도 광다중화 기술을 활용할 수 있다는 것이었다. 실제로 4년 안에 4,096STM-1 용량의 케이블을 가설하기 위한 두 개의 프로젝트가 추진되고 있었다. 또한 AC-1을 개량하기만 해도 용량을 1,000STM-1로 늘릴 수 있었다. 게다가 2001년 무렵에는 광섬유 케이블의 용량이 20,480STM-1로 늘어날 예정이었다.

나는 1998년에 급증한 통신업계의 투자를 조사하다가 글로벌 크로싱에 관심을 갖게 되었다. 나는 글로벌 크로싱 같은 신생업체의 주식이 어떻게 그토록 높은 평가를 받을 수 있는지 궁금했다. 그래서 단서를 얻기 위해 통신산업 부문의 전문가인 데이빗 클리블리David Cleevely를 찾아갔다.

클리블리는 고용량 광섬유 케이블이 주는 커다란 이점에 주목해야 한다고 말했다. 그는 화이트보드에 작은 원과 큰 원을 그리고 그 밑에 '3억 파운드'라고 적었다. 그는 "광섬유 케이블 가설 비용은 대부분 땅을 파거나 바다를 가로지르는 부분에서 발생합니다. 그래서 저용량 케이블과 고용량 케이블의 가설 비용에 큰 차이가 없습니다. 따라서 고용량 케이블은 엄청난 규모의 경제 효과를 누릴 수 있습니다."라고 설명했다. 규모의 경제는 전략적 사고에서 언제나 중요한 역할을 했다. 고용량 케이블은 단위 비용을 현저하게 낮추어 주었다.

나는 사무실로 돌아가는 택시 안에서 클리블리가 설명한 내용을 복기했다. 1건의 통화를 대서양 양안으로 연결하는 '비용'은 도대체 어느 정도일까?

비용은 까다로운 개념이다. 제품이 비용을 수반한다는 생각은 혼란을 초래하기 쉽다. 제품이 아니라 선택이 비용을 수반한다. 제품을 추가로 만드는 선택에 따른 단위 비용은 한계 비용 혹은 가변 비용, 1년 동안 제품을 추가로 만드는 선택에 따른 단위 비용은 평균 비용, 공장을 지어서 제품을 추가로 만드는 선택에 따른 단위 비용은 장기 평균 비용으로 불린다. 특별 주문이나 긴급 주문을 충족시키는 비용은 별도 명칭이 없지만 분명히 존재한다. 이처럼 비용은 선택에 좌우된다.

1건의 통화를 추가로 연결하는 비용은 사실상 제로에 가깝다. 1년 동안 매일 1건의 통화를 추가로 연결하는 비용도 마찬가지다. 케이블을 가동하여 1년 동안 매일 수천 건의 통화를 연결하는 비용은 유지보수비와 관리비를 수반하지만 자본 비용을 수반하지는 않는다. 케이블의 용량에 관계없이 데이터를 전하는 비용은 사실상 제로에 가깝다. 이러한 상황에서 경쟁이 격화되면 가격 급락이 불가피하다.

비지니스 전략 코스는 대개 기초 부분에서 산업 구조와 이익의 상관관계를 가르친다. 마이클 포터는 1980년에 산업 구조를 분석하기 위한 '5가지 힘'이라는 개념을 소개했다. 이 개념은 간단하게 말해서 제품과 비용 그리고 기술이 차별화되지 않고, 소비자가 가격에 민감한 산업에서는 이익을 낼 수 없다는 것이다.

나는 1999년 초에 UCLA MBA 학생들에게 글로벌 크로싱의 사업을 분석하라는 과제를 냈다. 학생들은 대서양 케이블 사업의 서비스와 사업자들의 역량 그리고 기술이 전혀 차별화되어 있지 않고, 경쟁이 심화하고 있으며, 용량을 추가하는 비용이 너무 낮아서 설비 과잉이 불가피하기 때문에 자본 비용을 회수하기 어렵다는 결론을 내렸다.

한 학생은 인터넷 트래픽이 해마다 두 배로 늘어나지 않느냐고 반문했다. 나는 "케이블 용량이 더 빠르게 늘어나고, 비용은 더 빠르게 떨어지고 있어요. 지금까지 분석한 내용을 보면 파국이 멀지 않았음을 확실하게 알 수 있습니다. 조만간 설비 과잉과 가격 급락으로 누구도 이익을 내지 못하게 될 겁니다"라고 대답했다.

내 말을 듣고 다른 학생이 "주식시장은 다른 전망을 하고 있는 것 같은데요"라고 반박했다. 주가가 미래 수익에 대한 기대를 반영한다는 논리는 1970년대에 등장하여 1990년대 후반에 확고하게 자리 잡았다.

1998년에 리먼브라더스는 광섬유 통신망의 가용 용량이 가동 용량보다 70배나 크다는 보고서를 냈다. 초과 용량을 채우려면 이용자당 대역폭, 이용자 수, 월 이용량이 증가해야 했다. 전국의 전화선을 T1으로 개량해도 가용 용량을 채우지 못했다. 당연히 초과 용량을 보유한 기업들 사이의 경쟁으로 가격 하락이 불가피했다. 따라서 업계에 대한 전망이 어두울 수밖에 없었다. 그러나 주식시장의 시각은 달랐다. 리먼브라더스는 다음과 같이 주가 동향을 합리화하는 맹목적인 근거를 제시했다.

"앞으로 전자 상거래가 기하급수적으로 증가하여 광대역폭과 데이터 서비스에 대한 수요를 촉진할 것이다. PC 산업의 전문가들은 모든 사람이 맞춤형 데이터를 수시로 다운로드하고, 거의 모든 가전제품이 인터넷에 연결되어 정보를 전달하는 날이 올 것이라고 예측한다."

나는 1999년 말에 열린 컨퍼런스에서 전략 컨설턴트들과 이 사안을 논의했다. 그들은 가격 경쟁 문제를 무시했다. 보스턴 컨설팅 그룹에서 일하는 컨설턴트는 "퀘스트와 글로벌 크로싱은 앞으로 몇 년 동안 여전히 높은 요금을 받는 기존 업체들에 대항해서 시장점유율을 높일 수 있어요."라고 주장했다.

당시 많은 컨설턴트들이 제시한 낙관적인 전망의 근거는 높은 주가 상승률이었다. 그들은 높은 주가 상승률을 뛰어난 사업 전략의 증거로 받아들였다. 그래서 프레젠테이션에서도 여러 접근법에 따른 주가 동향을 주로 다루었다. 그들의 논리가 옳다면 사업 전략을 힘들게 평가할 필요가 없었다. 주가 동향으로 사업 전략의 우열을 쉽게 따질 수 있기 때문이었다. 그들에게 주가는 절대적인 신탁과 같았다.

2001년 봄에 나는 글로벌 크로싱에 대한 사례 연구를 썼다. 내게 특히 흥미로운 것은 게리 위닉이 처한 상황이었다. 그는 AC-1로 막대한 이익을 거두었다. 그러나 AC-1 프로젝트는 일회성 사업 구조를 갖고 있었다. 말하자면 그는 7억 5,000만 달러를 들여서 콘도를 지은 다음 20억 달러 이상을 받고 분양한 셈이었다. 그 결과 놀랍게도 회사의 가치는 300억 달러로 뛰어올랐다.

나는 통신사들이 왜 그렇게 높은 비용을 지불했는지 알고 싶었다. 그들은 왜 새로 STM-1을 확보하는 데 드는 비용이 150만 달러 이하인데 글로벌 크로싱에 800만 달러를 지불했을까? 투자자들은 글로벌 크로싱이 이러한 사업 방식을 계속 유지할 수 있다고 생각하는 것일까?

글로벌 크로싱에 대한 사례연구는 시간과 싸움이었다. 원래 위닉과 인터뷰를 하기로 한 날에 글로벌 크로싱은 파산 신청을 냈다. 통신산업이 한바탕 홍역을 치른 지 몇 년 후 언론들은 위닉을 비롯한 나쁜 CEO들이 문제를 일으켰다고 설명했다. 그러나 이러한 분석은 과거의 기대만큼 어리석은 것이었다. 글로벌 크로싱은 통신 산업이 안고 있던 문제들이 집약된 사례였다. 그래서 사람들이 기대했던 수조 달러의 매출은 헛된 꿈으로 끝나고 말았다.

당시 설비 과잉은 어느 정도였을까? 2001년에 추진되던 대서양 케이블의 총 용량은 16,384STM-1이었다. 이 정도면 3,500만 명이 대서양 양쪽에서 실시간 동영상을 종일 나눌 수 있는 용량이었다.

가용 용량이 급증하자 2차 시장이 형성되었다. 통신사들이 남아도는 용량을 재판매하거나 단기 임대로 내주면서 가격 경쟁이 벌어졌다. 1999년 말에 200만 달러였던 1STM-1의 가격은 2002년 초에 32만 5,000달러까지 떨어졌다. 이는 초기 판매가격의 4퍼센트에 불과했다.

그렇다면 인터넷의 급성장에 따른 매출 증가는 어떻게 된 것일까? 이 예상은 두 가지 점에서 틀렸다. 첫째, 조지 길더의 예상과 달리 해저 트래픽은 육상 트래픽보다 훨씬 느리게 증가했다. 대부분의 인터넷 트래픽은 국경을 넘지 않았다. 또한 유명 웹사이트들은 빠른 응답시간에 대한 요구 때문에 도시마다 서버를 두었다. 그래서 해저 통신망을 쓸 필요가 없었다.

둘째, 인터넷 트래픽은 높은 성장률에도 불구하고 큰 매출을 발생시키지 않았다. 통신사들은 기업의 데이터를 처리하고 높은 요금을 물리는 데 익숙했다. 그러나 인터넷 트래픽은 개인들의 웹 브라우징과 음악 및 동영상 다운로드 때문에 급증했다. 대기업이 성장을 추동하거나 소비자들이 높은 비용을 지불할 것이라는 생각은 오판이었다. 비용과 가격은 성장률보다 더 빠르게 떨어졌다.

이처럼 간단한 산업 구조 분석만으로도 가격 급락을 예측할 수 있었다. 그러나 이러한 분석은 무시되었다. 주가가 더 나은 미래를 약속했기 때문이었다. 컨설턴트, 투자자, 애널리스트들은 주식시장의 헛된 약속에 현혹되고 말았다. 그들은 명백한 문제에도 불구하고 시장의 신임투표를 믿고 판단력을 상실해 버렸다.

수학자들은 오랫동안 공리적 체계에 속한 모든 진술의 참과 거짓을 가릴 수 있다고 믿었다. 그러다가 1931년에 오스트리아의 수학자인 쿠르트 괴델Kurt Gödel이 오랜 믿음에 오류가 있음을 증명했다. 그는 충분히 복잡한 논리적 체계는 '불완전'할 수밖에 없음을, 다시 말해서 체계 내부의 논리로는 참과 거짓을 가릴 수 없는 진술을 포함할 수밖에 없음을 보여주었다. 따라서 진실 여부를 가리려면 체계 너머의 지식을 빌려와야 했다.

이러한 생각은 다른 분야에도 적용할 수 있다. 가령 주가 동향을 맹신하면 기업의 투자 결정과 주가 사이에 정보의 흐름이 제한되는 폐쇄회로가 형성된다. 폐쇄회로의 중심에는 시장의 눈은 정확하다는 공리가 존재한다.

광섬유 통신망 사업의 경우 애널리스트들이 가용 용량을 성장의 척도로 보았기 때문에 폐쇄회로가 형성되었다. 이 회로 안에서 설비 과잉에 대한 질문들은 괴델이 말한 결정 불능 명제에 해당했다. 체계 너머에서 독립적인 판단을 해야 답을 구할 수 있기 때문이었다.

정치 지도자들이 순전히 여론조사 결과에 따라 정책을 결정할 때도 폐쇄회로가 형성된다. "정부 출연 금융기관이 위험한 주택대출을 크게 늘려도 되는가?"라는 질문은 여론을 추종하는 논리 체계 안에서는 답을 구할 수 없다. 답을 구하려면 시야를 과거와 외부로 넓혀야 한다.

금융위기를 부른 군집행동과 내부 관점

2008년의 금융위기는 역사상 최대 규모의 신용 거품이 꺼지면서 발생했다. 갈수록 허술해지는 대출 기준이 신용 거품을 부풀렸고, 신용 거품은 부동산 가격을 밀어올렸다. 부동산은 가격이 오른 만큼 더 많은 돈을 빌릴 수 있는 담보 여력을 제공했다. 부동산 시장에서 부풀려진 신용 거품은 기업계의 인수합병으로 확장되었다.

대출 기준이 허술하지 않아도 자산 거품이 발생할 수 있다. 1990년대 말에 닷컴 기업의 주식은 급등세를 이어가면서 투자 열풍을 불러일으켰다. 그러나 레버리지가 거의 없었기 때문에 거품 붕괴가 전체 경제에 큰 영향을 미치지는 않았다. 반면 대출 기관이 과도한 레버리지를 쓸 경우 거품이 붕괴되면 연쇄적인 파장 때문에 개별적 손실이 집단적 재난으로 번진다.

2008년에 파산할 당시 베어 스턴스는 32대 1의 레버리지를 썼다. 다시 말해서 부채 대비 자산 비율이 32대 1이었다. 이처럼 높은 레버리지도 월말 보고를 위해 줄인 수준이었다. 베어 스턴스 산하의 일부 헷지펀드는 무려 85대 1의 레버리지를 썼다. 리먼브 라더스는 비슷한 수준이었고 시티 그룹과 메릴 린치를 비롯한 다른 금융기관들도 크게 다르지 않았다.

2006년 말에 최초 주택구입자는 사실상 집값 전체를 대출받을 수 있었다. 게다가 집을 담보로 추가 대출까지 받을 수 있었다. 2007년 무렵 과도한 레버리지는 가계와 금융계에 전염병처럼 번졌다. 아무리 과도한 레버리지가 횡행해도 담보 자산의 가격 거품이 계속 부푸는 한 별다른 문제가 없는 것처럼 보였다. 은행들은 담보의 가치를 믿고 대출이 안전하다고 믿었다.

〈로드 러너Road Runner〉라는 만화를 보면 코요테가 절벽을 지나쳤는데도 한동안 허공에서 제자리 달리기를 하는 장면이 나온다. 그러다가 발밑에 아무 것도 없다는 사실을 알고 나서야 추락이 시작된다.

신용 거품이 발생하면 자산 가격의 하락이 시작될 때 비슷한 상황이 연출된다. 소폭의 하락도 추락을 촉발하는 계기가 된다. 레버리지를 써서 거품이 잔뜩 낀 가격에 자산을 산 투자자들은 그 제서야 발밑에 아무 것도 없다는 사실을 깨닫는다. 그래서 재빠른 사람부터 서둘러 자산 처분에 나선다. 이러한 매도가 이어지면서 가격은 더욱 하락한다. 결국 일반 투자자들까지 매도에 가세하면서 투매 현상으로 가격이 폭락한다. 뒤늦게 정신을 차린 은행들은 레버리지를 줄이기 위해 돈줄을 조인다. 신용 경색은 경기를 침체시켜서 더 많은 파산을 초래한다. 이처럼 자산 가격의 하락과 악성 부채의 확산이 이어지는 현상을 '부채 인플레이션'이라고 부른다. 이 개념은 대공황의 와중에 어빙 피셔Irving Fisher가 처음 제시한 것이다.

351쪽 표를 보면 임시처분 수입 대비 가계 부채의 비율이 역사적으로 계속 상승하는 추세임을 알 수 있다. 가계 부채에는 주택 대출, 자동차 대출, 소비자 신용이 포함된다. 1984년에 60퍼센트이던 임시처분 수입 대비 가계 부채의 비율은 2007년에 130퍼센트까지 치솟는다.

1980년대와 90년대에 언론은 정부 부채 문제에 초점을 맞추었다. 그러나 사실 폭증하는 것은 가계와 금융계의 부채였다. 1984년부터 시작된 가계 부채의 급증세는 2008년까지 계속 이어졌다. 가계 부채의 규모는 이미 1988년에 정부 부채의 규모를 앞질렀다.

출처: 연방준비은행, BEA, 파스클러 앤드 파커, 블레이크 앤드 고든

임시처분 수입 대비 가계 부채 비율

비난의 화살을 무분별한 개인과 무책임한 대출 중개인들에게
돌릴 수도 있다. 그러나 금융위기의 주범은 정부와 금융계였다.
정부는 국가 경제와 금융 부문을 점검하고 감독해야 할 의무를 제
대로 이행하지 않았다. 금융계는 리스크를 방만하게 관리했다. 그
이유가 무엇일까?

2008년의 금융위기도 허리케인 카트리나 사태(습지대를 무분별
하게 개발하지 않았다면 뉴올리언즈 전체가 물에 잠기는 일은 없었을 것이

다. 게다가 홍수 방지를 위한 제방도 설계와 축조 과정에 문제가 있었다)나 걸프만 원유 유출 사태 같은 인재였다. 거기에는 5가지 문제가 얽혀 있었다.

1. **과도한 조작:** 실패의 결과를 파악할 수 없을 정도로 시스템을 복잡하게 만드는 것. 금융업계는 2008년 금융위기 이전 10년 동안 누구도 위험을 이해하지 못하는 복잡한 금융상품을 만들었다.

2. **순항 오류**smooth-sailing fallacy**:** 최근에 별다른 사건이 일어나지 않는다고 해서 리스크가 없다고 생각하는 것. 과거의 가격 변동을 기준으로 리스크를 측정하는 금융업계의 관행은 순항 오류를 내포하고 있다. 시스템의 구조적인 취약점은 위기가 본격화되기 전에는 쉽게 노출되지 않는다. 과거의 데이터는 사실상 불가피한 위기에 대한 신호도 제공하지 않는다. 위기는 금융업계에서 '검은 백조'라고 부르는 전혀 예측할 수 없는 사건 때문에 발생하는 것이 아니다. 구조적인 취약점을 안고 있는 시스템은 반드시 무너지게 되어 있다.

3. **리스크 인센티브:** 일이 잘될 경우 자신이 이익을 보고 잘못될 경우 타인이 손해를 보는 것. 파산한 대기업에 대한 연방 정부의 구제와 금융업계의 인센티브 제도는 과도한 리스크를 감수하도록 조장한다. 리스크 인센티브는 경제 전반의 리스크를 증가시킨다.

4. **군집행동:** 독자적 판단 없이 대세를 추종하는 것. 사람들은 적절한 대처법을 모를 때 군중이 가는 방향을 따른다. 이러한 군집행동이 잘못된 방향으로 향할 경우 큰 문제를 일으킬 수 있다.

5. **내부 관점:** 객관적 자료를 무시하는 것. 노벨상 수상자인 대니얼 카너먼_{Daniel Kahneman}과 댄 로발로_{Dan Lovallo}가 정의한 이 개념은 자신은 예외라는 잘못된 믿음을 낳는다.

2008년 금융위기에 큰 영향을 미친 것은 군집행동과 내부 관점이다. 뛰어난 리더는 상황을 객관적으로 바라보고 냉철한 판단을 내려야 한다. 그래야 군집행동과 내부 관점에 따른 편향을 피할 수 있다.

내부 관점 편향은 자신이나 자신이 속한 조직은 특별하다는 생각을 낳는다. 그래서 운전 중 통화가 사고 위험을 5배나 높인다는 사실을 알면서도 자신은 운전 실력이 뛰어나기 때문에 괜찮다고 생각하는 사람들이 많다.

2008년 금융위기 당시 내부 관점 편향이 광범위하게 퍼져서 정책과 행동을 좌우했다. 특히 다른 시대나 나라에서 발생한 문제는 현대의 미국과 상관없다는 생각이 결정적인 역할을 했다. 또한 연준이 금리 조절을 통해 리스크를 능숙하게 관리할 수 있고, 깊고 유동적인 미국의 금융시장이 충격을 충분히 흡수할 수 있으며, 금융업계의 리스크 관리기법이 대단히 효율적이라는 맹신도 큰 영향을 미쳤다. 이러한 맹신은 다른 시대나 나라에서 일어난 일은 현대의 미국에서 다시 일어날 수 있다는 단순한 사실을 무시하게 만들었다.

금융위기 이전의 상황에 대한 외부의 관점은 전혀 복잡하지 않았다. 부동산 거품과 연계된 신용 거품은 종종 치명적인 문제를 일으켰다. 실제로 지난 50년 동안 OECD 경제권에서 집값 폭락에 이은 신용 경색이 28번이나 발생했다. 마셜 계획의 부산물인 OECD에는 33개 선진국이 가입되어 있다. OECD의 목표는 회원국의 경제 발전을 도모하고 교역을 증진하는 것이다. 와튼 경영대학원의 리처드 헤링Richard Herring과 수전 왁터Susan Wachter는 "부동산 시장의 위기는 신용 위기와 무관하게 발생할 수 있다. 그러나 두 현상은 선진국과 개도국에서 수많은 경우에 걸쳐 밀접한 상관관계를 보였다"라고 지적했다.

미국의 역사를 돌이켜보면 정치적, 문화적 뿌리 때문에 신용 거품과 부동산 거품이 동시에 형성되는 경우가 많았다. 과거 미개척지로의 정착을 권장하던 연방 정부의 정책은 농장을 거쳐 집을 소유하는 것으로 대상이 바뀌었다. 포퓰리즘과 반집산주의가 결합하여 탄생한 이 정책은 현대에 이르러 민주당과 공화당, 부자와 빈자, 금융계와 가계가 모두 가담하는 위험한 도박판을 만들었다.

일반 노동자와 이민자들은 대개 집을 살 만한 돈이 없었다. 그래서 개척민, 소농, 무주택자에게 신용을 제공하기 위한 수단이 계속 만들어졌다. 신용 거품이 형성된 상황에서 부동산 거품이 꺼지면 악성 부채가 한꺼번에 쌓이면서 경제 전반에 치명적인 피해를 입혔다.

1819년에 발생한 미국 최초의 불황은 연방 정부가 공공 부지를 무분별한 대출과 함께 민간에 매각한 결과였다. 공공 부지의 판매는 테네시, 미시시피, 앨라배마 지역에 집중되었다. 정착민들은 높은 목화 가격을 믿고 주립 은행으로부터 무리하게 돈을 빌려서 땅과 농기구를 샀다. 그 결과 생산량이 급증하고 나폴레옹 전쟁으로 크게 줄었던 유럽의 농업 생산이 회복되면서 목화 가격이 폭락하고 말았다. 1818년에 파운드당 31센트였던 목화 가격은 1819년에는 15센트, 1831년에는 8센트까지 떨어졌다. 뒤이어 땅값까지 폭락하면서 대규모 채무 불이행 사태가 벌어졌다. 은행이 부채를 조기 회수하면서 사태가 더욱 악화되었다. 곧 도시 지역의 부동산 가격도 폭락하기 시작했다. 필라델피아는 부동산 가격이 75퍼센트나 떨어졌고, 빚을 갚지 못한 수천 명의 사람들이 감옥에 갇혀야 했다.

1837년의 금융위기도 비슷한 이유에서 발생했다. 주 은행과 지역 은행들은 공공부지를 사려는 사람들에게 은행권으로 마구잡이 대출을 내주었다. 중서부 지역의 주 정부들은 미래의 세수를 기대하면서 자금을 차입하여 운하를 비롯한 대규모 개발 프로젝트를 추진했다. 그러나 은행권에 대한 신용이 무너지자 위기가 닥쳤다. 결국 거의 절반에 해당하는 은행이 무너지면서 6년에 걸친 불황이 시작되었다.

남북전쟁이 끝난 후 미 대륙을 가로지르는 철도가 건설되었다. 연방 정부는 서부 지역으로의 정착을 촉진하기 위해 철도 회사에 공공 부지를 양도해 주었다. 시카고에서 서부로 가는 철로를 건설한 노던 퍼시픽은 뉴잉글랜드 크기의 땅을 불하받았다. 철도 회사들이 발행한 채권은 북미와 유럽으로 팔려나갔다.

철도 회사들의 사업계획은 대단히 무모했다. 그들은 불하받은 땅을 정착민들에게 팔아서 서부 지역의 인구를 늘리면 철도 운송 수요가 늘어나 대규모 투자를 회수할 수 있다고 판단했다. 1870년 무렵 10억 달러어치가 넘는 철도 채권이 유럽에서 판매되었다. 채권 중개인들은 겨울 날씨에 익숙한 이민자들을 찾아 북유럽을 훑고 다녔다. 이민자들에게는 땅과 종자 그리고 가축을 사는데 필요한 자금이 대출되었다.

이 기대한 신용 거품이 꺼지자 엄청난 파장이 밀려왔다. 1873년 9월에 뉴욕 증권거래소는 10일 동안 문을 닫았고, 은행과 기업이 연달아 파산했다. 철도 회사의 4분의 1을 포함하여 1만 8,000개의 기업이 문을 닫았다. 실업률은 14퍼센트로 치솟았고, 노동운동이 본격적으로 시작되었다.

그로부터 20년 후인 1893년의 금융위기도 철도 채권의 부실과 농장 파산으로 촉발되었다. 농작물 가격이 폭락하면서 수많은 농장이 파산했다. 농산물 가격의 폭락은 생산성 향상과 개척지 경작에 따른 불가피한 결과였다. 실업률은 12퍼센트로 치솟았고, 국가 경제는 7년 동안 회복되지 않았다.

19세기 말에 호주 맬버른에서 기록적인 부동산 거품이 발생했다. 호주 정부는 1880년부터 철도, 항만, 상하수도, 대중교통에 대대적인 투자를 실시했다. 그 결과 땅이 부족하지 않은데도 불구하고 부동산 투기 때문에 런던과 뉴욕을 뛰어넘는 수준까지 부동산 가격이 폭등했다. 마이클 캐넌Michael Cannon은 『*The Land Boomers*』에서 다음과 같이 부동산 투기의 심리적 배경을 설명했다.

"1880년대의 부동산 투기는 두 개의 토대 위에 발생했다. 하나는 모든 가족이 동시에 집을 짓고 높은 대출 이자를 감당할 수 있다는 건축 조합들의 낙관적인 전망이었다. 다른 하나는 땅에 투자하면 절대 돈을 잃지 않는다는 믿음이었다."

1891년에 부동산 거품이 꺼지자 파국이 찾아왔다. 매수세가 실종되면서 맬번의 부동산 시장은 완전히 경색되고 말았다. 주가도 폭락했다. 전차 회사의 주가는 90퍼센트나 떨어졌다. 수많은 은행과 기업이 파산하면서 불황이 발생했다. 이후 맬버른의 성장은 한 세대 동안 정체되었다.

미국의 경우 19세기의 신용 위기는 서부 개척과 철도 건설을 위한 정책에서 기인했다. 20세기에는 그 원인이 주택 보유를 장려하는 정책으로 바뀌었다. 연방 정부는 주택보유율을 높이기 위해 다양한 정책적 수단을 동원했다. 이러한 정책의 사상적 토대는 모든 시민이 농장을 보유하고 자급자족하는 국가를 만들려고 했던 제퍼슨주의였다. 제퍼슨주의는 현대에 이르러 모든 시민이 집을 가진 국가에 대한 비전으로 바뀌었다. 그 결과 시민들은 연간 100일 동안 일한 대가로 세금을 내고, 125일 동안 일한 대가로 주택 대출금을 갚게 되었다.

주택 보유 캠페인은 1922년에 허버트 후버Herbert Hoover에 의해 처음 시작되었다. 뒤이어 루즈벨트는 연방주택청과 패니 매Fannie Mae를 설립했다. 트루먼은 제대 군인원호법으로 정책 기조를 이어갔다. 클린턴은 소수계 국민들의 주택 보유를 적극 장려했다. 그는 1995년에 65퍼센트이던 주택보유율을 2000년까지 67.5퍼센트로 늘리겠다고 약속했다. 이 약속을 지키려면 수백만 명의 무주택자가 집을 가져야 했다. 그가 제시한 정책 추진 전략은 "거래 비용과 선금 요건을 낮추고 대출 창구를 늘리는 것"이었다. 주택도시개발부는 연방 보험 적용 대상이 되는 주택 대출 기준을 대폭 완화했다. 그래서 소득 발생 기간이 5년에서 3년으로 줄어들었고, 서류 제출로 인터뷰를 대체했으며, 지점 건물 없이 전화만 있으면 대출 사업을 할 수 있게 되었다. 조지 부시는 주택보유율 확대 정책에 더욱 박차를 가하여 흑인과 남미계 주택보유자를 550

만 명으로 늘리겠다고 발표했다.

신용 거품과 부동산 거품이 결합하면 비극적인 결말을 낳는다는 역사적 교훈에도 불구하고 내부 관점에 매몰된 정책수립자, 경제학자, 금융인들은 주택 보유 장려 정책을 옹호했다. 가령 2007년 말에 주택 대출 시장에서 문제가 드러나기 시작하는 와중에도 헨리 폴슨Henry Paulson 재무부 장관은 중국을 상대로 다음과 같이 설교했다.

"주택시장과 자본시장의 리스크가 재평가되면서 미국 경제가 도전에 직면했습니다. 그러나 미국 가계의 69퍼센트가 주택을 보유할 수 있도록 자금을 댄 깊고 유동적인 미국의 자본시장이 안정성을 유지하는 데 결정적인 역할을 하고 있습니다.
중국도 금융부문을 추가로 개방하여 경제성장을 이어가는 데 필요한 자본을 공급할 자본시장을 개발해야 합니다."

폴슨의 자신감은 금융인, 경제학자, 정치인들의 군집행동으로 더욱 강화되었다. 그들은 불안하기 짝이 없는 토대 위에 세워진 '깊고 유동적인' 금융시장을 끝까지 옹호했다. 이러한 내부 관점으로는 무분별한 대출, 과도한 레버리지, 리스크를 측정할 수 없는 파생상품, 부적절한 인센티브 제도의 위험성을 제대로 볼 수 없었다.

깊고 유동적인 금융시장에 대한 믿음과 함께 연준의 능력에 대한 믿음도 금융위기의 심리적 배경을 제공했다. 시장은 연준이 적절한 통화정책으로 리스크를 줄여줄 것이라고 믿고 무리하게 레버리지를 쌓아나갔다. 가령 현 연준 의장인 벤 버냉키는 2004년에 열린 한 학회에서 다음과 같이 발언했다.

"지난 20여 년에 걸쳐 진행된 놀라운 경제 현상 중 하나는 거시경제의 변동성이 크게 줄었다는 것입니다… 분기별 실질 생산 증가율의 변동성이 1980년대 중반 이후 절반으로 줄었고, 분기별 물가상승률의 변동성도 3분의 2 정도 줄었습니다. 연구자들은 이러한 현상을 "대안정 Great Moderation"이라고 부릅니다."

당시 연준의 단기 목표 금리는 2.25퍼센트로 아주 낮았고, 주택대출 건수는 급증하고 있었으며, 집값은 급등하고 있었다. 그렇다면 왜 누구도 경고신호를 내보내지 않았을까? 공식 물가상승률 집계에 집값이 반영되지 않았기 때문이다. 물가상승률 지수는 임대료만 반영했다. 집주인들은 집값 상승에 따른 자본 이익을 기대하고 있었기 때문에 임대료를 올리지 않았다. 또한 중국에서 수입된 저가 상품들 덕분에 소비자 가격이 낮게 유지되었고, 남미에서 유입된 가난한 이민자들 덕분에 임금 수준이 낮게 유지되었다. 그래서 연준이 보기에 인플레를 자극하지 않고도 저금리로 경기를 부양할 수 있는 '멋진 신세계'가 열리게 되었다.

정책결정자들과 금융계 리더들은 최신 금융기법으로 만들어진 새로운 파생상품의 가치도 신봉했다. 아직 검증을 거치지 않았다는 사실을 지적하는 목소리도 있었지만 혁신적인 신상품이 큰 혜택을 안겨줄 것이라고 기대하는 분위기가 지배적이었다. 2005년에 앨런 그린스펀 연준 의장은 다음과 같이 발언했다.

"옵션을 비롯한 복잡한 금융상품의 가격을 정하는 방식이 발전함에 따라 과거에 비해 리스크를 회피하는 기회가 크게 늘어나고 비용이 크게 줄었습니다... 그래서 2000년에 주식시장의 거품이 꺼졌을 때에도 과거와 달리 대형 금융기관들이 쓰러지지 않았고, 경제도 예상보다 훨씬 잘 버텼습니다."

또한 2006년에 뉴욕 연준 총재이던 티머시 가이트너는 다음과 같이 발언했다.

"현재 금융산업은 리스크 이전과 관리를 위한 금융상품이 급격하게 증가하고, 자본시장에서 비은행 금융기관이 차지하는 역할이 커지고 있으며, 국가금융시스템의 통합이 한층 강화되는 변화의 파도 속에 있습니다.
이러한 변화는 금융시스템에 엄청난 혜택을 제공합니다. 이제 금융기관들은 리스크를 훨씬 효율적으로 측정하고 관리할 수 있습니다. 리스크는 국가 내외부에서 보다 광범위하게 분산되었습니다."

구약성경을 보면 "교만은 패망에 앞서고, 자만은 추락에 앞선다"라는 말이 나온다. 돌이켜보면 버냉키, 그린스펀, 가이트너의 발언은 오만으로 가득하다. 새로운 금융상품의 혜택에 대한 주장은 아무 근거가 없었다. 첨단 금융기법이라고 해서 실패하지 않는다는 보장은 없었다. 충분한 자신감을 가지려면 금리, 집값, 물가 상승률, 경기를 비롯한 다양한 변수들로 구성된 조건 속에서 폭넓은 테스트를 거쳐야 했다.

군집행동은 다른 사람들의 말을 무비판적으로 따르게 만든다. 또한 내부 관점은 명백한 역사적 교훈을 무시하게 만든다. 실패를 피하려면 이러한 편향을 극복해야 한다. 그러기 위해서는 객관적 데이터와 역사적 교훈에 주목해야 한다.

옮긴이 김태훈

중앙대학교 문예창작과를 졸업하고, 번역 에이전시 하나브릿지에서 출판기획 및 일본어 전문 번역가로 활동하고 있다. 주요 역서로는 《어떻게 원하는 것을 얻는가》《그 개는 무엇을 보았나》 《스티브 잡스 프레젠테이션의 비밀》《달러 제국의 몰락》《야성적 충동》《욕망의 경제학》 《프리덤 라이터스 다이어리》《최고의 설득》《딥 워크》외 다수가 있다.

전략의 거장으로부터 배우는 좋은 전략 나쁜 전략

초판 1쇄 발행 2019년 8월 26일
초판 7쇄 발행 2023년 8월 21일

지은이 리차드 럼멜트
펴낸이 정덕식, 김재현
펴낸곳 (주)센시오

출판등록 2009년 10월 14일 제300-2009-126호
주소 서울특별시 마포구 성암로 189, 1711호
전화 02-734-0981
팩스 02-333-0081
메일 sensio@sensiobook.com

편집 홍대욱
디자인 Design IF

ISBN 979-11-967504-5-9 03320